Daniel Hanke

Selbstdisziplin 2.0

Daniel Hanke

SELBSTDISZIPLIN 2.0

Der einfache Weg zu starker Selbstdisziplin
und Produktivität

INHALTSVERZEICHNIS

1

Einleitung

Es gibt nur einen Erfolg – das Leben nach den eigenen Vorstellungen leben zu können.

Christopher Morley

EINES DER GRÖẞTEN Probleme unserer Zeit hat folgende Bestandteile:

- Die Menschen wissen zwar, was sie im Leben voranbringen würde, aber sie können sich einfach nicht dazu bringen, es zu tun.
- Sie gehen vielen Versuchungen nach. Sie können schlechte Angewohnheiten einfach nicht ablegen und verschwenden so andauernd ihr Potenzial.
- Danach fühlen sie sich oft schuldig. Und da sich Schuld schlecht anfühlt, verdrängen sie häufig diese Schuld, indem sie ... noch mehr aufschieben.
- Daraus entsteht ein Teufelskreis, der sie immer unglücklicher und unzufriedener macht.
- Weil sie nicht das Level an Erfolg haben, das sie wollen, wird ihr Selbstvertrauen immer schlechter.
- Je schlechter ihr Selbstvertrauen, desto schwerer fällt es, das eigene Leben zu genießen, Ziele zu erreichen und glücklich zu sein.
- Um aus dem Teufelskreis auszubrechen, geben sie irgendwann ihre Ziele (und ihren Ehrgeiz) auf. Sie hören auf, nach Mehr im Leben zu streben, weil sie nicht mehr enttäuscht werden wollen. Sie geben sich mit einem Leben weit unter ihren Möglichkeiten zufrieden.

- Am Ende ihres Lebens blicken sie dann voller Reue auf ihr ungenutztes Potenzial zurück. Sie spüren den Schmerz von 1000 Elektroschocks bei dem Gedanken an all die Chancen, die sie ungenutzt ließen. In der Rückschau wird ihnen klar: Es wäre so einfach gewesen, das eigene Potenzial auszuleben und ein grandioses Leben zu führen.

Was ist die Lösung von diesem großen Problem? Wie schaffen wir es, das eigene Potenzial konsistent auszuleben? Wie erreichen wir unsere ehrgeizigsten Ziele möglichst schnell und verlässlich? Wie schaffen wir es, so erfolgreich und glücklich wie möglich zu werden? Es gibt viele direkte und indirekte Antworten von vielen verschiedenen Menschen auf diese Fragen.

Wer jedoch viel darüber nachgedacht hat und ehrlich ist, muss zugeben, dass für die meisten Menschen der Schlüssel ***Selbstdisziplin*** ist. Ohne Selbstdisziplin sind die besten Voraussetzungen, das beste Wissen und die besten Strategien vollkommen sinnlos. Umgekehrt, je mehr Selbstdisziplin du besitzt, desto leichter fällt es dir, in einfach jedem Bereich deines Lebens zu brillieren. Da Wissen heutzutage freier verfügbar ist denn je, kannst du dir mit Selbstdisziplin alles holen oder aneignen, was du brauchst, um erfolgreich zu werden. Der wahre Engpass für Erfolg (egal ob beruflich oder privat) ist nicht Wissen, Fähigkeiten, Geld, Intelligenz, Beziehungen oder Bekanntheit, sondern **Selbstdisziplin**.[1]

Doch auch „reguläre Selbstdisziplin“ (wie ich sie nenne) hat ihre Makel. Selbstdisziplin gilt als Synonym für „Selbstkontrolle“ und „Willenskraft“. Es impliziert, dass wir stärker werden müssen als unsere Versuchungen. Es impliziert, dass wir unseren inneren Schweinehund besiegen müssen. Es impliziert, dass wir uns andauernd zwingen müssen, das Richtige zu tun, auch wenn wir überhaupt keine Lust dazu haben.

Doch ist das wirklich der beste Ansatz? Zwingen sich extrem erfolgreiche Mensch zum Erfolg? Hassen sie, was sie tun und tun es trotzdem? Oder ist es viel mehr so, dass sie lieben, was sie tagtäglich tun, es deswegen immer wieder tun und so quasi als Nebenprodukt großen Erfolg ernten? Was wäre, wenn das nicht an der Aktivität, sondern an der Person selbst liegt? Was wäre, wenn wir lernen könnten, genauso zu sein wie sie? Was wäre, wenn wir unsere Motivation lenken und steigern könnten? Wäre das nicht der wahre Schlüssel zu Glück, Erfolg, Produktivität und Selbstdisziplin?

Vor einigen Jahren gingen mir diese und ähnliche Fragen durch den Kopf. Damals ahnte ich nicht, welche Besessenheit sie in mir auslösten. Tief in mir drin spürte ich, dass die allgemeinen Empfehlungen zum Thema „Selbstdisziplin" zwar nicht falsch, aber ineffizient sind. Ich habe viel recherchiert, viel nachgedacht und war sehr oft am Experimentieren. Über die Jahre verfestigte sich in mir die tiefe Überzeugung, dass wir uns nicht auf Willenskraft konzentrieren sollten, um starke Selbstdisziplin zu kultivieren. Täglich eiskalt zu duschen mag die eigene Willenskraft steigern, doch nur wenige sind dazu in der Lage. Das Gute ist, dass wir dazu gar nicht in der Lage sein müssen. Die meisten extrem erfolgreichen Menschen duschen nicht mit eiskaltem Wasser für fünf Minuten jeden Tag, und doch sind sie derart erfolgreich.

Übrigens bedeutet „erfolgreich" in diesem Buch nicht nur finanzieller Erfolg. Es geht um Erfolg in allen großen Lebensbereichen, also auch Beziehungen, Gesundheit und Glück. **Nur** Menschen, die in allen Bereichen gut sind, führen ein gutes Leben. Wer hingegen in allen Bereichen sehr gut ist, führt ein phänomenales Leben. Fast nie war es pure Willenskraft, die ihnen ein solches Leben ermöglichte. Sehr viel eher war es ***Motivation***. Oder noch präziser ausgedrückt: **Selbstdisziplin, die auf Motivation basiert.**

Willenskraft ist begrenzt.[2] Das ist nicht nur wissenschaftlich bewiesen, jeder erwachsene Mensch hat das wahrscheinlich schon selbst erlebt. Für eine Weile mögen wir uns dazu bringen können, etwas zu tun, worauf wir keine Lust haben, doch irgendwann siegt die Unlust, und wir sind am Aufschieben. Das ist ganz normal und nichts, wofür wir uns schämen sollten. Es ist nicht dein Fehler, wenn du am Aufschieben warst, es lag einfach nur daran, dass deine Motivation nicht auf deiner Seite war. Ohne Motivation ist der Versuch, eine anspruchsvolle Arbeit zu erledigen, wie ein Segelschiff bei Gegenwind. Durch geschicktes Setzen der Segel oder durch Rudern mag das Schiff trotzdem vorankommen, doch es ist schwierig und anstrengend. Wenn Motivation jedoch auf deiner Seite ist, so hat das „Schiff deiner Produktivität" Rückenwind. Großer Fortschritt geht dann fast wie von selbst.

Es gibt zwei Formen von Motivation. Bei extrinsischer Motivation machen wir etwas, weil wir ein attraktives Ziel erreichen wollen. Bei intrinsischer Motivation machen wir etwas, weil uns die Aktivität Spaß macht. Vor allem letztere Form ist der Schlüssel, um auf Dauer Gigantisches zu leisten.[3] Stell dir vor, du liebst eine wertvolle Aufgabe so sehr, dass du nichts lieber machst, als ihr nachzugehen. Großer Fortschritt wäre dann fast mühelos. Wir sind gerne bereit, unser Bestes zu geben und viel Zeit in die wertvolle Aufgabe zu stecken, wenn sie uns Spaß macht.

Das Problem liegt hierbei jedoch auf der Hand. Ich habe es anfangs bereits umschrieben. Ich halte es für eines der größten Probleme unserer Zeit: Die meisten Menschen sind **nicht** in der Lage, die eigene Motivation zu kontrollieren. Wir haben heutzutage über mehr Dinge Kontrolle denn je, und doch fehlt den meisten Menschen die Kontrolle über die eine Sache, die am Wichtigsten ist ... sich selbst!

Manchmal sind wir motiviert, wichtigen Aufgaben nachzugehen. Dann machen wir kurzzeitig tolle Fortschritte, und alles ist gut. Doch leider wendet sich oft schnell das Blatt. Motivation für sinnvolle Aktivitäten schwindet, während die Motivation für sinnlose Zeitverschwendung steigt.

Manche mögen versucht haben, die eigene Motivation zu kontrollieren. Doch weil sie nicht wussten, was die effektivsten Vorgehensweisen sind, gaben sie auf. Andere glauben gar nicht erst daran, dass es möglich ist, die eigene Motivation zu kontrollieren. Für sie ist Motivation wie das Wetter. Mal gut, mal schlecht, doch niemals kontrollierbar. Nach mittlerweile über viereinhalb Jahren, in denen ich mich intensiv mit dem Thema beschäftigt habe, kann ich jedoch eindeutig sagen, dass sich Motivation sehr gut kontrollieren lässt. Sie lässt sich lenken und steigern, wenn man nur weiß wie.

Erwarte jedoch **nicht** von mir, dir hier eine „Wunderwaffe“ zu präsentieren, nach dem Motto: „Mache nur diese eine simple Technik und der Rest geht von alleine.“ Bücher, die nach diesem Grundmuster ablaufen, gibt es bereits viele. Ich habe jedoch nie großen Nutzen aus solchen „All-in-One-Lösungen“ gezogen. Stattdessen habe ich immer und immer wieder erlebt, dass große Verbesserungen erst dann entstehen, wenn viele kleine und größere Vorgehensweisen beherrscht und regelmäßig angewendet werden.

Ich gebe zu, es mag etwas Arbeit bedeuten, dieses Buch zu lesen, sich die Vorgehensweisen einzuprägen und diese regelmäßig anzuwenden. Doch das Resultat wird es langfristig mehr als 1000-fach Wert sein. Zuerst wollte ich gar kein Buch schreiben. Ich fing an, mich mit dem Thema aus einem rein egoistischen Interesse zu beschäftigen. Langsam, aber sicher wurde meine Selbstdisziplin so mühelos (und meine Lebensfreude dadurch so groß), dass ich nicht anders konnte, als mein Wissen mit der Welt zu teilen. Ich wollte jedem Menschen die Chance geben, zum Meister oder zur Meisterin über die eigene Motivation zu werden. Ich wollte das Wissen jedoch nicht einfach nur offenlegen, ich wollte es auf eine sehr verständliche und motivierende Art und Weise tun. Und ich hoffe, dass mir dies mit **Selbstdisziplin 2.0** gelungen ist.

Glaub mir, der anfängliche Mehraufwand ist nichts im Vergleich zu dem Leben, das du dir mit diesen Vorgehensweisen schaffen kannst. Überlege dir, auf welchem Level dein Leben in 2, 5 und 10 Jahren wäre, wenn du dir jetzt diese Superkraft aneignen würdest. Motivation verlässlich lenken und steigern zu können, ist ein unglaublicher Vorteil, der dir ermöglicht (fast), alle anderen in den Schatten zu stellen. Selbstdisziplin 2.0 kann dein unsichtbarer Unterstützer sein, der die Wahrscheinlichkeit enorm erhöht, auch deine ehrgeizigsten Ziele zu erreichen. Langfristig kann dich Selbstdisziplin 2.0 in ein phänomenales Leben katapultieren ... ein Leben, das ohne Selbstdisziplin 2.0 nie möglich gewesen wäre.

2

Meine Geschichte

Das Leben kann nur rückwärts verstanden werden, aber es muss vorwärts gelebt werden.

Søren Kierkegaard

In meiner Kindheit und Jugend war ich überaus ängstlich. Als Reaktion flüchtete ich ständig in Filme, Serien und vor allem Videospiele. An vielen Tagen spielte ich so viel, wie es neben der Schule nur möglich war. An Wochenenden und in den Ferien spielte ich häufig über 12 Stunden an einem Tag. Als Resultat machte ich keine Fortschritte mehr (und häufig sogar Rückschritte) in jedem wichtigen Bereich meines Lebens. Ich hatte selten Lust zu lernen, im Unterricht viel es mir schwer aufzupassen, ich machte wenig Sport, hatte wenig Freunde, ernährte mich häufig ungesund und meine Ängste wuchsen und wuchsen. In vielen Nächten lag ich stundenlang im Bett und konnte nicht einschlafen. Ich machte mir dann Sorgen, verglich mich mit anderen und kam mir deswegen häufig wie ein Versager vor.

Zum Glück hatte ich im Alter von 15 Jahren eine simple Erkenntnis, die alles verändern sollte. Ich konnte Mal wieder nicht einschlafen und so verglich ich mich (wie bereits 100 Mal zuvor) mit einem Jungen aus meiner Klasse. Er schien alles zu haben, was ich wollte: Humor, Selbstvertrauen, gutes Aussehen und viel Aufmerksamkeit von den Mädchen. Während ich so in Gedanken schwelgte, realisierte ich plötzlich, dass er auch ein paar Eigenschaften besaß, auf die ich gerne verzichten konnte.

Er hatte weder die schnellste Auffassungsgabe, noch war er besonders diszipliniert. Hätten ihm seine Freunde beim Lernen nicht geholfen, er hätte wahrscheinlich die Klasse wiederholen müssen. Er mag damals ganz oben auf einer Erfolgsskala gestanden sein und ich weit unter ihm. Doch da er nur wenig weitere Fortschritte zu machen schien, würde ich ihn in ein paar Jahren eingeholt haben, **wenn ich nur jeden Tag ein bisschen besser werden würde ... wenn ich nur jeden Tag an mir arbeiten würde.**

Diese Erkenntnis gab mir enorm viel Kraft und änderte damals einfach alles für mich. Ich verkaufte meine Videospiele, ich fing an, Sport zu machen, ich lernte mehr für die Schule und vor allem fing ich an, mich weiterzubilden. Ich wurde besessen von Büchern, Kursen und Vorträgen über Selbstvertrauen, Kommunikation, Persönlichkeitsentwicklung und Psychologie. Neues Wissen, aber vor allem auch die Hoffnung auf ein besseres Leben halfen mir, mein Leben tatsächlich deutlich zu verbessern. Ich machte konstant Fortschritte und wurde dabei immer glücklicher und immer erfolgreicher.

Einige Jahren später während meines Studiums erreichte ich jedoch ein Plateau. Ähnlich wie zuvor machte ich kaum noch Fortschritte und manchmal sogar Rückschritte. Mein Leben war zwar deutlich besser als vor meiner ersten großen Erkenntnis, aber es schien sich irgendwie nicht weiter zu verbessern. Ich war immer noch fleißig am Lesen, doch tat ich mich immer schwerer, nützliches Wissen in die Praxis umzusetzen.

Hinzu kam die große Arbeitsbelastung durch mein Studium. Es fiel mir immer schwerer, die Noten zu bekommen, die ich wollte. Es war nicht so, dass mir Zeit fehlte, viel mehr nutze ich die Zeit, die ich hatte, nicht sinnvoll. Andauernd verschwendete ich sie mit meinem Handy, Laptop und Fernseher. Es dauerte nicht lange und ich fand den Ursprung meines Problems. Ich erkannte, dass ich viel zu wenig **Selbstdisziplin** hatte.

Ich wollte dann das Problem so lösen, wie ich es gewohnt war. Ich kaufte mir viele Bücher und ein paar Onlinekurse zu dem Thema. Ich las viel und schaute mir viele Videos an. Für ein paar Monate war ich erneut besessen, diesmal von den Themen Produktivität, Willenskraft und Selbstdisziplin. Doch entgegen meinen Erwartungen blieb die erhoffte Veränderung aus. Vieles wusste ich bereits, ohne dass es mir wirklich weiterhalf. Daneben gab es viele Bücher, die vollgepackt waren mit inspirierenden Geschichten. Diese waren vielleicht manchmal interessant zum Lesen, doch in der Praxis halfen sie mir nur wenig weiter. Dann gab es wieder Bücher, die voller abstrakter Theorien und komplizierter Studien waren. Und auch diese Bücher halfen mir in der Praxis nur wenig weiter. Trotz enormen Aufwand blieb mein Problem damals bestehen. Obwohl ich viel las und ausprobierte, hatte sich meine Selbstdisziplin nur wenig verbessert.

Da ich damals keinen Zugang zu dem Wissen aus diesem Buch hatte, lebte ich ein Leben voller Höhen und Tiefen. An manchen Tagen fühlte ich mich großartig, weil ich Fortschritte machte. An anderen Tagen war es genau umgekehrt. Ich fühlte mich schrecklich, weil ich in schlechte Angewohnheiten zurückfiel. Das Schlimmste daran war, dass ich einerseits spürte, wie groß mein Potenzial war, es jedoch andererseits nicht ausleben konnte. Das frustrierte mich enorm. Jedes Mal, nachdem ich am Aufschieben gewesen war, schien es mir, als hätte ich eine großartige Zukunft in der Toilette heruntergespült.

Dieser Kreislauf aus Fortschritt und Rückschritt ging über viele Jahre so weiter. Es war keine vollkommene Katastrophe. Ich schloss sowohl Bachelor- als auch Masterstudium in dieser Zeit ab, doch ich tat mich sehr schwer dabei. Viele andere Bereiche meines Lebens blieben dabei auf der Strecke. Ich wusste:

„Eigentlich könnte ich viel mehr erreichen, hätte ich nur meine Emotionen konstant auf meiner Seite.“

Vor etwa viereinhalb Jahren hatte ich eine weitere große Erkenntnis. Auch wenn ich sie am Anfang nicht begründen konnte, spürte ich, dass sie wahr ist:

„Der Schlüssel zu großer Selbstdisziplin ist das Kontrollieren der eigenen Motivation.“

Ähnlich wie bei meiner ersten großen Erkenntnis gab mir auch diese Erkenntnis viel Kraft. So viel Kraft, dass ich zweieinhalb Jahre lang Nachforschungen anstellte, experimentierte und nicht aufgab, obwohl ich nur wenig Fortschritte in meiner Selbstdisziplin machte.

Zum Glück änderte sich dann vor etwa zwei Jahren mit einem Schlag alles. Ich hatte die größte Erkenntnis meines Lebens. Aus ihr konnte ich eine extrem mächtige Vorgehensweise ableiten, die es ermöglicht, die eigene Motivation verlässlich zu lenken. Mein Leben ist seit dem nicht mehr dasselbe. Da ich gelernt habe, meine Motivation zu lenken, bin ich viel disziplinierter und dadurch viel produktiver. Ich bin auch viel glücklicher als je zuvor, bekomme andauernd positives Feedback von anderen und erreiche meine Ziele mit einer Leichtigkeit, die ich nie für möglich gehalten hätte.

Nach meiner größten Erkenntnis war der Damm gebrochen. Ich hatte danach eine nützliche Erkenntnis nach der anderen, wodurch ich langsam ein klares Bild davon gewann, wie sich die eigene Motivation verlässlich lenken und steigern lässt. Ich leitete aus meinen Erkenntnissen viele weitere Vorgehensweisen ab, die ich dir alle im weiteren Verlauf des Buchs beibringen werde.

3

Meine größte Erkenntnis

Der grundlegende Unterschied zwischen einem gewöhnlichen Menschen und einem Krieger besteht darin, dass ein Krieger alles als Herausforderung ansieht, während ein gewöhnlicher Mensch alles als Segen oder Fluch betrachtet.

Carlos Castaneda

MANCHMAL GEHE ICH alleine wandern. Das hilft mir, den Kopf freizubekommen, in Ruhe nachzudenken und mich zu entspannen. Vor etwa zwei Jahren wanderte ich in einer bergigen Waldlandschaft. Für die meiste Zeit war ich völlig alleine. Es gab nur den Wald, den Weg und mich. Wie so oft in der letzten Zeit dachte ich über Motivation und Selbstdisziplin nach. Mehr als alles andere wollte ich herausfinden, wie sich Motivation verlässlich auf ein gewünschtes Verhalten lenken lässt. Ich wollte nie mehr ein Problem mit Aufschieben haben. Ich wollte volle Kontrolle über mich und mein Verhalten haben.

Intuitiv spürte ich, dass in zwei Themen die Lösung versteckt sein könnte. Das erste Thema war der Neurotransmitter „**Dopamin**". Ich wusste: Biologisch betrachtet ist Motivation meistens nichts anderes als unser Verlangen nach Dopamin.[4] Es ist unser zentrales Belohnungshormon.[5] Wann immer es ausgeschüttet wird, spüren wir ein belohnendes Gefühl und es liegt in der Natur von uns Menschen möglichst viel davon spüren zu wollen. Wann immer wir das Gefühl haben, dass uns etwas Gutes widerfährt, wird Dopamin ausgeschüttet.[6] Zum Beispiel, wenn wir etwas Leckeres essen oder einen guten Film anschauen. Dopamin wird jedoch nicht nur beim passiven Konsumieren ausgeschüttet, sondern auch dann, wenn wir aktiv für einen persönlichen Erfolg gesorgt haben.[7] Zum

Beispiel, wenn wir unsere Freunde bei einem Brettspiel schlagen oder ein Tor beim Fußball schießen.

Eine weitere Besonderheit von Dopamin ist, dass es in besonders hohem Maß ausgeschüttet wird, wenn das positive Ereignis zufällig eintritt.[8] Aus diesem Grund werden manche Menschen süchtig nach Glücksspiel und anderen Aktivitäten mit zufälligen Belohnungen. Das belohnende Gefühl bei einem großen zufälligen Erfolg ist so stark, dass viele Menschen es immer wieder spüren wollen, deswegen ständig der Dopaminausschüttung hinterherjagen und so süchtig werden.[9]

Dopamin fühlt sich also sehr gut an, doch es führt zu keinem lang anhaltenden Glück. Ganz im Gegenteil. Je mehr Dopamin ausgeschüttet wurde, desto größer ist meistens unser Verlangen nach einer weiteren und möglichst noch größeren Dopaminausschüttung.[10] Dopamin kennt kein genug und das kann extreme Züge annehmen. Verstörende Experimente an Ratten aus dem Jahr 1953 zeigen zum Beispiel, wie diese lieber immensen Schmerz in Kauf nehmen (sowie Essen, Trinken und ihre Neugeborenen vollständig vernachlässigen), anstatt ihre Dopamin-Quelle aufzugeben.[11] Bei Heroinsüchtigen ist das ganz ähnlich.[12] Sie haben sich mit Heroin an eine so starke Dopamin-Quelle gewöhnt, dass alle anderen dagegen verblassen. Vereinfacht ausgedrückt: Sie sind zu nichts anderem mehr motiviert, weil nur noch Heroin ihnen das Level an Dopamin geben kann, an das sie sich gewöhnt haben. Fast Food[13], Social Media[14] und Videospiele[15] funktionieren nach demselben Prinzip. Wir sind motiviert, ihnen nachzugehen, nicht weil sie gut für uns sind, sondern weil sie zu einer relativ hohen Dopaminausschüttung führen.

Große Unternehmen wissen um die Macht von Dopamin. Ihnen ist klar, dass es meistens leichter ist, durch Emotionen einen potenziellen Kunden zum Kauf zu bewegen, als durch rationale Entscheidungskriterien. Sie nutzen daher moderne Erkenntnisse und Technologien aus der Hirnforschung zu einem einzigen Zweck: Sie wollen, dass ihre Produkte, Werbungen und Websites zu einer möglichst hohen Dopaminausschüttung führen.[16] Der Kunde wird dabei zum Gefangenen seiner eigenen Biologie, welche so viel Dopamin wie möglich möchte.

Anschauliche Beispiele dafür sind der Like-Button, die Story und die Timeline auf Social-Media-Plattformen.[17] Die Entwickler wussten, wenn es ihnen nur gelingen würde, genug Dopamin bei den Nutzern freizusetzen, würden diese – ganz von alleine – immer wieder zur Seite zurückkehren. Sie wissen, dass Dopamin der Schlüssel zu ihrem Erfolg ist: Je mehr Dopamin ihre Plattform ausschüttet, desto süchtiger werden die Nutzer, desto mehr Zeit verbringen diese auf der Plattform und desto mehr Geld kann durch Werbung verdient werden. Bei Videospiel-Unternehmen ist es ganz ähnlich.[18] Zufällige Schätze und Rangsysteme haben sich hier als hoch Dopamin-auslösend erwiesen.

Große Unternehmen haben keine Scham, die eigene Biologie ihrer Kunden gegen sie zu verwenden und ihnen so indirekt Geld und Lebenszeit zu stehlen. Doch das ist nur die Spitze des Eisbergs. Es gibt viele weitere Aktivitäten, die ein hohes Maß an Dopamin ausschütten, aber weder erfolgreicher noch glücklicher machen. Man kann mit diesen „Ablenkungen" sehr gut Zeit totschlagen und den eigenen Kummer vergessen, doch langfristig machen sie alles noch schlimmer. Nicht immer, aber meistens fallen Aktivitäten darunter, die mit folgenden Begriffen assoziiert werden: Fernsehen, Klatsch und Tratsch, riskantes Autofahren, Pornografie, Glücksspiel, Verschwörungstheorien sowie exzessives essen, feiern, chatten oder shoppen.

Der Kern des Problems ist, dass all diese (meist schlechten) Aktivitäten in der Regel viel mehr Dopamin ausschütten als unsere wichtigen Aktivitäten (jene, die gut für uns sind). Weil das so ist, weil unsere Versuchungen in der Regel viel mehr Dopamin ausschütten als die richtige Handlung, tun wir uns so schwer, konsistent „Nein" zu Versuchungen und konsistent „Ja" zur richtigen Handlung zu sagen.

Auf den ersten Blick erscheint es vielleicht so, dass es leicht ist, Versuchungen zu widerstehen:

„Tue einfach mehr von den guten Dingen und weniger von den schlechten."

Dieser Ratschlag mag gut gemeint sein und doch bringt er in der Praxis nur selten etwas. Der Grund dafür ist, dass es häufig <u>nicht</u> die Menschen sind, die über ihr Verhalten entscheiden. In sehr vielen Fällen gibt nur ein kleiner Teil des menschlichen Gehirns den Ton an.[19] Der Grund dafür ist, dass dieser Gehirnteil (und nicht die Person selbst) bestimmt, in welche Richtung die eigene Motivation geht. Viele Menschen mögen das nicht wahrhaben wollen und doch ist es so: Ein kleiner Teil des menschlichen

Gehirns ist für den Großteil des menschlichen Verhaltens verantwortlich.[20]

Diese Tatsache bringt zwei große Probleme mit sich. Zum einen ist es den meisten Menschen nicht bewusst. Sie glauben, eigene Entscheidungen zu treffen, während es in Wirklichkeit häufig dieser kleine Gehirnteil ist, der das Sagen hat. Und solange ihnen das nicht bewusst ist, können sie nichts daran ändern. Sie werden fremdbestimmt. Zum anderen besitzt dieser Teil des Gehirns eigene Ziele und Interessen, welche häufig von unseren Zielen und Interessen abweichen. Zu beobachten ist das zum Beispiel, wenn wir Heißhunger auf Schokolade haben, wir uns jedoch vorgenommen haben, in den nächsten Monaten keine Schokolade zu essen. Wenn wir zwar lernen wollen, jedoch mehr Lust haben, ein paar Videos im Internet anzuschauen. Wenn wir zwar einen fitten Körper wollen, uns jedoch nicht nach Sport fühlen und lieber Faulenzen wollen. Jedes Mal manipulieren uns unsere Emotionen einer Versuchung zu folgen, obwohl uns eine wertvolle Aktivität langfristig glücklicher und erfolgreicher machen würde.

Damit sind wir beim nächsten Thema angekommen, der **Struktur unseres Gehirns**. Es ist nützlich, den grundsätzlichen Aufbau des eigenen Gehirns zu kennen, da dies ein Bewusstsein für den großen Wert der ersten Vorgehensweise schafft. Nach einer Theorie des amerikanischen Neurowissenschaftlers Paul MacLean besteht unser Gehirn aus drei Teilen.[21] Zum besseren Verständnis könnte man sich auch vorstellen, dass ein Mensch drei Gehirne besitzt, die zwar miteinander interagieren, aber sonst relativ unabhängig sind.

Der Gehirnteil, über den es gerade ging, ist das **Reptiliengehirn**. Es bestimmt das Leben der meisten Menschen zu einem erschreckenden Ausmaß. Es ist so mächtig, weil es durch seine starken Instinkte einen extrem großen Einfluss auf die menschliche Motivation besitzt.[22] Manche haben Glück, sie haben viel Kontrolle über ihr Reptiliengehirn oder es ist von alleine häufig auf ihrer Seite. Andere haben Pech. Sie haben sehr wenig Kontrolle über ihr Reptiliengehirn und dadurch wird ihr Leben chaotisch, unbefriedigend und bedeutungslos. Sie machen nur das Nötigste, um über die Runden zu kommen und sind sehr empfänglich für Versuchungen, schlechte Angewohnheiten und Zeitverschwendung. Wie auch immer es bei dir ist, wenn du deine Motivation kontrollieren möchtest, dann musst du lernen, dein Reptiliengehirn zu kontrollieren. Dieser Umweg ist nötig, weil das Reptiliengehirn extrem mächtig ist und einen enormen Einfluss auf unsere Motivation hat. Es zum Feind zu haben, würde ein Kampf entfachen, den man auf Dauer nicht gewinnen kann.

Dieser Gehirnteil wird Reptiliengehirn genannt, weil es sich nur relativ wenig geändert hat, seit unsere „Vorfahren" vor Millionen von Jahren selbst Reptilien waren.[23] Gerade weil es so alt ist, ist es tief in unserer Psyche verankert. Es beeinflusst unser Verhalten deutlich stärker als die anderen beiden deutlich jüngeren Gehirnteile. Für Millionen von Jahren war das auch gut so. Das Reptiliengehirn war eine sehr clevere Erfindung der Evolution. Für lange Zeit haben die Instinkte des Reptiliengehirns das Überleben unserer Spezies gesichert. Dopamin wurde ausgeschüttet, wann immer etwas unserem Überleben oder unserer Fortpflanzung diente, und so waren unsere Vorfahren höchst motiviert, alles zu tun, um zu überleben und sich fortzupflanzen.[24]

Doch was für eine gefühlte Ewigkeit zu unserem Vorteil diente hat in unserer modernen Zeit plötzlich zwei große Nachteile für uns. Zum einen (das haben wir bereits angesprochen) kann das Reptiliengehirn leicht von außen manipuliert werden. Große Unternehmen haben ihre Produkte und Plattformen optimiert, damit diese möglichst viel Dopamin ausschütten und von unserem Reptiliengehirn als wichtig wahrgenommen werden. Auch Nachrichtenagenturen nutzen die Macht des Reptiliengehirns häufig zu ihrem Vorteil. Besonders negative Schlagzeilen oder das Betonen von Gefahren sprechen den Überlebensinstinkt des Reptiliengehirns an. Bei zeitlich begrenzten Rabatten oder Sonderangeboten ist es genauso. Das Reptiliengehirn hat Angst, einen guten Deal zu verpassen und ist deswegen besonders geneigt, einen Kauf zu tätigen. Auch die Unterhaltungsindustrie spiegelt die Vorherrschaft des Reptiliengehirns wieder. Filme und Serien beschäftigen sich fast immer mit einer Art von Überlebenskampf oder mit dem Finden des perfekten Partners. Das ist einfach das, was das Reptiliengehirn interessiert. Das in unserer modernen Zeit viel wichtigere Thema: „***Wie machen wir ein mittelmäßiges Leben großartig?***", wird hingegen (bis auf wenige Ausnahmen) ignoriert. Das ist einfach nichts, wofür sich das Reptiliengehirn interessiert und deswegen interessieren sich die meisten Menschen auch nicht dafür.

In unserer modernen Zeit wird also unser Reptiliengehirn absichtlich oder unabsichtlich von Außen gehackt. Wir verschwenden viel Zeit, Geld und Energie, weil unser Reptiliengehirn eine sinnlose Aktivität als wichtig interpretiert und deswegen Motivation für die falschen Dinge erzeugt.

Daneben hat unser Reptiliengehirn noch einen weiteren großen Nachteil für unser Leben. Es kennt keine noblen Ziele. Sobald es aus seiner Sicht genug Komfort und Sicherheit erreicht hat, strebt es nicht nach mehr. Meistens ist das erreichte Erfolgslevel nicht sehr hoch. Dennoch ist das Reptiliengehirn zufrieden. Wenn es von alleine Motivation entstehen lässt, dann nur noch, um das bereits erreichte Erfolgslevel beizubehalten. Es hat kein Interesse daran, das Leben seines Menschen zu verbessern, obwohl der Menschen dazu problemlos in der Lage wäre. *„Warum willst du hart an deinem Ziel arbeiten und trainieren gehen? Du bekommst doch viel mehr Dopamin, wenn du fernseh schaust und Chips ist."* Das würde es vielleicht sagen, wenn es sprechen könnte.

Wer sich auf das eigene Reptiliengehirn verlässt, um große Erfolge zu erreichen, begeht einen fatalen Fehler. Es mag uns helfen, zu einem gewissen Level an Erfolg im Leben zu kommen, doch nicht mehr als das. Das Reptiliengehirn ist das Tier in uns. Genauso wenig wie ein Hund oder eine Katze die Welt verbessern oder ehrgeizige Ziele erreichen will, genauso wenig ist das bei unserem Reptiliengehirn der Fall. Überleben und fortpflanzen, das ist alles, was es interessiert. Ob wir ein glückliches und erfolgreiches Leben führen, ob wir produktiv sind und unser Potenzial ausleben, all das ist dem Reptiliengehirn egal.

Das erklärt, warum es so viel Mittelmäßigkeit auf dieser Welt gibt. Das Reptiliengehirn der Menschen hilft ihnen, ein schlechtes Leben zu vermeiden, doch sobald es ihnen relativ gut geht, lässt seine Unterstützung nach. Sie strengen sich nur noch an, um den Status quo zu halten und hören auf zu wachsen. Nur wenige Menschen gehen über den Zustand von ganz gut hinaus. Die meisten Menschen haben einfach nie gelernt, dem Reptiliengehirn die Zügel aus der Hand zu nehmen und es zu nutzten, anstatt von ihm genutzt zu werden.

Doch es gibt auch etwas Gutes an dem ganzen Schlamassel. Wenn du lernst, dein Reptiliengehirn zu kontrollieren, dann hast du mit einem Schlag einen riesigen Vorteil gegenüber 99 % der Bevölkerung. Du stichst schnell im positiven Sinne hervor, weil du die Superkraft besitzt, immer das zu tun, was du dir vornimmst. Du fällst anderen Menschen auf, sie zollen dir Respekt und Anerkennung. Sie werden sich ganz natürlich zu dir hingezogen fühlen, weil du leuchtend aus der grauen Masse herausstichst. Früher oder später fängst du wahrscheinlich an, in jedem wichtigen Bereich deines Lebens zu brillieren. Die essenzielle Grundlage für all das ist zu lernen, wie du nahezu vollständige Kontrolle über dein Reptiliengehirn erlangst.

Doch wer ist dieses „du"? Wer soll das Reptiliengehirn kontrollieren? Nun, ich möchte nicht zu philosophisch werden, deswegen sage ich es ganz nüchtern: Es ist dein **Neokortex**. In diesem Gehirnteil ist dein bewusstes Denken und dein rationaler Verstand zu Hause.[25] Er ist der jüngste, aber mit Abstand größte Teil unseres Gehirns.[26] Unser Neokortex macht uns zum Menschen und unterscheidet uns vom Tier. Auch er ist unglaublich mächtig. Errungenschaften der Menschheit in Wissenschaft, Architektur, Kunst und Technologie beweisen das. Er ist ein vortrefflicher Problemlöser: Gebe ihm eine klar definierte Aufgabe und er wird daran arbeiten, eine Lösung zu finden.[27] Das Dilemma von jedem einzelnen Menschen (und auch der Menschheit an sich) ist, dass wir ohne Gebrauchsanweisung für unseren Neokortex geboren werden. Kein Mensch kommt mit der Fähigkeit auf die Welt, den eigenen Neokortex zu nutzen, um das Reptiliengehirn und damit die eigene Motivation zu kontrollieren.

Fast immer ist die Reihenfolge genau umgekehrt. Das Reptiliengehirn entscheidet instinktiv, was gemacht werden soll. Wenn dann der Neokortex nicht aufpasst und widerspricht, beginnt das Reptiliengehirn das **emotionale Gehirn**[28] zu überzeugen, welches zwischen Reptiliengehirn und Neokortex positioniert ist. Wie der Name schon sagt, ist das emotionale Gehirn für unsere Emotionen zuständig.[29] Es kann die Instinkte des Reptiliengehirns in starke Emotionen verwandeln, zum Beispiel die der Motivation oder Abneigung. Wenn Reptiliengehirn und emotionales Gehirn „zusammenarbeiten", ist es sehr schwer für unseren Neokortex genug Willenskraft aufzubringen, um dem gewünschten Verhalten auf Dauer zu widerstehen. Der einzige Trost, welcher dem Neokortex dann noch bleibt, ist das beschlossene Verhalten zu rationalisieren. Er sagt sich dann vielleicht so etwas wie:

„Ein bisschen Spaß habe ich mir verdient."

Oder:

„Die anderen machen es ja auch."

Menschen schützen ihr Selbstwertgefühl, indem sie so tun, als hätten sie (also ihr Neokortex) die Entscheidung getroffen. Dass es in Wirklichkeit das Tier in ihnen (ihr Reptiliengehirn) war, ist eine Wahrheit, die so unangenehm für sie ist, dass sie diese verdrängen. Doch indem sie diese Wahrheit verdrängen, berauben sie sich leider auch der Chance, daran etwas zu ändern.

Und das wäre sehr schade, denn es besteht Hoffnung. Wir können unser Reptiliengehirn auf unsere Seite holen, wenn wir wissen, wie. Unser Reptiliengehirn hat nämlich eine Schwachstelle, einen Fehler, wenn man so will, den wir ausnutzen können. Der Neokortex hat diese Schwachstelle nicht. Deswegen kann der Neokortex (also wir) den Fehler des Reptiliengehirns nutzen, um es zu kontrollieren.

Die Schwäche des Reptiliengehirns ist, dass es nicht abstrakt denken kann.[30] Es hat weder ein Gespür für Zeit noch für weite Entfernungen. Ein Reptil lebt im Hier und Jetzt, und bei unserem Reptiliengehirn ist es nicht anders. Für das Reptiliengehirn zählt immer nur das, was direkt vor ihm liegt; wenn etwas nur weit genug entfernt ist, dann ist es so, als würde es für unser Reptiliengehirn nicht existieren.

Mit den Gedanken zu diesen zwei Themen im Kopf (Dopamin und die Struktur unseres Gehirns) wanderte ich also durch eine bergigen Waldlandschaft. Damals wurde ich plötzlich aus meinen Gedanken gerissen, als sich der Wald lichtete und ich eine tolle Aussicht hatte. Hinter mir kam eine kleine Quelle aus dem Berg und ich konnte beobachten, wie ihr Wasser ins Tal hinunter floss. Während ich so dastand und dieses Naturschauspiel bewunderte, geschah es. Ich hatte die größte Erkenntnis meines Lebens. Sie war so simpel und gleichzeitig so durchschlagend, dass mir sofort klar war, dass ich eine (für mich) große Entdeckung gemacht hatte. Ich dachte damals etwas, das in die folgende Richtung ging:

> *„Das Wasser aus der Bergquelle fließt immer nach unten. Es würde niemals bergauf fließen. Wasser fließt immer bergab, weil es immer dem Weg des geringsten Widerstands folgt. Was ist, wenn wir Menschen da nicht anders sind? Auch wir Menschen folgen eigentlich immer dem Weg des geringsten Widerstands. Bei uns wird er jedoch*

nicht durch die Schwerkraft diktiert, sondern durch Dopamin. Wenn mir die Arbeit gerade keinen Spaß macht und mein Handy voller Dopamin-Ablenkungen direkt neben mir liegt, zeigt der Weg des geringsten Widerstands in die Richtung meines Handys. Es ist selbstverständlich, dass mein Reptiliengehirn jetzt meine Motivation auf mein Handy lenkt, um so die viel größere Dopaminausschüttung durch mein Handy zu bekommen. Natürlich kann ich dagegen ankämpfen. Ich kann immer meine Willenskraft gegen meine Motivation ins Feld führen. Doch ist das wirklich clever? Ich wäre ständig im Konflikt mit mir selbst, weswegen an maximale Produktivität und an Höchstleistung nicht zu denken wäre. Willenskraft ist außerdem eine begrenzte Ressource.[2] *Es wird mit der Zeit immer schwerer, dem Verlangen meines Reptiliengehirns zu widerstehen. Wenn dann noch schlechte Stimmung und ein niedriges Energieniveau hinzukommen, hat meine Willenskraft keine Chance und mein Reptiliengehirn bekommt schnell seinen Willen.*

Doch ist das alles zwangsläufig schlecht? All die Jahre habe ich versucht, etwas an mir zu ändern, doch genauso hätte ich versuchen können, Wasser dazu zu bringen, von alleine bergauf zu fließen. Es liegt einfach in der Natur von Wasser bergab zu fließen, genauso, wie es in der Natur von uns Menschen liegt, der größten Dopamin-Quelle zu folgen. Wir folgen alle immer dem Weg des geringsten Widerstands.

Was wäre aber, wenn wir an dieser Dynamik nichts ändern müssten? ***Was wäre, wenn wir lediglich den Weg des geringsten Widerstands ändern müssten****, sodass dieser auf unser gewünschtes Verhalten zeigt? Es gäbe plötzlich keinen Konflikt mehr. Willenskraft und Motivation würden in dieselbe Richtung zeigen. Sie würden zusammenarbeiten und sich nicht mehr gegenseitig aufheben. Wir wären in der Lage, Motivation nach Belieben zu lenken, indem wir einfach den Weg des geringsten Widerstands ändern. Was immer wir machen wollen, wir wären plötzlich dazu in der Lage, es durchzuziehen. Aufschieben wäre kein Problem mehr. Aber kann das wirklich sein? Ist die Veränderung des Wegs des geringsten Widerstands die Lösung, um unsere Motivation verlässlich zu lenken?“*

Heute weiß ich, dass die Antwort auf die letzte Frage ein klares und lautes „Ja“ ist. Durch die folgende Vorgehensweise habe ich unbeschreiblich große Fortschritte in all meinen Lebensbereichen erzielen können, weil sie **wirklich verlässlich funktioniert**. Sie ist die Grundlage für das großartige und selbstbestimmte Leben, das ich jetzt führe. Die kommende Vorgehensweise ist das Fundament dieses Buches. Alle weiteren Vorgehensweisen haben nur dann den beschriebenen Effekt auf Selbstdisziplin, Produktivität, Glück und Erfolg, wenn die folgende Vorgehensweise befolgt wird.

Teil 1

MOTIVATION LENKEN

4

Die erste Vorgehensweise

Unbegrenzte Möglichkeiten sind nicht geeignet für Menschen; gäbe es sie, würde sich nur das Leben des Menschen im Unendlichen verlieren. Um stark zu werden, braucht das Leben eines Menschen Grenzen, die ihm die Pflicht auferlegt und die er freiwillig akzeptiert. Der Einzelne erlangt erst dann Bedeutung, wenn er sich diese Grenzen selbst auferlegt und selbst bestimmt, was seine Pflicht ist.

Aus dem I Ging

Wahrscheinlich fällt es dir leicht, dich im Internet, mit deinem Fernseher, deinem Handy oder einem Videospiel zu beschäftigen. Mindestens eine dieser Aktivitäten könntest du wahrscheinlich für zwei Stunden am Stück machen, ohne nennenswert an Konzentration zu verlieren. Wie sieht es jedoch mit deinen wichtigen Aktivitäten aus? Könntest du dich auch dazu bringen, zwei Stunden am Stück zu arbeiten, zu lernen oder zu lesen, ohne nennenswert an Konzentration zu verlieren?

Wahrscheinlich tust du dich damit schwerer. Womöglich gelingt es dir manchmal oft jedoch nicht. Womöglich kannst du am Morgen hoch konzentriert arbeiten, aber am Nachmittag tust du dich damit schwer. Womöglich fällt dir hohe Produktivität bei manchen Aufgaben leicht, bei anderen jedoch nicht. Wenn es dir in etwa so geht, dann geht es dir so, wie sehr vielen Menschen. Sie wollen selbstdiszipliniert sein. Sie wollen so lange produktiv sein können, wie sie möchten. In der Theorie sind sie dazu auch in der Lage. In der Praxis sieht es jedoch ganz anders aus. Da wird ihre Selbstdisziplin vom Zufall diktiert. Mal sind sie motiviert, dann ist ihr Leben leicht. Sie sind glücklich, weil sie ihren Zielen näher kommen. Allzu oft haben sie jedoch keine Motivation oder ihre Motivation ist auf die falschen Dinge gerichtet, wie Internet, Fernseher, Handy oder Videospiele. Dann ist ihr Leben schwer. Sie sind unzufrieden mit sich, weil sie im Leben stagnieren.

Es gibt viele Probleme auf dieser Welt, aber ich glaube, dass dies das Grundproblem der meisten Menschen heutzutage ist. Sie sind Sklaven ihrer Motivation. Sie werden benutzt von ihrer Motivation, anstatt ihre Motivation als Werkzeug zu nutzen, um all ihre Ziele zu erreichen und so eine bessere Welt für alle zu schaffen.

Im letzten Kapitel habe ich dir die tieferen Hintergründe von diesem Problem erläutert. Das Reptiliengehirn verfolgt Ziele, die sich häufig vollkommen von unseren unterscheiden. Das wäre nicht so schlimm, wenn das Reptiliengehirn nicht auch äußerst mächtig wäre. Von Natur aus kontrolliert es die menschliche Motivation und ist daher der wahre Tonangeber im Leben der meisten Menschen.

Im letzten Kapitel habe ich auch eine Chance angedeutet, um dieses Problem zu beheben. Wir können unsere Motivation lenken, indem wir das Reptiliengehirn auf unsere Seite holen. Das Reptiliengehirn hat Schwachstellen, die wir ausnutzen können, um es zu beeinflussen. Alles, was wir also machen müssen, um frei von seinem negativen Einfluss zu werden, ist seine Schwachstellen zu verstehen und kreative Wege finden, um die Schwachstellen für unsere Ziele zu nutzen.

Im letzten Kapitel habe ich eine Schwachstelle bereits erwähnt: Es kann nicht abstrakt denken. Genauso wie ein Reptil lebt unser Reptiliengehirn im Hier und Jetzt. Alles, was außerhalb unserer näheren Umgebung ist, kommt dem Reptiliengehirn so vor, als würde es nicht existieren. Wenn eine große Dopamin-Quelle weit entfernt ist, ist sie bedeutungslos für das Reptiliengehirn. Aus diesem Grund ist **Entfernung** die erste Stellschraube, mit deren Hilfe wir Motivation lenken können. Wenn wir die Entfernung von uns zu einer Versuchung nur weit genug erhöhen, wird sich unser Reptiliengehirn irgendwann eine nähere Dopamin-Quelle suchen und darauf unsere Motivation lenken. Wenn wir die Entfernung von uns hin zu einer wertvollen Aktivität verringern und diese die höchste Dopamin-Quelle in unserer Umgebung ist, so wird unsere Motivation auf diese wertvolle Aktivität gelenkt. All das funktioniert, weil unser Reptiliengehirn immer dem Weg des geringsten Widerstands folgt. Von allen

Handlungsoption, die es wahrnimmt, ist es immer motiviert, jener zu folgen, die am meisten Dopamin abwirft.

Bei schwächeren Versuchungen gilt folgende Faustformel: Schaffe eine Situation, in der du mindestens 20 Sekunden brauchst, um der Versuchung nachzugehen, und dein Reptiliengehirn wird die Versuchung uninteressant finden. Bei starken Versuchungen ist die Lösung ganz simpel. Erhöhe einfach so lange die Entfernung zur Versuchung, bis dein Reptiliengehirn es nicht mehr als Handlungsoption wahrnimmt. Besonders am Anfang mag dieses Vorgehen vielleicht etwas umständlich und aufwendig erscheinen, doch wenn man es richtig macht, funktioniert es einfach und deswegen ist es den anfänglichen Mehraufwand 1000-fach wert.

Wenn alle schlechten Dopamin-Quellen (also alle Versuchungen) entfernt wurden, aber unsere Arbeit, ein Video von einem Sportprogramm auf unserem Fernseher, ein lehrreiches Buch oder gesundes Essen direkt vor uns ist, so wird unser Reptiliengehirn motiviert sein, jener sinnvollen Aktivität nachzugehen. Das Reptiliengehirn unterscheidet nicht in gut oder schlecht, es will einfach nur möglichst schnell möglichst viel Dopamin bekommen. Auch sinnvolle Aktivitäten, wie arbeiten, trainieren, lesen und sich gesund ernähren, führen zu einer Dopaminausschüttung. Diese mag nicht so hoch sein wie die Dopaminausschüttung von vielen Versuchungen und doch ist sie vorhanden. Wenn sie (aus der begrenzten Sicht des Reptiliengehirns) die Handlungsoption mit der höchsten Dopaminausschüttung ist, wird die Motivation in diese Richtung gelenkt. Es spielt dabei keine Rolle, ob extrem viel Dopamin ausgeschüttet wird oder nur ein moderates Maß. Solange es die beste Dopamin-Quelle in der näheren Umgebung ist, wird unsere Motivation auf das Verhalten gelenkt. Willenskraft und Motivation bilden dann ein mächtiges Team, das auf Dauer Großes erreichen kann.

Daneben können wir noch eine zweite Schwachstelle unseres Reptiliengehirns nutzen. Wie gesagt liebt das Reptiliengehirn Dopamin. Es ist deswegen gerne bereit, viel Motivation zu erzeugen, um eine große Dopaminausschüttung zu bekommen. Es gibt jedoch etwas, das es noch mehr mag als Dopamin, und zwar überleben.[31] Die zweite Schwäche des Reptiliengehirns ist sein **Überlebensinstinkt**. Es hat furchtbare Angst zu sterben und schenkt jeder möglichen Bedrohung viel Aufmerksamkeit. In den meisten Fällen kann nicht mal eine große Dopaminausschüttung es dazu bewegen, eine lebensbedrohliche Gefahr einzugehen. Das Geniale daran ist, dass das, was das Reptiliengehirn als lebensbedrohlich einstuft, oft überhaupt nicht gefährlich für uns ist. Es hat sich seit 100 Tausend Jahren nicht entscheidend weiterentwickelt.[32] Vieles von dem, was früher gefährlich für uns war, ist es heute nicht mehr.[33] Wir sterben zum Beispiel nicht mehr, wenn wir aus einer Gruppe ausgeschlossen werden, und doch hat – in vielen Fällen – unser Reptiliengehirn panische Angst davor, aus einer für uns wichtigen Gruppe ausgeschlossen zu werden. In der Steinzeit wäre es ein fast sicheres Todesurteil gewesen, wenn unser Stamm uns verstoßen hätte und wir ganz alleine auf uns gestellt wären. Diese Angst vor dem möglichen Ausschluss aus wichtigen Gruppen ist immer noch tief in unserem Reptiliengehirn verankert.

Unser Reptiliengehirn mag sich nicht nennenswert verändert haben, unsere Außenwelt hat jedoch einen enormen Veränderungsprozess durchlaufen. Was vor 100 Tausend Jahren unseren Tod bedeutet hätte ist heute oft nicht weiter schlimm. Aber das weiß unser Reptiliengehirn nicht und so können wir es – sehr effektiv – austricksen und auf unsere Seite holen. Wir können Motivation lenken, indem wir eine Situation schaffen, in der das falsche Verhalten aus Sicht des Reptiliengehirns unser Überleben bedroht. Es wird dann ganz automatisch hoch motiviert sein, nicht das falsche Verhalten an den Tag zu legen. Wenn aus Sicht des Reptiliengehirns das richtige Verhalten die einzige Handlungsoption ist, die unser Überleben sichert, so haben wir mit der Stellschraube „Überlebensinstinkt" unsere Motivation auf das richtige Verhalten gelenkt.

Um Motivation zu kontrollieren und dadurch Selbstdisziplin zu maximieren, empfehle ich, dass wir uns am Anfang nicht auf die eigene Person konzentrieren. Das scheint kontraintuitiv zu sein. Wir alle haben schließlich schon etwas in die Richtung gehört, dass wir uns ändern müssen, wenn wir andere Resultate haben wollen. In gewisser Weise ist das auch wahr und deswegen wird es darüber noch ausführlich in Teil 2 dieses Buchs gehen. Am Anfang ist es jedoch deutlich effektiver, wenn wir uns erst einmal auf den Weg des geringsten Widerstands konzentrieren. Wenn wir es schaffen, dass es leichter für uns ist, das Richtige zu tun, als das Falsche, haben wir plötzlich einen immensen Vorteil. Sobald der Weg des geringsten Widerstands auf unserer Seite ist, machen wir es uns mit einem Schlag deutlich leichter, dauerhaft ein hohes Maß an Selbstdisziplin an den Tag zu legen. Indem wir zum Beispiel eine Situation schaffen, in der unsere wichtigen Aufgaben ganz nahe und unsere Versuchungen weit entfernt sind, haben wir den Weg des geringsten Widerstands verändert und damit unser Reptiliengehirn auf unsere Seite gebracht.

Das Gleiche gilt, wenn wir eine Situation schaffen, in der es dem Reptiliengehirn so vorkommt, als würde unser Überleben bedroht werden, wenn wir dem falschen Verhalten folgen. Danach wird es uns deutlich leichter fallen, das Richtige zu tun, als das Falsche. Wenn dann noch die anderen Vorgehensweisen aus diesem Buch hinzukommen, wirst du zum unaufhaltsamen Champion. Du besitzt volle Kontrolle über deine Motivation, damit über deine Selbstdisziplin und damit über deine Produktivität.

Bevor wir uns von der Theorie verabschieden und in die Praxis eintauchen, möchte ich dir noch eine dritte Stellschraube näher bringen. Da du bereits „Entfernung“ und „Überlebensinstinkt“ kennst, dürfte die dritte Stellschraube relativ naheliegend sein.

Wir wissen bereits: Unsere Motivation folgt jener Handlungsoption, welche zur größten Dopaminausschüttung führt. Vereinfacht ausgedrückt fühlt sich eine Dopaminausschüttung wie „Spaß“ an. Je mehr Dopamin eine Aktivität freisetzt, desto mehr tendiert die Aktivität dazu, uns Spaß zu machen.[34] Daher ist die dritte Stellschraube, um den Weg des geringsten Widerstands zu unserem Vorteil zu verändern, **Spaß**. Je mehr Spaß das richtige Verhalten uns macht, desto mehr sind wir geneigt, es nachzugehen. Umgekehrt, je weniger Spaß uns eine Versuchung macht, desto geringer ist unsere Motivation, ihr nachzugehen. Der Schlüssel ist hier, kreative Wege zu finden, um die Stellschraube „Spaß“ zu unserem Vorteil zu verändern.

Das gilt für jede der drei Stellschrauben. Indem wir sie in unserer Umgebung verändern, können wir unsere Motivation lenken. Da die drei Stellschrauben so wichtig sind, möchte ich sie kurz wiederholen:

1. **Entfernung:** Je aufwendiger du es dir machst, deinen Versuchungen nachzugehen, desto besser. Wenn du sie nur weit genug entfernst, werden sie für dein Reptiliengehirn irgendwann keine Handlungsoption mehr sein. Das Reptiliengehirn lebt im Hier und Jetzt, deswegen sucht es die beste Dopamin-Quelle im Hier und Jetzt. Wenn du eine Situation geschaffen hast, in der deine wichtige Aufgabe auch jene

Handlungsoption ist, die am meisten Dopamin ausschüttet, hast du deine Motivation erfolgreich auf das richtige Verhalten gelenkt.

2. **Überlebensinstinkt:** Noch wichtiger als Dopamin ist dem Reptiliengehirn das eigene Überleben. Was vor 100 Tausend Jahren unser Überleben bedroht hätte, ist heute häufig relativ harmlos. Wenn wir es zum Beispiel schaffen, „Peinlichkeit" mit einem schlechten Verhalten zu verknüpfen, wird das Reptiliengehirn sehr motiviert sein, das schlechte Verhalten zu vermeiden. Wenn das richtige Verhalten keine Peinlichkeit hervorruft, haben wir unsere Motivation erfolgreich auf das richtige Verhalten gelenkt.

3. **Spaß:** Indem du dafür sorgst, dass dir wertvolle Aktivitäten mehr Spaß machen und Versuchungen weniger, kannst du auch deine Motivation lenken, weil dadurch mehr Dopamin beim richtigen Verhalten und weniger Dopamin beim falschen Verhalten ausgeschüttet wird. Übrigens bezeichne ich hier alles, was jemand als angenehm empfindet, in diesem Zusammenhang als „Spaß".

Da hast du es also. Das ist die erste Vorgehensweise von Selbstdisziplin 2.0, mit der sich Motivation sehr effektiv lenken lässt. Alles, was du zusätzlich brauchst, ist die Entschlossenheit, das Wissen in die Praxis umzusetzen und natürlich Kreativität. Kreativität ist die Verbindung zwischen Theorie und Praxis. Nur mit Kreativität kannst du aus dem theoretischen Wissen praktische Handlungen ableiten. Ich kann dir den kreativen Prozess leider nicht abnehmen, da ich deine individuellen Ziele und deine spezielle Lebenssituation nicht kenne. Ich kann dir jedoch einige Beispiele aus meinem eigenen Leben geben, in denen ich diese Vorgehensweise angewendet habe, um meine Motivation auf meine wertvollen Aktivitäten zu lenken. Du wirst feststellen, dass die folgenden Beispiele viele verschiedene Vorhaben, Ziele und Problemstellungen abdecken. Die Beispiele sollen dir vor allem als Inspiration dienen, um deine eigene Kreativität anzuregen. Aber natürlich kannst du auch manche oder alle Beispiele eins zu eins umsetzen, falls du das möchtest. Du und ich nutzen dann die gleichen Techniken, um die eigene Motivation zu lenken.

Bevor es jedoch so weit ist und ich dir ausführlich alle Beispiele zur ersten Vorgehensweise näher bringe, möchte ich noch einen sehr wichtigen Erfolgsfaktor betonen. Du kannst sicher sein, dass diese erste Vorgehensweise nicht annähernd so gut funktioniert, wenn du diesen Erfolgsfaktor missachtest. Diesen Erfolgsfaktor nenne ich **Konsequenz**.

Wir sind alle individuell. Vielleicht üben manche Versuchungen einen schier unwiderstehlichen Reiz auf dich aus, während andere Versuchungen dich völlig kalt lassen. Das ist völlig okay. Auch variiert die Willenskraft von Person zu Person. Manchen haben vielleicht nur wenig Willenskraft und ein dominantes Reptiliengehrin. Manchmal haben wir einen guten Tag, manchmal einen schlechten. Wir sind eben alle individuell und genau das ist der Grund, warum Konsequenz ein so wichtiger Erfolgsfaktor für die erste Vorgehensweise ist. Damit die erste Vorgehensweise wirklich verlässlich funktioniert, **müssen wir bereit sein, den Weg des geringsten Widerstands so konsequent wie nötig auf unser gewünschtes Verhalten zu lenken.**

Person A mag mit einer moderaten Lösung die Kontrolle über ihr Reptiliengehirn erlangen, während Person B zu extremeren Maßnahmen greifen muss, um das gleiche Resultat zu bekommen. Erst wenn wir diesen Erfolgsfaktor verinnerlicht haben, können wir mit dieser Vorgehensweise wirklich verlässlich die eigene Motivation lenken. Wenn wir glauben, diese erste Vorgehensweise anzuwenden, aber immer noch mehr Motivation für unsere Versuchungen als für unsere wichtigen Aufgaben spüren, dann wenden wir die Vorgehensweise falsch an. Wir müssen in diesem Fall alle drei Stellschrauben noch konsequenter verändern, um wirklich unsere Motivation zu lenken.

5

Beispiele

Durch Selbstdisziplin kommt Freiheit.

Aristoteles

IN DEN FOLGENDEN Beispielen wird die eigene Motivation weg von Versuchungen und hin zum gewünschten Verhalten gelenkt. Dies gelingt, indem die Stellschrauben **Entfernung**, **Überlebensinstinkt** oder **Spaß** verändert werden. Durch ihre Veränderung können wir den Weg des geringsten Widerstands auf unsere Seite holen. Primär sollen die folgenden Beispiele als Inspiration dienen, **nicht** als Handlungsaufforderung. Du kannst sie exakt umsetzen, musst es aber nicht.

Beispiel 1: **Regelmäßig früh aufstehen**

Wenig hat mein Leben derart bereichert, als die Fähigkeit – zu 100 % konsistent – so früh aufstehen zu können, wie ich will. Für manche mag das nichts Besonderes sein, doch ich konnte mein ganzes Leben lang nur dann früh aufstehen, wenn es unbedingt nötig war. Und selbst dann schlief ich so lange ich wie möglich. Häufig kam ich erst in der letzten Sekunde zur Vorlesung oder in den Unterricht. Wann immer ich konnte (zum Beispiel am Wochenende oder in den Ferien) schlief ich so lange wie möglich, oft bis 10 Uhr oder später.

Mir war klar, dass ich auf diese Weise enorm viel Potenzial verschwendete. Da ich so lange schlief, konnte ich abends oft erst spät einschlafen. Abends war ich jedoch nicht annähernd so produktiv wie morgens. Durch die ständig wechselnden Aufsteh- und Einschlafzeiten kam außerdem mein Biorhythmus durcheinander. Meine mentale Klarheit und mein durchschnittliches Energielevel wären deutlich höher, würde ich konstant zur gleichen Uhrzeit aufstehen. Ganz davon abgesehen wollte ich auch deswegen regelmäßig früh aufstehen, um Zeit am Morgen zu gewinnen, in der ich ungestört an meinen Zielen arbeiten konnte.

Wie die meisten Menschen verließ ich mich intuitiv auf meine Willenskraft. Doch diese war fast immer zu schwach, um mich aus dem Bett zu bringen, denn meine Motivation liegen zu bleiben, war einfach zu groß. Mein Bett war so warm und bequem, ich war noch müde und mein Tag war voll von anspruchsvollen Herausforderungen. Also blieb ich liegen. Oft machte ich meinen Wecker einfach aus. Noch häufiger drückte ich jedoch auf die Schlummertaste. An manchen Tagen ließ ich mich für zwei Stunden alle 10 Minuten von meinem Wecker aufwecken. Das war nicht nur eine schreckliche Zeitverschwendung, sondern ist auch eine äußerst ungesunde Verhaltensweise, wie einige Studien zeigen.[35]

Mir wurde schnell klar, dass Willenskraft alleine nicht ausreicht, um mich regelmäßig früh aus dem Bett zu bringen. Doch gute Empfehlungen, wie das Problem zu beheben war, gab es nur wenige. Die beste war, meinen Wecker auf die andere Seite meines Schlafzimmers zu stellen. Doch selbst das änderte nur selten etwas. Meistens stand ich einfach auf, machte ihn aus und ging dann wieder ins Bett.

Doch dann hatte ich meine große Erkenntnis. Mir wurde plötzlich klar, wie ich meine Motivation lenken kann. Mit den zwei Stellschrauben **Überlebensinstinkt** und **Entfernung** hatte ich bahnbrechenden Erfolg beim Frühaufstehen. Ich habe die folgende Technik an jedem einzelnen Arbeitstag der letzten zwei Jahre anwendet. Sie hat mich noch nie im Stich gelassen. Ich stehe immer konstant zu meiner gewünschten Uhrzeit auf.

Der Trick besteht darin, dass ich zwei Wecker habe. Einen Sprachassistenten auf meinem Nachttisch und einen lauten Digitalwecker, welchen ich immer 10 Minuten später als meinen ersten Wecker einstelle. Um den Überlebensinstinkt meines Reptiliengehirns zu aktivieren, steht der laute Digitalwecker nicht in meiner Wohnung, sondern ... in meinem Briefkasten. Würde ich ihn nicht innerhalb von 10 Minuten ausmachen,nachdem mein erster Wecker klingelt, so würde die halbe Nachbarschaft am frühen Morgen durch die nervtötenden Geräusche des Weckers gestört werden.

Ich möchte ein so peinliches Erlebnis nicht, aber mein Reptiliengehirn möchte das noch viel weniger. Es käme ihm wie ein Todesurteil vor. Wer in der Steinzeit wegen eines Fehlverhaltens aus seinem Stamm vertrieben wurde, hatte so gut wie keine Überlebenschancen.[36] Eine solche Peinlichkeit könnte aus seiner Sicht ein solches Fehlverhalten sein, weswegen mein Reptiliengehirn hoch motiviert ist, diese Peinlichkeit zu vermeiden.

Willenskraft und Motivation kämpfen nun nicht mehr gegeneinander, sondern sind plötzlich auf derselben Seite.

Wenn mein erster Wecker klingelt, stehe ich spätestens nach fünf Minuten auf, ziehe mich an und laufe die Treppe hinunter bis zur Eingangstür im Erdgeschoss. Sobald ich den zweiten Wecker ausgemacht habe, ist mein Bett *weit entfernt*. Ich kann mich also nicht einfach wieder hinlegen. Außerdem habe ich durch das Treppenlaufen meinen Kreislauf angekurbelt. Ich bin nun meistens gar nicht mehr so müde und es fällt mir relativ leicht, meiner klar definierten Morgenroutine zu folgen.

Doch das ist natürlich nur eine von vielen Möglichkeiten, wie jemand die Stellschrauben Überlebensinstinkt und Entfernung nutzen kann, um die eigene Motivation am frühen Morgen auf die eigene Seite zu holen. Der zweite Wecker könnte wo anders „versteckt" werden. Zum Beispiel in deinem Auto, auf deinem Balkon oder im Treppenhaus. Anstatt eines zweiten Weckers könnte man sich auch mit einer anderen Person am frühen Morgen verabreden, zum Beispiel zum Joggen oder zum Telefonieren. Man könnte auch die zukünftige Veröffentlichung eines peinlichen Social-Media-Posts mit einer Software wie zum Beispiel „Buffer" oder „Hootsuite" einrichten. Entweder wird die Veröffentlichung am frühen Morgen gestoppt oder das peinliche Bild, Video oder der peinliche Text ist im Internet.

Dir mag es wichtig sein, keine Zeit zu verschwenden und dein volles Potenzial auszuleben. **Das Problem ist, dass dies deinem Reptiliengehirn oft egal ist**. Es wird gegen dich arbeiten, wenn das seinen Interessen dient. Indem du jedoch wie in diesem Beispiel vorgehst, kannst du dein Reptiliengehirn am frühen Morgen auf deine Seite holen. Du musst nicht mehr gegen deine Motivation ankämpfen, sondern kannst sie nutzen, um verlässlich dein Potenzial abzurufen.

Beispiel 2: **Gesunde Ernährung**

Die beste Art, das eigene Wunschgewicht zu erreichen, ist das Aufgeben ungesunder Essgewohnheiten und das gleichzeitige Aufbauen gesunder Essgewohnheiten. Nicht nur, dass wir so unser Aussehen verbessern, wir steigern durch gesunde Ernährung auch unser durchschnittliches Energielevel[37] und unsere mentalen Kapazitäten[38]. Und natürlich können wir durch gesunde Ernährung auch unser Immunsystem[39] verbessern, welches uns dadurch besser vor leichten, aber auch schweren Erkrankungen[40] schützt. Gesunde Ernährung trägt enorm dazu bei, lange zu leben und bis ins hohe Alter vital zu bleiben.[41]

Das Einzige, was wir wirklich brauchen, um gesunde Essgewohnheiten und eigentlich jede Gewohnheit aufzubauen, ist Selbstdisziplin. Vielen Menschen ist das zwar klar, doch dann begehen sie den Fehler zu glauben, dass Selbstdisziplin nur aus Willenskraft besteht. Sie ignorieren den langfristig viel effektiveren Ansatz, Motivation zu lenken. Besonders beim Thema „Ernährung" ist jedoch die Fähigkeit, Motivation lenken zu können, fast alles, was zählt.

Die meisten Menschen wissen bereits ziemlich genau, welches Essen gesund und welches ungesund ist. Die meisten Menschen besitzen jedoch nicht genug Willenskraft, um sich konstant so gesund zu ernähren, wie sie möchten. Wenn jedoch Motivation und Willenskraft zusammenarbeiten, wird es leicht, dauerhaft ein hohes Maß an Selbstdisziplin aufrechtzuerhalten und so gesunde Essgewohnheiten zu etablieren.

Die Beispiele zur Stellschraube **Spaß** sind ziemlich naheliegend: Wenn du dich gesünder ernähren möchtest, finde heraus, welches gesunde Essen dir schmeckt. Sobald du das herausgefunden hast, lerne es zuzubereiten. Mit etwas Übung kann sich wahrscheinlich jeder Mensch gesunde und leckere Mahlzeiten selber machen. Es braucht nur ein wenig Recherche in guten Kochbüchern, auf Websites oder in guten YouTube-Videos, und jeder findet gesunde Mahlzeiten, die er oder sie lecker findet. Wenn man etwas länger sucht, findet man meistens auch Gerichte, die nicht nur gesund sind und gut schmecken, sondern auch günstig sind und sich schnell zubereiten lassen.

Das Grundrezept solcher gesunden Rezepte ist häufig ähnlich: Gemüse klein schneiden, kurz anbraten und dann mit Nudeln, Reis oder Kartoffeln vermengen. Wer noch etwas gesünder essen möchte, könnte anstatt dessen Süßkartoffeln, Linsen oder Quinoa hinzufügen. Wer kalorienärmer kochen möchte, kann ein paar Karotten zu Spaghetti-ähnlichen Stücken schneiden und dann wie normale Spaghetti (nur etwas kürzer) kochen. Wer eine leckere, gesunde und günstige Nebenmahlzeit möchte, braucht nicht mehr zu machen, als einen Apfel in kleine Stücke zu schneiden, mit etwas Naturjoghurt zu vermengen und mit Haferflocken zu bestreuen. Es gibt viele gesunde Mahlzeiten, die auch gut schmecken, aber weil so viele Menschen sie nicht kennen oder sie nicht eingeübt haben, folgen sie immer wieder ihren ungesunden Essgewohnheiten. Wer sich jedoch einmal angewöhnt hat, anstatt zu sehr zucker- oder fetthaltigen Snacks zu Äpfeln, Bananen, Kiwis, Karotten oder Erdbeeren zu greifen, wird feststellen, dass diese auch richtig gut schmecken können. Das gilt vor allem, wenn das Obst und Gemüse gut gekühlt gegessen wird.

Nun zur hier wirklich alles entscheidenden Stellschraube **Entfernung**. Es mag simpel klingen und das ist es auch. Aber das heißt nicht, dass es keinen gigantischen langfristigen Unterschied machen kann:

Habe keine ungesunden Lebensmittel bei dir zu Hause.

Wenn du abnehmen möchtest oder dich generell gesünder ernähren möchtest, dann ist das die goldene Regel. Indem du kalorienreiche Lebensmittel verbannst, also gar nicht erst einkaufst, brauchst du später viel weniger Willenskraft, um gesundes Essverhalten an den Tag zu legen. Wenn gesunde Lebensmittel die Einzigen sind, die du zu Hause hast, so wird deine Motivation meistens ganz von alleine auf sie gelenkt, wenn du Hunger hast.

Wenn jemand abends auf der Coach sitzt und eine Tafel Schokolade neben sich liegen hat ist es kein Wunder, wenn die Person schwach wird und Schokolade isst. Wenn aber weit und breit keine Schokolade zu finden ist, jedoch direkt neben der Person eine Banane liegt, dann ist es sehr viel einfacher, Selbstdisziplin zu zeigen und sich gesund zu ernähren. Diese Herangehensweise mag sehr simpel sein, aber sie funktioniert einfach.

Falls jemand trotzdem nicht in der Lage ist, beim Einkaufen ganz auf ungesundes Essen zu verzichten (oder dies einfach nicht möchte), dann kann die Person wenigstens bei sich zu Hause die Entfernung zu Ungesundem so gut es geht erhöhen. Ungesunde Nahrung könnte zum Beispiel ganz nach oben oder ganz nach unten in den Vorratsschrank gelegt werden. Auf diese Weise machen wir uns einen Trick des Einzelhandels zunutze. Diese platzieren häufig jene Produkte, die ihnen am meisten Gewinn bringen, auf Augenhöhe, während die günstigen Produkte ganz unten platziert werden.

Ein weiteres Beispiel für die Stellschraube Entfernung ist das Vorbereiten von gesundem Essen. Durch das vollständige oder fast vollständige Zubereiten einer gesunden Mahlzeit lange bevor sie verzehrt wird, kann viel Aufwand reduziert werden. Wenn es keinen großen Aufwand mehr darstellt, sich gesund zu ernähren, wird es plötzlich sehr viel einfacher, dies auch wirklich zu tun.

Ich bereite mir zum Beispiel jeden Abend fünf leckere Shakes für den nächsten Tag vor. Sie sind meine einzige Mahlzeit bis zum Abendessen. Ich spare auf diese Weise viel Zeit jeden Tag. Zeit, welche ich direkt für meine wichtigen Aufgaben nutzen kann. Nach einem Shake fühle ich mich nicht müde (wie es nach großen Mahlzeiten der Fall ist), stattdessen geben sie mir viel Energie für den gesamten Tag und sie sind wirklich gesund. Sie haben wenig Zucker, wenig künstliche Zusatzstoffe, wenig Fett und viel Protein. Außerdem sind sie sehr gut für Umwelt und Tierwohl, weil sie keine tierischen Erzeugnisse enthalten. All diese Gründe haben dazu beigetragen, dass ich jeden Tag fünf dieser Shakes trinke. Der Hauptgrund ist jedoch, dass ich mit ihnen sehr leicht eine Situation schaffen kann, in der es leichter für mich ist, das Richtige zu tun, als das Falsche. Sobald ich die Shakes am Abend zubereitet habe, kosten sie mich am nächsten Tag keine zusätzliche Zubereitungszeit. Ich muss sie einfach nur aus dem Kühlschrank holen und kann nebenher noch etwas anderes machen. Ich habe keine andere Handlungsoption, die genauso schnell, lecker und bequem ist wie diese.

Pro Shake gebe ich 500 ml Wasser und 100 g Huel Pulver[42] in einen Mixer. Dann gebe ich je Shake entweder einen Espresso, einen Teelöffel Kakaopulver, eine halbe Banane, einen halben Apfel oder tiefgefrorene Erdbeeren, Himbeeren, Heidelbeeren, Ananas oder Spinatstücke hinzu. Wenn die Shakes dann gut gemixt werden sowie gut gekühlt gelagert und getrunken werden, schmecken sie auch wirklich gut.

Und zuletzt die Stellschraube Überlebensinstinkt. Hier empfehle ich dir, dich mehr mit Menschen zu umgeben, die viele gesunde und wenig

ungesunde Essgewohnheiten besitzen. Indem du dich mehr mit solchen Menschen identifizierst, kannst du dein Reptiliengehirn auch auf deine Seite holen. Je stärker jemand Teil einer Gruppe ist, desto mehr tendiert die Person, sich der Gruppennorm anzupassen. Wenn gesunde Essgewohnheiten zur Gruppennorm gehören, dann wird das Reptiliengehirn viel eher bereit sein, diese anzunehmen, weil es insgeheim glaubt, sein Leben wäre bedroht, wenn es aus der Gruppe verstoßen wird. Es gibt drei gute Möglichkeiten, wie jemand sich einer solchen Gruppe zugehörig fühlen kann:

1. Finde mindestens eine Person aus deinem sozialen Umfeld mit den entsprechenden Eigenschaften. Verbringe dann mehr Zeit mit dieser Person und versuche deine Beziehung zu ihr zu vertiefen.

2. Finde eine neue Gruppe mit den entsprechenden Eigenschaften und schließe dich ihr an. Zum Beispiel durch einen Sportverein, ein Fitnessstudio, eine App oder eine Internetseite.

3. Finde im Netz Influencer mit entsprechenden Eigenschaften. Lass dich von ihrem gesunden Lebensstil anstecken, indem du regelmäßig ihre Inhalte konsumierst. Langsam aber sicher kommt es deinem Reptiliengehirn so vor, als wärst du Teil ihrer Gruppe. Weil das Reptiliengehirn von Natur aus sehr motiviert ist, ein gutes Gruppenmitglied (einer wichtigen Gruppe) zu sein, wird Motivation automatisch auf das gesunde Verhalten gelenkt.

Beispiel 3: **Regelmäßig Sport**

Regelmäßig Sport zu machen hat viele großartige Vorteile für Körper und Geist[43]. Immer mehr Menschen beginnen das zu realisieren. Doch obwohl viele Menschen regelmäßig Sport machen wollen, können sie sich nicht dazu bringen, konsistent zu sein. Ein paar Wochen trainieren sie regelmäßig und dann wieder ein paar Wochen gar nicht. Viele fangen erst an richtig Sport zu machen, wenn sie ihr körperliches Erscheinungsbild nicht mehr ertragen können. Entweder wollen sie unbedingt Gewicht verlieren, Muskeln aufbauen oder beides. Auch hier kann die Veränderung des Wegs des geringsten Widerstands enorm dabei helfen, Motivation auf das richtige Verhalten zu lenken.

Viele Menschen machen keinen Sport, weil sie glauben, dass ihnen Sport keinen **Spaß** macht. Ich bin jedoch davon überzeugt, dass es für jeden Menschen ein Sportprogramm gibt, das ihr oder ihm Spaß macht. Manche haben Spaß daran, so effektiv wie möglich Muskeln aufzubauen, also heben sie schwere Gewichte im Fitnessstudio. Falls das nichts für dich ist, ist das nicht weiter schlimm, denn zum Glück gibt es viele weitere Trainingsvarianten, von denen einige dir wahrscheinlich deutlich mehr Spaß machen. Anstatt im normalen Kraftbereich zu trainieren, könntest du Fitnesskurse in einem Fitnessstudio besuchen oder regelmäßig zu Hause Trainingsvideos auf YouTube nachmachen. Du könntest dir eine Dauerkarte für ein Schwimmbad holen und regelmäßig schwimmen gehen oder einfach deine Laufschuhe anziehen und regelmäßig draußen eine Runde joggen gehen. Du könntest auch zu Hause trainieren, entweder (wie ich) mit einem selbst geschriebenen Trainingsplan, einer Klimmzugstange und ein paar Hanteln oder mit einer Trainings-App oder einfach mit einem Ausdauergerät. Es gibt wahrscheinlich keine bequemere Art Sport zu treiben, als einfach den Hometrainer vor den Fernseher zu stellen und damit jeden Abend beim Fernsehen eine Stunde Sport zu machen. Manche Menschen lieben es, in einem Verein Sport zu machen. Das hängt vor allem damit zusammen, dass man nicht einzeln, sondern in einer Gruppe trainiert. Man spielt häufig Spiele, es gibt Wettbewerbe, man kann sich mit Gleichgesinnten unterhalten und findet vielleicht neue Freunde. Du siehst also, es gibt wahrscheinlich für jeden mindestens eine Sportart, die ihr oder ihm Spaß macht. Und sobald man gerne zum Sport geht, wird es relativ einfach konsistent beim Sport zu sein. Es ist nur noch wenig weitere Selbstdisziplin nötig.

All das mag logisch sein. Jedoch gehen hier sehr viele Menschen andersherum vor und das ist einer der Hauptgründe, warum sie nicht regelmäßig Sport machen. Anstatt einen Sport zu finden, der ihnen Spaß macht und anstatt sich auf den Spaß am Sport zu konzentrieren, konzentrieren sie sich darauf, möglichst schnell den eigenen Körper zu verändern. An manchen Tagen sind sie inspiriert. Sie haben keine Lust mehr, wie bisher weiterzumachen und wollen anfangen, zu ihrem besten Selbst zu werden. Das veranlasst sie dazu, die schnellste und effektivste Methode zu wählen. Jedoch macht ihnen diese leider langfristig oft keinen Spaß. Außerdem ist Inspiration nur selten von langer Dauer. Mal ist sie da, mal ist sie weg. Aus diesem Grund tun sich so viele Menschen so schwer, regelmäßig Sport zu treiben. Ist ihre Stimmung im Keller, dann ist ihre Motivation, ihr bestes Selbst zu werden, auch nicht besonders hoch. Sie sind lieber beim Fernsehen als beim Sport. Wenn sie jedoch Spaß am Sport haben, dann ist alles ganz anders. Sie betrachten Sport nicht mehr als Pflicht, der sie trotz schlechter Stimmung nachgehen müssen, stattdessen betrachten sie Sport als Stimmungsaufheller. Regelmäßig Sport zu treiben fällt leicht, wenn Sport die eigene Stimmung verbessert und nicht verschlechtert.

Neben der perfekten Sportvariante kannst du auch die Stellschraube „Spaß“ optimieren, indem du versuchst, den Spaß an deinem Sport direkt zu steigern. Wenn du zum Beispiel in einem Fitnessstudio trainieren möchtest und du es dir leisten kannst, dann kann der Sport deutlich mehr Spaß machen, wenn du dich in dem besten Fitnessstudio in deiner Umgebung anmeldest. Solche Fitnessstudios haben oft viele gute Trainingsgeräte, viele Kurse, große und saubere Duschen und Umkleiden sowie viel Platz zum Ausweichen, falls es gut besucht ist. Auf diese Weise macht Trainieren deutlich mehr Spaß. Wenn du keine große Lust hast während des Sports Musik zu hören, dann könnte ein Hörbuch oder ein Podcast für deutlich mehr Spaß am Training sorgen. Während ich studierte, habe ich alte Online-Vorlesungen auf meinem Handy im Fitnessstudio angehört. Dadurch hat mir das Training deutlich mehr Spaß gemacht, denn ich hatte kein schlechtes Gewissen mehr, wenn ich viel Sport machte, anstatt zu lernen. Stattdessen habe ich zwei Fliegen mit einer Klappe geschlagen. Ich machte gleichzeitig Sport und lernte, ich baute Muskeln auf und verbesserte meine Noten. Dieser Gedanke gefiel mir und steigerte so meinen Spaß am Sport. Ganz davon abgesehen kann ein Freund oder eine Freundin als Trainingspartner zu sehr viel mehr Spaß am Sport führen.

Und das bringt uns zur nächsten Stellschraube, die du optimieren kannst, **Überlebensinstinkt**. Es kann sehr helfen, eine Person oder eine Gruppe zu finden, mit der du regelmäßig Sport machst. Nicht nur macht das meistens mehr Spaß als alleine zu trainieren, auch die Motivation deiner Trainingspartner kann sich auf dich übertragen. Das gilt vor allem, wenn deine Trainingspartner sehr motiviert beim Trainieren sind. Nicht motiviert zu sein und nicht intensiv und regelmäßig zu trainieren fühlt sich komisch an, wenn alle anderen um dich herum motiviert, intensiv und regelmäßig trainieren. Wie durch Osmose nimmst du ihre guten Eigenschaften auch an. Vor allem wenn du dich stark mit der Gruppe identifizierst (also unbedingt Teil von ihr sein möchtest), wird dir dein Reptiliengehirn die nötige Motivation zur Seite stellen. Es ist simpel, aber es funktioniert.

Wenn du zu Hause trainierst, minimiere die Entfernung zu deinem Trainingsequipment so gut du kannst. Stelle oder lege es am besten dorthin, wo du es beim Training brauchst, sodass dir keine unnötige Aufbauphase das Training erschwert. Wenn du am Morgen oder am Abend joggen gehen möchtest, dann bereite dich schon am Vortag darauf vor. Lege Trainingsschuhe und Trainingskleidung bereit, sodass du keinen unnötigen Mehraufwand direkt vor dem Trainieren hast. Wenn du am Abend ins Fitnessstudio gehen möchtest, dann gehe nach demselben Muster vor. Packe deine Trainingstasche am Vortag, sodass du sie nur noch mitnehmen musst, wenn es an der Zeit ist zu trainieren.

Beispiel 4: **Produktivität**

Für wahrscheinlich jeden Menschen ist die Fähigkeit nützlich, in möglichst kurzer Zeit möglichst viel erledigen zu können. Mit anderen Worten: Für wahrscheinlich jeden Menschen ist ein hohes Maß an Produktivität nützlich. Es geht hier nicht nur darum, bei der Arbeit oder beim Lernen produktiv zu sein. Produktivität spielt bei jedem deiner Ziele eine große Rolle, denn je produktiver du bei ihnen bist, desto schneller erreichst du sie. Jene Aktivitäten, die dich deinen Zielen am besten näher bringen, bezeichne ich als deine **wichtigen Aufgaben** oder **wertvollen Aktivitäten**. Ganz allgemein ist es sehr wichtig, diese zu kennen, denn nur wer sie kennt, weiß, worauf die eigene Motivation gelenkt werden muss. Es kann sich deswegen sehr lohnen, lange darüber nachzudenken, was die eigenen wichtigsten Aufgaben sind.

Umgekehrt ist es auch wichtig, die eigenen Versuchungen zu kennen. Das sind jene Aktivitäten, mit denen du bereits viel Zeit verschwendet hast oder denen du bereits häufiger nachgegangen bist, obwohl sie schlecht für dich sind. Sobald du also auch weißt, für welche Versuchungen du empfänglich bist, ist der nächste Schritt, dich zu fragen, wie du die Stellschrauben Entfernung, Überlebensinstinkt und Spaß verändern kannst, damit der Weg des geringsten Widerstands weg von ihnen und hin zu deinen wertvollen Aktivitäten zeigt.

Denke nicht daran, deine Motivation mit den Vorgehensweisen weiter hinten im Buch zu steigern, bevor du den Weg des geringsten Widerstands auf deine Seite gebracht hast. Die eigene Motivation verlässlich stark steigern zu können, braucht Zeit und Übung. Den Weg des geringsten Widerstands auf dein richtiges Verhalten zu lenken, geht hingegen sehr schnell, die Veränderung ist oft von Dauer und macht häufig einen großen Unterschied. Sobald er auf deiner Seite ist, wurde deine Motivation auf eine deiner wertvollen Aktivitäten gelenkt. Erst dann macht es wirklich Sinn, die eigene Motivation noch weiter zu steigern, um so immer bessere Leistungen in allen Bereichen deines Lebens erbringen zu können.

Bevor wir in weitere Beispiele eintauchen, möchte ich noch einmal eine entscheidende Sache betonen. Um deine Motivation erfolgreich weg von deinen Versuchungen hin zu wichtigen Aufgaben lenken zu können, ist es nötig, den Weg des geringsten Widerstands **so konsequent wie nötig** zu verändern. Frage dich deshalb am Anfang ständig:

„Reicht das Level an Konsequenz aus oder muss ich die drei Stellschrauben noch konsequenter verändern?"

Um das Prinzip der „Konsequenz" zu verdeutlichen, habe ich die folgenden Beispiele in drei Level unterteilt. Wenn du etwas davon in dein Leben integrieren möchtest, dann empfehle ich dir, der Reihe nach vorzugehen. Fange bei Level 1 an. Falls die Beispiele aus Level 1 nicht ausreichen, dann mache weiter mit Level 2. Und falls Level 2 nicht ausreicht, integriere Strategien aus Level 3. Je konsequenter du vorgehst, desto unangenehmer ist es für dich anfänglich. Dieses kleine Opfer ist es jedoch tausendfach wert, weil du dadurch dauerhaft deine Motivation auf deine Seite holst.

Level 1

Fangen wir an, mit der Stellschraube „**Spaß**“. Sie zu optimieren bedeutet einfach, deine wichtigen Aufgaben angenehmer und deine Versuchung unangenehmer zu machen. Manche Optimierungen liegen dabei relativ nahe: Investiere (wenn möglich) in ein helles Licht im Arbeitszimmer, einen großen, hochauflösenden Bildschirm, einen ausgezeichneten Schreibtischstuhl, sowie eine gute Tastatur und Maus. Andere Optimierungen sind vielleicht nicht ganz so naheliegend. Zum Beispiel sehr darauf bedacht zu sein, ein geordnetes, aufgeräumtes und sauberes Arbeitszimmer zu haben. Jeder Gegenstand sollte einen festen Platz im Arbeitszimmer haben. Nichts sollte dem Zufall überlassen werden. Am Ende des Arbeitstages alles gut aufzuräumen ist eine Gewohnheit, die sich zu etablieren lohnt, falls sie nicht bereits vorhanden ist. Wer sich an einen gut aufgeräumten Schreibtisch setzt, hat deutlich mehr Spaß am Arbeiten oder Lernen. Umgekehrt reduziert es enorm den Spaß, wenn andauernd Dinge gesucht werden müssen, die in der eigenen Unordnung untergehen.

Dekoelemente wie ein schönes Bild, eine kleine Skulptur, eine Pflanze oder auch dezenter Raumduft können den Spaß am Arbeiten zusätzlich erhöhen. Während des Arbeitens Naturgeräusche wie Regen oder ruhige Musik zu hören, kann Spaß (und auch Konzentration) zusätzlich steigern.[44] Umgekehrt können störende Nebengeräusche dem Spaß an der Arbeit sehr schaden. Anstatt sie einfach zu ertragen, empfiehlt es sich, sie mit Naturgeräuschen oder ruhiger Musik zu überdecken oder Ohrenstöpsel aus Schaumstoff zu tragen. Diese sind nicht nur günstig, sondern reduzieren Außengeräusche deutlich und haben ein angenehmes Tragegefühl.

Nun zur Kehrseite von Spaß: **Unlust**. Es empfiehlt sich möglichst viel Unlust für die eigenen Versuchungen zu erzeugen. Frage dich dazu:

„Wie kann ich es schaffen, dass mir meine Versuchungen weniger Spaß machen?“

Vielleicht gibt es einen bequemen Sessel, auf dem du häufig sitzt, wenn du Fernseh schaust oder Videospiele spielst. Vielleicht wäre es eine gute Idee, wenn dieser Sessel in ein anderes Zimmer gestellt wird und du anfängst dich nur noch auf ihn zu setzen, um ein gutes Buch zu lesen.

Jemand könnte dazu auch die eigenen Kaufentscheidungen hinterfragen. Wenn du dir zum Beispiel ein neues Handy, eine neue Couch, eine neue Spielekonsole, einen neuen Fernseher oder Spiele-Computer kaufen möchtest, frage dich:

„Ist das wirklich nötig?"

Und falls ja:

„Muss es wirklich das Beste vom Besten sein? Oder reicht vielleicht auch etwas, dessen Benutzung weniger Spaß macht und so eine weniger attraktive Zeitverschwendung darstellt?"

Eine kleine Gewohnheit, die dir helfen könnte, Unlust für Versuchungen zu erzeugen, ist regelmäßig darüber nachzudenken, was schlecht an ihnen ist. Denke nicht nur darüber nach, warum sie langfristig schlecht für dein Leben sind, sondern auch, was du kurzfristig an ihnen aussetzen kannst. Wenn du zum Beispiel weniger fernsehen möchtest, dann könntest du über einen schlechten Handlungsstrang der Serie nachdenken, die du gerade anschaust. Eine ähnliche Gewohnheit ist regelmäßig an Versuchungen zu denken, während du etwas machst, das dich ekelt. Wenn du zum Beispiel weniger von einem Videospiel spielen möchtest, aber andauernd Lust darauf hast, dann könntest du Unlust erzeugen, indem du über das Spiel nachdenkst, während du den Müll raus bringst.

Betrachten wir nun die Stellschraube „**Entfernung**". Mache die Gegenstände deiner wichtigen Aufgaben so leicht zugänglich wie möglich, während alles, was dich an deine Versuchungen erinnern könnte, außerhalb deiner Wahrnehmung sein sollte. Unser Reptiliengehirn kann, wie gesagt, nicht abstrakt denken. Was es nicht wahrnimmt, existiert für es nicht. Damit es aktiv wird und Motivation für eine Versuchung erzeugt, gibt es nur zwei Möglichkeiten:

1. Die Versuchung muss uns direkt ins Auge springen, sodass sich unsere Aufmerksamkeit mit der Versuchung beschäftigen muss.

2. Unser Neokortex muss unser Reptiliengehirn daran „erinnern“, dass eine Dopamin-Quelle nicht weit entfernt ist.

So lange du also in der Lage bist, nicht an deine Versuchungen zu denken, während du produktiv sein möchtest, reicht es meistens aus, wenn dir deine Versuchungen nicht direkt ins Auge springen. Jedes Mal, wenn wir an eine Versuchung denken, wächst die Motivation, ihr nachzugehen. In Level 1 versuchen wir, die eigene Umgebung gerade so weit zu optimieren, dass Versuchungen nicht in unmittelbarer Nähe sind. Wir verlassen uns darauf, dass du in der Lage bist, die ganze Zeit über nicht an Versuchungen zu denken und ein hohes Maß an Konzentration aufrechterhalten kannst. Gelingt uns das nicht, brauchen wir Level 2. Doch nicht so schnell ... Die Chancen stehen gut, dass für die meisten Versuchungen die Konsequenz aus Level 1 völlig ausreicht.

Fangen wir mit deinem Handy an. Die einfachste Verbesserung zum Lenken der eigenen Motivation ist es, dein Handy nicht auf dem Schreibtisch zu haben. Halte es aus der eigenen Sichtweite entweder hinter dir, in einer Tasche auf dem Boden oder noch weiter weg. Solange du keinen wichtigen Anruf erwartest oder es nicht dein Job ist, erreichbar zu sein, empfiehlt es sich, es ganz auszuschalten, während du produktiv sein möchtest. Auf diese Weise minimierst du nicht nur ablenkende Benachrichtigungen, auch die Gewohnheit von alleine auf das eigene Handy zu schauen, um sich abzulenken, wird so schwächer. Wenn das Handy ausgeschaltet ist, dauert es ein bisschen, bis das Handy angeschaltet wird und es zu einer Dopaminausschüttung durch eine App kommen kann. Durch die gestiegene „Entfernung“ wird die Versuchung deutlich weniger attraktiv für das eigene Reptiliengehirn. Und falls du doch Anstalten machen solltest, das Handy anzumachen, hat deine Willenskraft meistens genug Zeit, das Ruder herumzureisen. Dir wird bewusst, dass du eigentlich produktiv sein möchtest und fängst deswegen an, dich wieder auf deine wichtigen Aufgaben zu konzentrieren.

Die Gewohnheit, das Handy beim Arbeiten auszumachen, ist so simpel, dass viele nicht realisieren, wie mächtig sie ist. Viele Menschen glauben instinktiv, dass eine Technik kompliziert sein muss, damit sie von großem Nutzen ist. Das ist jedoch häufig nicht wahr. Wer anfängt, immer viel „Entfernung“ zum eigenen Handy beim Arbeiten herzustellen, kann mit einer einzigen Aktion langfristig viele Probleme lösen.

Doch auch dein Handy selbst kann so optimiert werden, dass gute Aktivitäten unterstützt werden und es schlechte Aktivitäten schwerer haben. Am besten werden Apps, die nur ablenken (und wenig außer einer Dopaminausschüttung zu bieten haben), ganz vom Handy gelöscht. Zumindest sollten solche Apps nicht sofort beim Anschalten des Handys ins Auge fallen. Habe sie also möglichst nicht direkt auf deiner Startseite, sondern verstecke sie so gut es geht. Sortiere sie zum Beispiel ganz nach hinten in eine Gruppe. Auf diese Weise braucht es mehrere bewusste Handbewegungen von dir, um zu ihnen zu kommen. Das gewohnheitsgemäße Öffnen einer App wird so durch „Entfernung" erschwert. Aus diesem Grund könnte es auch sehr hilfreich sein, Messenger-Dienste wie „WhatsApp", oder E-Mail-Apps ganz nach hinten in einer Gruppe zu ordnen. Es mag eine kleine Verbesserung sein, von der du jedoch über die kommenden Monate und Jahre insgesamt sehr viel profitieren könntest.

Die Nutzung des Internets am Computer ist ein besonders kniffliges Thema. Es ist oft notwendig und kann sehr hilfreich sein. Es bringt jedoch auch viele Nachteile mit sich. Webseiten, die zu einer großen Dopaminausschüttung führen, sind nur ein paar Mausklicks oder ein Suchwort entfernt. Wir müssen daher Wege finden, wie wir von den Vorteilen des Internets profitieren können, ohne von dessen Strudel der Zeitverschwendung verschlungen zu werden.

Das erste Beispiel ist hier das Ausschalten von E-Mail-Benachrichtigungen, falls diese aktiviert sind. Wenn sich ein kleines Fenster öffnet und ein Geräusch ertönt, sobald eine E-Mail eingegangen ist, so ist das eine starke und wahrscheinlich vollkommen unnötige Ablenkung. Es braucht nur wenig Zeit, E-Mail-Benachrichtigungen auszuschalten und doch kann so die eigene Motivation dauerhaft davor bewahrt werden, in die falsche Richtung abzudriften.

Etwas, von dem fast jeder Computer-Nutzer profitieren kann, ist eine Browser-Erweiterung, die das Aufrufen von unnötigen Webseiten erschwert. Wenn du zum Beispiel „Firefox" oder „Chrome" verwendest, könntest du die Erweiterung „**BlockSite**" installieren und dort all jene Seiten eintragen, mit denen du in den letzten Monaten Zeit verschwendet hast. Es geht nicht darum, alle erdenklichen Webseiten zu blockieren, mit denen du deine Zeit verschwenden könntest. Es geht nur darum, jene zu blockieren, für die du empfänglich bist. Ich hatte mir zum Beispiel angewöhnt, während meiner Arbeitszeit eine ganz bestimmte Nachrichtenseite häufig zu öffnen. Als mir das aufgefallen war, habe ich sie mit BlockSite blockiert. Natürlich ist meine Gewohnheit deswegen nicht sofort verschwunden. Über ein Jahr habe ich die Website trotzdem gelegentlich aufgerufen, nur um dann festzustellen, dass ich sie blockiert habe. Mit der Zeit wurde die Gewohnheit immer schwächer, weil mein Reptiliengehirn realisiert hat, dass es so kein Dopamin mehr bekommt.

Manchmal zeigt ein Internet-Browser nach dem Öffnen häufig besuchte Webseiten oder beliebte Nachrichtenartikel an. Diese Ablenkungen lassen sich in der Regel ausschalten und genau das würde ich jedem empfehlen. Es ist ein weiterer kleiner Schritt in die richtige Richtung. Damit zusammen hängt eine andere, hilfreiche Browser-Erweiterung. Sie heißt **„Empty New Tab"**. Wenn du ein neues Tab in deinem Browser öffnest, werden dir häufig verlockende Inhalte vorgeschlagen. Mit „Empty New Tab" würde dir lediglich eine weiße Seite angezeigt werden, wodurch dein Reptiliengehirn nicht in Versuchung geführt wird. Schritt für Schritt kannst du so den Weg des geringsten Widerstands weg von den Dingen, die schlecht für dich sind, hin zu den Dingen, die gut für dich sind, lenken.

Am kniffligsten ist das Thema „Internet am Computer" bei Webseiten, die gleichzeitig gut und schlecht sein können. Ich denke hier speziell an Facebook und YouTube. Vielleicht gibt es Facebook-Gruppen, die für dich wichtig sind oder vielleicht nutzt du die Plattform, um mit Freunden in Kontakt zu bleiben. Leider hat Facebook auch den Newsfeed. Ständig werden neue verlockende Inhalte präsentiert und deswegen verschwenden manche Menschen täglich Stunden. Die Lösung ist hier die Browser-Erweiterung **„News Feed Eradicator"**. Wenn du sie installiert hast, kannst du das Sinnvolle an Facebook genauso nutzen, wie zuvor, während der ablenkende Newsfeed „gelöscht" wurde.

In YouTube können viele Menschen Videos finden, die sehr hilfreich für sie sind. Leider gibt es dort auch eine Unendlichkeit an Videos, die vollkommen sinnlos für sie sind. Das wäre nicht weiter schlimm, wenn der YouTube-Algorithmus nicht so gut darin wäre, jene sinnlosen Videos vorzuschlagen, die eine große Anziehungskraft auf dich ausüben. Dem Algorithmus ist egal, ob du deine Zeit sinnvoll nützt oder nicht. Er will nur, dass du so viel Zeit wie möglich auf YouTube verbringst. Die Rettung ist mal wieder eine Browser-Erweiterung. In diesem Fall heißt sie **„DF Tube"**. Diese Erweiterung erlaubt dir, die schlechten Funktionen von YouTube zu löschen, während du weiterhin Zugriff auf die guten hast. Du kannst die vorgeschlagenen Videos auf der Startseite löschen, sodass du nicht bereits beim Öffnen der Seite deine eigentliche Absicht aus den Augen verlierst. Es empfiehlt sich enorm, alle vorgeschlagenen Videos und die Kommentare unter den Videos zu löschen, denn diese Funktionen sind fast nie nützlich, wurden jedoch extrem optimiert, um dir deine Zeit zu stehlen. Durch diese kleinen, aber hilfreichen Optimierungen fällt es deutlich leichter, YouTube zu nutzten, anstatt (wie so viele Nutzer) hauptsächlich von YouTube genutzt zu werden, um Werbeeinnahmen zu generieren. Dadurch, dass du durch Browser-Plugins „Entfernung" zu Versuchungen herstellst, wird es sehr viel leichter, diesen Versuchungen zu widerstehen.

Gehe bei anderen Versuchungen nach demselben Prinzip vor. Wenn du zum Beispiel einen Computer zum Arbeiten und zum Spielen benutzt, dann richte zwei Benutzerkonten ein: eins für die Arbeit und eins für die Spiele. Wenn auf dem Benutzerkonto für die Arbeit keine Spiele sind, dann wird die Handlungsoption „Spielen" sehr viel weniger attraktiv für das Reptiliengehirn. Umgekehrt werden im Verhältnis dazu andere Handlungsoptionen wie zum Beispiel „Arbeiten" attraktiver, denn natürlich wirft auch „Arbeiten" und andere wichtige Aufgaben Dopamin ab. Das Reptiliengehirn wird dann motiviert sein, wenigstens dieses Dopamin zu bekommen, denn für das Reptiliengehirn ist auch ein bisschen Dopamin deutlich besser als kein Dopamin.

Du kannst dir dieses Prinzip auch in anderen Situationen zunutze machen. Wenn du zum Beispiel weniger fernsehen schauen und mehr lesen möchtest, dann lege dein Buch dorthin, wo normalerweise deine Fernbedienung liegt. Diese kannst du dann an einen gänzlich anderen Ort legen, zum Beispiel in einer Küchenschublade, ganz hinten im Kleiderschrank oder ganz oben auf ein Regal. Wenn du dich das nächste Mal hinsetzt, um fernseh zu schauen, wirst du das Buch sehen und dich daran erinnern, dass du mehr lesen möchtest. Weil du aufstehen müsstest, um zur Fernbedienung zu kommen, das Buch jedoch griffbereit ist, fällt es dir deutlich leichter, mit dem Lesen anzufangen und so eine neue Gewohnheit aufzubauen.

Dieses grundsätzliche Prinzip mag sehr simpel sein, aber es funktioniert einfach. Intuitiv glauben viele, dass es kompliziert sein muss, Fortschritte zu machen. Doch das ist beim Thema Selbstdisziplin am Anfang sicher nicht der Fall. Unterschätze diese Vorgehensweise also nicht. Es mag nur so lange ineffektiv sein, wie es nicht konsequent umgesetzt wurde. Sobald der Weg des geringsten Widerstands auf deiner Seite ist, hast du das Fundament gelegt. Wir können dann mit den weiteren Vorgehensweisen aus diesem Buch extrem große Fortschritte erzielen.

Level 2

Wenn Level 1 nicht ausreicht, um Motivation weg von Versuchungen hin zu wichtigen Aufgaben zu lenken, dann müssen wir mit Level 2 weitermachen. Wenn es im vorherigen Level bei der Stellschraube **Entfernung** hauptsächlich darum ging, dass Versuchungen nicht direkt ins Auge springen, steigern wir in Level 2 die Entfernung zu unseren Versuchungen deutlich stärker. Je weiter deine Versuchungen entfernt sind, desto weniger attraktiv sind sie für dein Reptiliengehirn. Selbst wenn wir an die Versuchung kurz denken, nimmt das Reptiliengehirn die Versuchung nicht als Handlungsoption wahr, wenn die Versuchung nur weit genug entfernt ist. Das Resultat ist, dass wir Dopamin-Aktivitäten nicht mehr spontan oder gewohnheitsgemäß nachgehen, sondern nur, wenn wir uns bewusst für sie entscheiden. Genau so soll es sein. Wenn wir uns bewusst für sie entscheiden, verfolgen wir eine Absicht. Wenn hingegen unser Reptiliengehirn am Zug ist, ist eine Versuchung meist nur ein Schutzmechanismus gegen schlechte Stimmung. Weil eine Versuchung jedoch fast nie die eigene Stimmung verbessert, sondern meistens verschlechtert, manövriert uns unser Reptiliengehirn in einen Teufelskreis der Zeitverschwendung. Je mehr Zeit wir verschwenden, desto mehr verschlechtert sich deswegen unsere Stimmung. Doch je schlechter unsere Stimmung, desto größer ist häufig der Wunsch, sich abzulenken und damit noch mehr Zeit zu verschwenden.

Besonders gefährlich ist in diesem Zusammenhang unser Handy. Mit dem lässt sich leicht viel Zeit und damit Potenzial verschwenden. Dafür gibt es vier große Gründe:

1. Handy-Apps können zu einer schnellen Dopaminausschüttung führen. Und wie wir wissen: Je mehr Dopamin ausgeschüttet wird, desto größer wird häufig das Verlangen nach noch mehr Dopamin.[45]

2. Die Hürde, auf das eigene Handy zu schauen, ist für viele Menschen sehr niedrig. Sie brauchen oft keinen guten Grund dafür, sondern schauen fast schon gewohnheitsgemäß ständig auf ihr Handy.

3. Viele Handys machen andauernd auf sich aufmerksam. Laute Töne und Bildschirm-Benachrichtigungen erscheinen unglaublich wichtig und dringend zu sein. Meistens sind sie das jedoch nicht. Meistens sind sie nichts weiter als ein Köder für unsere Aufmerksamkeit.

4. Ein Handy ist portabel. Es kann leicht überall hin mitgenommen werden: auf den Schreibtisch, in die Vorlesung, auf die Couch oder ins Bett.

In Level 1 habe ich bereits vorgeschlagen, das Handy ausgeschaltet und außer Sichtweise zu haben, wann immer wir hohe Produktivität an den Tag legen wollen. Doch was ist, wenn das nicht reicht? Was ist, wenn wir uns nicht dazu bringen können, das Handy ausgeschaltet zu lassen oder (fast genauso schlimm) wenn wir hin- und hergerissen sind, ob wir das Handy wieder anschalten sollen oder nicht. In diesem Fall gibt es eine sehr einfache, aber durchschlagende Lösung, nämlich: **die Entfernung so konsequent wie nötig zu steigern.**

Zu Hause könnte das Handy ausgeschaltet in ein anderes Zimmer gelegt werden und dort entweder eingeschlossen, ganz oben auf einem Regal oder unter dem eigenen Bett versteckt werden. Bist du unterwegs, dann könnte das Handy in einen Schal eingewickelt und in einer Tasche ganz unten verstaut werden. Oder es könnte ganz einfach zu Hause gelassen werden. Ich empfehle dir, auf jeden Fall zu tun, was nötig ist, damit du dein Handy nur nutzt, wenn du dich bewusst dafür entschieden hast.

Gehe genauso konsequent mit der Fernbedienung deines Fernsehers und dem Controller deiner Spielekonsole vor, falls Fernsehen oder Videospiele eine Versuchung für dich darstellen. Sei kreativ und verstecke sie an ungewöhnlichen Orten. Falls nötig, dann nehme Fernseher oder Spielekonsole vom Stromnetz. Tue, was nötig ist, um

Entfernung zu deinen Versuchungen herzustellen, damit sie so zu keiner Handlungsoption für dein Reptiliengehirn werden. Ich gehe zum Beispiel, nachdem ich den Wecker am Morgen in meinem Briefkasten ausgemacht habe, nicht direkt zurück in meine Wohnung. Stattdessen gehe ich erst einmal runter in meinen Keller und „verstecke" dort sowohl meine Fernbedienung als auch mein Handy. Erst nach getaner Arbeit um 17 Uhr gehe ich runter und hole Fernbedienung und Handy zurück in meine Wohnung.

Level 2 ist simpel, aber höchst effektiv. Kümmere dich nicht um fortgeschrittenere Techniken, so lange du nicht mindestens die Stellschraube Entfernung auf deine Seite gebracht hast. Nutze deine Kreativität so gut wie möglich. Wenn du zum Beispiel (wie in Level 1 beschrieben), weniger auf deinem Computer spielen möchtest und dir dafür ein Spiele-Benutzerkonto eingerichtet hast, dann könntest du die Stellschraube Entfernung weiter steigern, indem du dir für das Spiele-Benutzerkonto ein kompliziertes Passwort ausdenkst. Schreibe das Passwort auf einen Zettel und lege den Zettel in einen entlegenen Winkel deiner Wohnung. Auf diese Weise besitzt du immer noch die Freiheit zu spielen wann du möchtest, nur ist es jetzt eine viel bewusstere Entscheidung. Dein Reptiliengehirn wird deine Motivation weg von der Versuchung hin zu einer näheren Dopamin-Quelle lenken.

Level 2 kann bedeuten, dafür Opfer zu bringen. Nicht nur mache ich fast jeden Tag den zweiten Wecker in meinem Briefkasten aus und bringe Fernbedienung und Handy in meinen Keller, ich schalte auch, bevor ich arbeite, meinen Internet-Router aus. Häufig brauche ich das Internet nicht für meine Arbeit und deswegen ist es kein Problem für mich, mir jeden Morgen den Zugang zum Internet zu erschweren. Indem ich das Internet ausgemacht habe, konkurriert meine wertvolle Konzentrationszeit nicht mit Ablenkungen und Versuchungen aus dem Internet. Gegen Ende meiner Arbeitszeit aktiviere ich das WLAN wieder und gehe dann jenen wichtigen Aufgaben nach, für die ich das Internet benötige. Wenn ich während meiner Konzentrationsarbeit eine Idee habe, für die das Internet notwendig ist, so schreibe ich die Idee in meine „Aus-dem-Kopf-Liste" (im Programm „Dynalist"). Später am Tag, wenn ich das Internet angemacht habe, gehe ich der Idee dann nach. Auch wenn das wie Mehraufwand klingen mag, so spare ich doch durch dieses Vorgehen enorm viel wertvolle Arbeitszeit, weil ich mich nicht mit dem Internet ablenke, während ich Konzentrationsarbeit erledige.

Level 3

Falls Level 2 nicht ausgereicht hat oder du einfach noch mehr Fokus und Disziplin haben möchtest, könnte Level 3 die Lösung sein. Level 3 bedeutet die eigenen Versuchungen mit sogar **noch mehr „Entfernung"** zu belegen als in Level 2. Wenn du immer noch daran denken musst, Versuchungen nachzugehen, obwohl du alles aus Level 2 angewendet hast, dann müssen wir uns noch viel weiter von den Versuchungen entfernen. Dies gelingt uns, indem wir unser zu Hause ohne die Objekte der Versuchung verlassen und an einen Ort gehen, an dem es weit und breit keine Versuchungen gibt (zumindest keine, die unser Reptiliengehirn kennt).

Ein wichtiges Thema, das wir noch nicht besprochen haben, sind „**Kontext-Anker**." Kontext-Anker sind Merkmale in unserer Umgebung, die unser unbewusster Geist registriert und damit ein bestimmtes Verhalten in Verbindung bringt. Unser Unbewusstes merkt sich, wie wir unsere Zeit an einem bestimmten Ort typischerweise verbringen. Wenn wir uns relativ konsistent verhalten, also häufig dem gleichen Verhalten am selben Ort nachgehen, so entsteht daraus mit der Zeit eine Gewohnheit mit fast magischer Anziehungskraft. Es wird für uns immer leichter, dieses Verhalten dort erneut zu zeigen, während es jedes andere Verhalten immer schwerer wird.

Wenn wir uns zu Hause häufig entspannen, wenn wir dort häufig essen, spielen, aufräumen, im Internet surfen und Fernseh schauen, so machen es uns diese Kontext-Anker schwerer, zu Hause konzentriert zu arbeiten. Das ist einer der Hauptgründe, warum so viele Menschen bei der Arbeit deutlich produktiver sind als zu Hause und warum so viele Studenten berichten, dass sie in der Bibliothek besser lernen können als zu Hause.

Optimierungen aus Level 1 und 2 können zwar sehr helfen, doch können sie keine Kontext-Anker verhindern. Wenn der Kontext nicht auf deiner Seite ist, wächst die Gefahr enorm, dass früher oder später ablenkende Gedanken kommen, die durch deine Umgebung ausgelöst werden. Dein Wohnzimmertisch mag dich an Abende erinnern, die du mit deinen Freunden verbracht hast. Dein Fernseher mag dich an Serien und Filme erinnern, die du angeschaut hast oder weiterschauen möchtest. Dein Schreibtisch mag dich neben deiner Arbeit auch an Spiele erinnern, die du dort gespielt hast oder an Videos, die du dort angeschaut hast.

All dem kannst du entgehen, indem du den Kontext deiner Umgebung radikal änderst. Wenn du an einen Ort gehst, an dem es weit und breit keine Versuchungen gibt, dann sind diese keine Option mehr für dein Reptiliengehirn. Sie existieren für dein Reptiliengehirn nicht, weil sie so weit weg sind. Und natürlich erinnert dich auch nichts an deine Versuchungen. Der Kontext ist auf deiner Seite. Ein Beispiel hierfür könnte die Studentin sein, die in eine Bibliothek gegangen ist, um zu lernen. Hoffentlich hat sie dabei ihr Handy zu Hause gelassen. Aber selbst wenn nicht, selbst wenn sie ihr Handy dabei hat, wird der Kontext der Bibliothek ihr dabei helfen, produktiv zu sein und nicht auf ihr Handy zu schauen. Es sei denn sie gewöhnt sich an, auf ihr Handy zu schauen, während sie in der Bibliothek ist. Dann wird auch der Kontext der Bibliothek ihr nicht mehr viel helfen, ihrer Handy-Versuchung zu widerstehen.

Wann immer ich merke, dass Level 2 heute nicht ausreicht, um mein Potenzial auszuleben, gehe ich zu Level 3 über. Es ist meine „Geheimwaffe", für deutlich mehr Selbstdisziplin und Produktivität. Ich packe meine Tasche (Laptop, Wasser, meine Shakes und etwas Süßes), dann fahre ich mit meinem Auto zu einem nahe gelegenen Park. Entweder bleibe ich im Auto sitzen oder ich setzte mich mit meinem Laptop auf eine sehr ruhige Parkbank. Das ist mein ultimativer Arbeitsort. Ich hole so verlässlich mein Reptiliengehirn auf meine Seite. Ich habe meine Motivation ganz sicher gelenkt, denn weit und breit gibt es keine Aktivität, die mehr Dopamin ausschüttet, als meine wichtige Aufgabe. Der Kontext ist dabei auch auf meiner Seite. Nichts erinnert mich an meine Versuchungen.

Durch die radikale Veränderung der eigenen Umgebung fällt es relativ leicht, hohe Selbstdisziplin an den Tag zu legen. Wenn ich meine Geheimwaffe anwende, fühle ich mich in guter Gesellschaft. Der berühmte Psychologe Carl Gustav Jung hatte beispielsweise ein abgelegenes Gebäude (genannt „Turm" bei Bollingen), in dem er im Alter fast die Hälfte des Jahres verbrachte.[46] Ich vermute aus ganz ähnlichen Gründen: In seinem „Turm" war der Kontext klar auf seiner Seite. Nirgendwo gab es Ablenkungen oder Versuchungen. Er hatte viel Zeit für seine wichtigen Aufgaben. In seinem Fall war das lesen, nachdenken und schreiben.[47]

Auch die Autorin der Harry-Potter-Romane Joanne K. Rowling machte sich dieses Prinzip zunutze. Sie schrieb fast den gesamten siebten Band in einer Suite eines 5 Sterne Hotels.[48] Klar, die wenigsten können sich das leisten und doch spricht es dafür, wie wirkungsvoll dieses Prinzip ist. Joanne K. Rowling hatte sehr viele Optionen gehabt, wo sie ihre Buchreihe hätte beenden können. Sie hätte eine große Villa voller Ablenkungen wählen können, aber das tat sie nicht. Sie wählte einen unbelasteten Kontext und eine Umgebung mit wenig Ablenkungen, und vielleicht gelang es ihr deswegen, besser als so vielen anderen Autoren, produktiv beim Schreiben zu bleiben.

Beispiel 5: Geld sparen

Fast jeder Mensch hätte gerne mehr Geld. Doch anstatt einfach immer nur zu versuchen, mehr Geld zu verdienen, ist Geld zu sparen, oft eine simplere und effektivere Strategie, um langfristig Wohlstand aufzubauen. Wenn man anfängt, kein Geld mehr für Unnötiges oder wenig Sinnvolles auszugeben, hat man nach 10 Jahren höchstwahrscheinlich deutlich mehr Geld als ohne diese Angewohnheit. Vielen Menschen ist das bewusst. Doch manchmal vergessen oder verdrängen sie diese simple Wahrheit. Ein Moment der Schwäche reicht schon aus und sie haben eine Kaufentscheidung getätigt, die sie später bereuen. Ohne die Fähigkeit, gut im Geld sparen zu sein, wird es deutlich schwieriger, großen Wohlstand aufzubauen. Geld für wirklich sinnvolle Investition (zum Beispiel ein großes und schönes Eigenheim) fehlt dann später.

Doch zum Glück können wir auch hier unsere Selbstdisziplin steigern, indem wir den Weg des geringsten Widerstands zu unserem Vorteil verändern. Wir können unsere Motivation weg vom sinnlosen Geld Ausgeben hin zum Sparen lenken, indem wir uns auf die Stellschraube Entfernung konzentrieren. Das bedeutet hier, dass wir es uns erschweren, spontan Geld auszugeben. Wenn uns das gelingt, ist das ein großer Vorteil für unseren rationalen Entscheidungsprozess. Schlechte Käufe sind sehr häufig spontan, während gute Investitionen fast immer wohl überlegt sind. Indem wir uns also den schnellen Zugriff auf unser Geld erschweren, treffen wir viel eher gute Kaufentscheidungen. Zwei Herangehensweisen sind hier naheliegend:

1. Das Kündigen von Zahlungsanbietern, mit denen in der Vergangenheit häufig unnötige Spontankäufe getätigt wurden, zum Beispiel Kreditkartenkonten oder PayPal.

2. Einfach wenig Bargeld und keine Geldkarten mitnehmen, während du in der Stadt oder im Einkaufszentrum unterwegs bist.

Die mit Abstand beste Technik, um generell mehr Geld zu sparen, ist jedoch eine andere. Viele Menschen haben einen Komfort-Betrag für ihr Bankkonto. Dies ist ein Geldbetrag, der meistens nicht genau definiert ist und von Person zu Person stark variieren kann. Je mehr das Bankkonto über diesem Komfort-Betrag ist, desto mehr fühlen sie sich bereit, unnötige oder überteuerte Kaufentscheidungen zu treffen. Sie werden sich dann eher etwas wie folgt sagen können:

„Das Leben findet jetzt statt. Was bringt es mir, mein Geld auf dem Konto zu haben, wenn ich es nicht nutze?"

Solche Gedanken mehren sich deutlich, sobald der Komfort-Betrag überschritten wurde. Sie machen eine schlechte Kaufentscheidung sehr viel wahrscheinlicher, wodurch sie das Aufbauen von großem Wohlstand stark erschweren. Solche Gedanken ignorieren nämlich oft den Fakt, dass, wenn wir jetzt Geld ausgeben, wir später deutlich weniger Geld für große (sinnvollere) Investitionen übrig haben.

Die Lösung ist simpel. Stelle **Entfernung** zu diesem Komfortbetrag her. Wenn ein Mensch für seine Verhältnisse wenig Geld zur direkten Verfügung hat, wird er oder sie automatisch in den finanziellen Sparmodus gehen. Der Trick besteht darin, den mit Abstand größten Teil des eigenen Vermögens an einem Ort zu parken, der sicher ist, der möglichst Gewinne abwirft und auf den man nicht spontan Zugriff hat. Die Investition in Immobilien könnte ein solcher Ort sein. Die meisten Menschen haben jedoch nicht genug Geld, um sich eine Immobilie leisten zu können. Außerdem lässt eine solch große Investition kein Feintuning zu. Konstant unter dem eigenen Komfort-Betrag zu bleiben wird schwer.

Die Lösung ist ein Depot bei einem seriösen Online-Broker, um dort das eigene Geld in möglichst sichere ETFs zu investieren. Natürlich gebe ich dir hier keine Investmentempfehlungen. Was ich hier schreibe ist rein theoretischer Natur, ich hafte nicht für eventuell auftretende Verluste.

Ich habe den mit Abstand größten Teil meines Vermögens in ETFs, wie den „S&P 500" und den „MSCI World" angelegt. Auf meinem normalen Bankkonto habe ich nur noch einen vergleichsweise geringen Geldbetrag. Wenn ich eine größere Investition tätigen möchte, müsste ich erst einmal mein Geld von meinem Depot auf mein Bankkonto überweisen. Das ist mit Aufwand verbunden und dauert eine Weile. Ich denke deswegen zweimal darüber nach, ob es die große Investition wirklich wert ist. Aber auch bei kleineren Investitionen bin ich durch diese Methode sparsamer geworden. Wenn ich zum Beispiel Schuhe in einem Laden sehe, die mir gefallen, dann denke ich an den geringen Betrag auf meinem Bankkonto und dann wird mir klar, dass ich die Schuhe eigentlich gar nicht benötige und ich das wenige Geld lieber für sinnvollere Käufe ausgeben sollte.

Wer das eigene Geld in sichere ETFs angelegt hat, kann sich wahrscheinlich langfristig über größere Gewinne freuen.[49] Wer zusieht, wie sich das eigene Geld so vermehrt, hat wahrscheinlich auch ***Spaß*** daran. Auf diese Weise kommt eine weitere Stellschraube hinzu, die auch dazu beiträgt, dass die eigene Motivation auf das richtige Verhalten gelenkt wird. Das eigene Geld dümpelt plötzlich nicht mehr auf dem eigenen Bankkonto vor sich hin, sondern erfüllt einen Zweck. Geld für wenig Nützliches auszugeben wird immer schwerer zu rationalisieren und Geld zu sparen, wird eine immer attraktivere Handlungsoption. Langfristig kann dies einen enormen Wohlstandszuwachs bedeuten.

Beispiel 6: **Selbstvertrauen**

Auch wenn es viele Menschen nicht realisieren, es gibt wahrscheinlich kein besseres Hilfsmittel zum Aufbauen von starkem Selbstvertrauen als Selbstdisziplin. Wer häufig Selbstdisziplin nutzt, um Bequemlichkeit zu überwinden, wird zu einer fleißigen Person. Wer hingegen häufig Selbstdisziplin nutzt, um Angst zu überwinden, wird zu einer Person mit starkem Selbstvertrauen. Aus diesem Grund kann auch die Veränderung des Wegs des geringsten Widerstands eine sehr effektive Vorgehensweise zum Aufbauen von starkem Selbstvertrauen sein.

Der Unterschied zwischen Mut und Selbstvertrauen ist, dass mutige Menschen trotz ihrer Angst handeln. Menschen mit starkem Selbstvertrauen haben bei der jeweiligen Sache jedoch überhaupt keine Angst.

Menschen mit einem moderaten Maß an Selbstvertrauen haben bei der jeweiligen Sache nur wenig Angst. Selbstvertrauen und Angst sind diametral entgegengesetzt.

Doch der mit Abstand effektivste Weg, um starkes Selbstvertrauen aufzubauen, ist erst einmal mutig zu sein. Mit anderen Worten: Es ist nötig, die eigene Selbstdisziplin zu nutzen, damit wir jene Handlung, vor der wir Angst haben, immer und immer wieder tun. Vielen ist nicht klar, dass Mut und Selbstdisziplin letztlich genau der gleiche Mechanismus ist. Der einzige wirkliche Unterschied ist linguistischer Natur: Mut wird häufig im Kontext von Angst und Selbstdisziplin häufig im Kontext von Bequemlichkeit genutzt. In beiden Fällen wird innerer Widerstand überwunden. In beiden Fällen wollen wir das tun, was wir für richtig halten, auch wenn wir uns nicht danach fühlen.

Um starkes Selbstvertrauen aufzubauen, müssen wir also wiederholt das tun, wovor wir Angst haben. Doch das reicht noch nicht ... wir müssen unsere Angst auch dabei spüren. Wir dürfen sie nicht verdrängen, während wir uns unserer Angst stellen. Wenn wir das wiederholt tun und dabei möglichst viele Erfolgserlebnisse verbuchen können, so verwandelt sich mit der Zeit jede Angst in Selbstvertrauen. Man könnte auch sagen, dass unser Reptiliengehirn realisiert, dass unser Überleben gar nicht bedroht ist und die Angstreaktion völlig unnötig ist. Sobald das geschehen ist, haben wir starkes Selbstvertrauen aufgebaut. Einen vergleichbar effektiven Weg für starkes Selbstvertrauen in einem spezifischen Kontext gibt es nicht. Unser Reptiliengehirn braucht Beweise aus der echten Welt. Wenn wir ihm in Gedanken versprechen, dass wir nicht sterben werden, ändert das so gut wie nichts. Und würden wir die Angst verdrängen oder die Situationen vermeiden, so tendiert die Angst dazu, eher noch stärker zu werden.

Um Selbstdisziplin für das Aufbauen von Selbstvertrauen zu nutzen, müssen wir es schaffen, dass die richtige Handlungsoption (jene, die uns Angst macht), auch gleichzeitig die einfachste, leichteste und angenehmste Handlungsoption ist. Wenn alle sonstigen Handlungsalternativen sogar noch unangenehmer sind als die richtige Handlungsoption, so wird die eigene Motivation auf das richtige Verhalten gelenkt und es wird leicht, das Richtige zu tun. Der Schlüssel, um hier den Weg des geringsten Widerstands auf die eigene Seite zu bringen, ist die Stellschraube **Über-**

lebensinstinkt. Sie muss so konsequent wie nötig verändert werden:

Am Ende sollte es mehr Angst machen, die richtige Handlung nicht auszuführen, als sie auszuführen.

Sobald einmal eine solche Situation erschaffen wurde, ist es sehr viel einfacher, Mut und Selbstdisziplin zu zeigen. Wie Wasser wählt auch das Reptiliengehirn immer den Weg des geringsten Widerstands. Es wird auf deiner Seite sein, wenn du das tun möchtest, was dir Angst macht, weil es nicht zu tun, dem Reptiliengehirn sogar noch mehr Angst macht. Geht man so wiederholt vor, ist es früher oder später gar nicht mehr nötig, das Reptiliengehirn auszutricksen. Es hat verstanden, dass Angst zu haben in solchen Situationen völlig unnötig ist. Angst hat sich dann dauerhaft in Selbstvertrauen verwandelt.

Um die Stellschraube **Überlebensinstinkt** so konsequent wie nötig zu verändern, ist es essenziell, einen Unterstützer oder eine Unterstützerin zu haben. Alleine ist es so gut wie unmöglich, den nötigen Druck zu erzeugen. Die andere Person sollte ein guter Freund oder ein Coach sein. Es sollte auf jeden Fall jemand sein, dem du vertraust. Die Person muss wissen, wovor du genau Angst hast und ab wann du diese Angst überwunden hast. Dein Unterstützer sollte dann von dir Geld als Pfand bekommen: 50, 100, 200 Euro oder, falls nötig, noch viel mehr. Dein Unterstützer sollte so viel Geld bekommen, dass du mehr Angst davor hast, das Geld zu verlieren, als du Angst davor hast, das Richtige zu tun.

Der Deal mit der anderen Person ist, dass sie das Geld behalten darf oder es spenden soll, wenn du nicht das Richtige tust. Es reicht nicht, deiner Unterstützerin zu sagen, dass du dein Ziel erreicht hast. Sofern es irgendwie möglich ist, muss deine Unterstützerin mit den eigenen Augen sehen, wie du deine Angst überwindest. Schummeln wird so enorm erschwert und das ist sehr wichtig, denn bei dieser Technik führt der Weg des geringsten Widerstands in Richtung „Schummeln". Sie versuchen sich rauszureden, zu tricksen oder sind sogar bereit zu lügen. Ein solches Verhalten darf auf keinen Fall belohnt werden. Dein Unterstützer muss hart bleiben können. Sobald das Geld übergeben wurde, sollte es nur noch eine Möglichkeit geben, das Geld zurückzubekommen. Erst so wird diese Technik richtig kraftvoll. Nicht nur der mögliche Geldverlust, sondern auch der mögliche Ansehensverlust bei deinem Unterstützer trägt dazu bei, dass die Technik so gut funktioniert.

Diese beispielhafte Anwendung der ersten Vorgehensweise kann wirklich für jedes Szenario genutzt werden, in welchem jemand etwas machen möchte, die Person jedoch von ihrer eigenen Angst zurückgehalten wird. Auf diese Weise lässt sich sehr effektiv starkes Selbstvertrauen aufbauen, vor allem, wenn die Person eigentlich gut vorbereitet ist, mangelnde Kompetenz also nicht dem Aufbau von starkem Selbstvertrauen im Weg steht. Die Technik kann zum Beispiel genutzt werden, um den Mut zu finden:

- eine Rede zu halten,
- eine Gehaltserhöhung zu fordern,
- eine heimliche Liebe um ein Date zu fragen,
- fremde Menschen kennenzulernen
- oder eine Unternehmensidee anzugehen.

Immer muss ganz klar festgelegt werden, was jemand zu tun hat und wie lange er oder sie dafür Zeit hat:

- Die Rede könnte etwa bei einer Hochzeit stattfinden. Alles was nötig wäre, ist im richtigen Moment aufzustehen und ein paar Worte zu sagen. Tut die Person das nicht, darf ihr bester Freund die 50 Euro behalten.
- Es könnte abgemacht werden, dass die Gehaltsverhandlung mit dem Chef noch in diesem Monat stattfinden muss.
- Die heimliche Liebe muss am kommenden Freitagabend um ein Date gefragt werden.
- Zwei Freunde könnten am Samstagabend die Bars der Stadt unsicher machen. Der eine Freund „wettet“ mit dem anderen um 50 Euro, dass er es schafft, fünf hübsche Frauen anzusprechen und mit ihnen mindestens ein kurzes Gespräch zu führen.

- Ein Mann wird drei Mal von seiner Frau in ein schickes Restaurant zum Essen eingeladen, wenn diese nicht bis zum Ende des Jahres ihr Produkt auf den Markt gebracht hat.

Beispiel 7: **Motivationsboost**

Natürlich kannst du die gerade beschriebene Technik nicht nur gegen Angst, sondern auch gegen Bequemlichkeit nutzen und so für einen erheblichen Motivationsboost sorgen. Obwohl das Thema „Motivation steigern" erst später kommt, möchte ich es deswegen hier kurz anschneiden.

Eine Situation zu schaffen, in der du für das nicht Ausführen einer Aufgabe bestraft wirst, mag eine extreme Technik sein, doch dafür ist sie auch extrem effektiv. Erneut möchte ich betonen, dass die Technik nur gut funktioniert, wenn eine andere Person das Geld verwahrt und es nur zurückgibt, wenn eine bestimmte Aufgabe vor einer klaren Deadline erledigt wurde.

Viele Menschen, sei es in Schule, Studium oder Beruf, werden zu wahren Produktivitätsmonstern kurz vor einer Deadline. Viele arbeiten vor einer Prüfung, vor einer Präsentation oder vor der Abgabe eines wichtigen Berichts so hart, als gäbe es keinen Morgen mehr. Die Angst zu versagen (und damit der Überlebensinstinkt) treibt sie an, alles zu geben. Die Angst ist so groß, dass ihre Bequemlichkeit oder ihre Abneigung für die Aufgabe dagegen verblasst.

Wir können uns diesen enormen Motivationsboost zunutze machen, indem wir solche Deadlines durch unseren Unterstützer erzeugen. Wenn viele herausfordernde Deadlines aufeinanderfolgen, kann dies die eigene Produktivität in unerreichte Höhen steigen lassen.

Alles, was wir dazu brauchen, ist ein verlässlicher Unterstützer oder eine verlässliche Unterstützerin. Es ist dabei nicht nötig, der anderen Person all deine Beweggründe ausführlich zu erklären. Es reicht, das Gespräch mit einem guten Freund oder deinem Partner zu suchen und mit ihm eine Wette abzuschließen. Natürlich kannst du deiner Unterstützerin sagen, dass dich eine solche Wette motiviert, dein Bestes zu geben und dich über dich selbst hinauswachsen lässt. Doch essenziell ist nur, dass du auf die Person zählen kannst, dass sie weiß, was sie zu tun hat, dass sie weiß, was du tun möchtest und dass sie deinen Einsatz bekommt. Das kann, muss aber nicht Geld sein. Es könnte auch ein wichtiger oder teurer

Gegenstand sein, das Angebot beim nächsten Ausgehen die Drinks zu bezahlen oder eine Dienstleistung, wie zum Beispiel alleine die Fenster zu putzen. Es sollte auf jeden Fall etwas sein, das du nicht machen willst. Es sollte nichts sein, wo du später sagen kannst:

„Das wollte ich ohnehin machen."

Wenn das alles so eingerichtet wurde, wirkt das enorm motivierend. In einer solchen Situation ist es fast unmöglich, dass der Weg des geringsten Widerstands nicht stark verbessert wurde. Nicht nur wäre der Verlust des Wetteinsatzes unangenehm, es wäre auch unangenehm, in den Augen des Unterstützers als undiszipliniert dazustehen. Weil das keiner möchte, arbeiten wir plötzlich entschlossen, konzentriert und motiviert. Es ist plötzlich deutlich leichter, hohe Selbstdisziplin an den Tag zu legen. Doch ob du so konsequent sein möchtest, entscheidest letztlich du. Wie viel du von diesen Beispielen umsetzen möchtest, entscheidest du. Du hast die Wahl, wie weit du gehen möchtest, um deine Ziele zu erreichen.

6

Deine Wahl

Sei unglücklich. Oder motiviere dich selbst. Was auch immer getan werden muss, du hast immer die Wahl.

Wayne Dyer

VERSTEHE MICH NICHT falsch, du musst nicht alles daran setzen, dein volles Potenzial auszuleben. Vielleicht reicht es dir, (nur) einen Großteil deines Potenzials auszuleben. Vielleicht genießt du es ab und zu auf dein Handy zu schauen, am Abend Videospiele zu spielen und an manchen Tagen viel fernseh zu schauen. Vielleicht möchtest du nicht darauf verzichten, viel mit deinen Freunden zu machen, abends häufig bis spät in die Nacht auszugehen und häufig Süßes zu essen. All das ist okay, **wenn darauf deine bewusste Wahl** gefallen ist. Falls jedoch nicht, falls du in Ruhe nachgedacht hast und du manches Verhalten weniger (oder gar nicht mehr) an den Tag legen möchtest und anderes Verhalten öfter, dann gebe ich dir hier in diesem Buch die Mittel, genau das zu tun. Das Ziel von Selbstdisziplin 2.0 ist, dir die Freiheit zu geben, dein Leben genau so zu leben, wie du es möchtest. Wenn du möchtest, dann können dir die Vorgehensweisen aus diesem Buch enorm dabei helfen, so erfolgreich zu werden, wie es für dich möglich ist.

Erfolg ist letztlich das Produkt aus harter Arbeit und cleveren Strategien.

Die wichtigste Fähigkeit, um erfolgreich zu werden, ist die Fähigkeit, hart arbeiten zu können. Anders ausgedrückt: Selbstdisziplin. Sobald du sie besitzt, kannst du verlässlich viele Stunden jeden Tag für viele Jahre lang die cleversten Strategien konzentriert umsetzen, um so auch sehr ehrgeizige Ziele zu erreichen. Mit Selbstdisziplin bist du auch in der Lage, viele

Bücher zu lesen, um dir all das Wissen anzueignen, um überhaupt erst die cleversten Strategien entwickeln zu können. Selbstdisziplin ist daher wahrscheinlich das wichtigste Element im Leben eines Menschen, wenn es darum geht, wie erfolgreich dieser Mensch wird. Das Maß an Selbstdisziplin einer Person entscheidet letztlich, ob das eigene Traumleben am Wachsen oder am Sterben ist. Die Person, die ihr Traumleben sterben lies, empfindet häufig tiefe Traurigkeit dafür. Sie schaut voller Reue auf all die Zeit zurück, in der sie nicht an ihren Zielen gearbeitet hat, sondern dabei war, ihr Potenzial zu verschwenden.

Wer jedoch Selbstdisziplin besitzt, der oder die kann sich ein Leben ganz nach den eigenen Vorstellungen schaffen. Das bedeutet, dass sie sich ihre ganz spezielle Art von Erfolg aufbauen kann. Erfolg bedeutet zwar, die eigenen Ziele zu erreichen, doch da jeder Mensch unterschiedliche Ziele hat, ist Erfolg für jeden unterschiedlich. Für die meisten Menschen ist Erfolg gleichbedeutend mit dem Aufbau eines gewissen Vermögens. Es geht der Person dann um eine Kombination aus Anerkennung, Luxus, Status, Freiheit und Sicherheit. Doch wenn eine Person neben „Geld" auch andere Ziele hat, so wird sie auch in den anderen Gebieten erfolgreich. Vielleicht möchte jemand 10 Kilo abnehmen, um endlich wieder in die Jeans von früher hineinzupassen. Vielleicht möchte jemand endlich wieder mehr Zeit für Hobbys, Freunde und Familienmitglieder haben. Vielleicht möchte jemand inneren Frieden erlagen, ein Musikinstrument meistern oder das Leben vieler Menschen besser machen.

All das kann Erfolg bedeuten. Und bei all dem ist Selbstdisziplin nicht nur dein bester Freund, sondern auch die essenzielle Grundlage, ohne die Erfolg einfach schwer ist. Je mehr Ziele du hast, je anspruchsvoller sie sind und je schneller du sie erreichen möchtest, desto mehr Selbstdisziplin brauchst du. Wann immer du mehr Selbstdisziplin aufbauen möchtest, fange damit an, den Weg des geringsten Widerstands so konsequent wie nötig auf deine wichtigen Aufgaben auszurichten. Auf diese Weise bringst du dein Reptiliengehirn auf deine Seite und lenkst deine Motivation effektiv in die richtige Richtung.

Natürlich weiß ich, was manche Menschen an meinem Ansatz kritisieren werden:

„Das ist doch keine echte Selbstdisziplin. Wer starke Willenskraft besitzt, braucht keine Motivation. Mit starker Willenskraft muss der Weg des geringsten Widerstands nicht verändert werden."

Was diese Menschen nicht verstehen, ist, dass das Leben ohnehin hart genug ist. Wir müssen es uns nicht noch schwerer machen, als es bereits ist. Warum sollten wir gegen den Weg des geringsten Widerstands ankämpfen wollen, wenn wir ihn so leicht auf unsere Seite bringen können? Wer das eigene Handy auf dem Schreibtisch liegen hat, mag in der Lage sein, dem Drang zu widerstehen, sich damit zu beschäftigen. Doch warum das Risiko eingehen? Früher oder später erschöpfen sich die eigenen Willenskraft-Reserven und die Person schaut auf ihr Handy. Selbst wenn sie sich lange zurückhalten kann, kostet dieses „Zurückhalten" Willenskraft, welche dann nicht mehr genutzt werden kann, um konzentriert zu arbeiten.

Es liegt einfach in der menschlichen Natur, dass wir immer zu der Handlungsoption tendieren, die am meisten Dopamin freisetzt. Wir können die menschliche Natur nicht ändern. Gegen sie anzukämpfen ist nicht klug. Das gilt vor allem, wenn man bedenkt, wie leicht wir unsere menschliche Natur zu unserem Vorteil nutzen können. Sobald wir es geschafft haben, dass unser richtiges Verhalten mehr Dopamin abwirft als jede andere Handlungsoption, fängt unser Reptiliengehirn an, uns zu unterstützen. Wir sind motiviert, das Richtige zu tun. Unser Leben wird einfach, wenn der Weg des geringsten Widerstands auf unserer Seite ist. Alles, was wir dafür machen müssen, ist das Verändern der Stellschrauben Spaß, Entfernung und Überlebensinstinkt. Wenn wir in der Lage sind, sie zu verändern, dann haben wir uns eine extrem wertvolle Fähigkeit angeeignet, um unsere Motivation zu lenken und so viel freier und selbstdisziplinierter zu sein.

Warum diese Fähigkeit also nicht nutzen? Warum sich auf Willenskraft verlassen? Warum darauf hoffen, dass Motivation von alleine kommt, wenn das in der Praxis so selten funktionieren. Sobald du den Weg des geringsten Widerstands auf deine Seite gebracht hast, kannst du immer noch Willenskraft nutzen **und** deine Motivation noch weiter steigern. Das ist der einfache Weg zum Erfolg. Alles, was du in deinem Leben verändern kannst, um es dir leicht zu machen, verändere das. Später kannst du dann immer noch deine gesamte Willenskraft und Motivation in deine wichtigen Aufgaben investieren. Es ist unmöglich, zu viel Motivation zu haben. Sie zu verschwenden ist also immer schlecht. Es wird sich immer eine wertvolle Aktivität finden lassen, in welche du deine Willenskraft stecken kannst.

Konzentriert arbeiten, lernen, Sport machen, Beziehungen pflegen, sich weiterbilden, gesund essen, strategisch denken, all diese Dinge sind nicht leicht. Sie erfordern täglich sehr viel Energie, Willenskraft und Motivation. Ihnen jahrelang konstant nachzugehen, mag schwierig sein. Aber du kannst es dir so leicht wie möglich machen, indem du zeitfressende Dopamin-Quellen so gut es geht aus deinem Leben verbannst. Wenn du das getan hast, wird es sehr viel leichter, deinen wichtigen Aufgaben zu folgen. Sie haben einfach viel weniger Konkurrenz.

Doch wie entschlossen du diese erste Vorgehensweise anwendest, bleibt dir überlassen. Es ist deine Wahl, wie konsequent du alles aus diesem Buch umsetzen möchtest. Du hast die Wahl, wie erfolgreich du sein möchtest. Du musst nicht so erfolgreich wie möglich sein, wenn du das nicht möchtest. Erfolg erfordert Opfer. Das ist einfach so; wir haben nicht unendlich viel Zeit und Energie zu unserer Verfügung. Nicht jeder ist bereit, viele große Opfer zu erbringen, das ist okay. Manche wollen vielleicht nur wenig ihrer freien Zeit opfern, um an ihren Zielen zu arbeiten. Das ist okay, so lange darauf ihre bewusste Wahl gefallen ist. Manche wollen vielleicht sinnlose Dopamin-Aktivitäten wie Social Media, Handy-Spiele oder Videospiele nicht aufgeben. All das ist okay. Du hast die Wahl, wie du deine Zeit verbringen möchtest. Du solltest die Empfehlungen aus diesem Buch nur umsetzten, wenn du weniger Zeit mit sinnlosen Versuchungen und mehr Zeit mit dem Verfolgen deiner Ziele verbringen möchtest. Tatsächlich sollte alles aus diesem Buch nur bis zu dem Level umgesetzt werden, wie du noch erfolgreicher werden möchtest, als du es bereits bist.

Doch Erfolg erfordert, wie gesagt, Opfer. Dieses Buch zu lesen, sich die Vorgehensweisen einzuprägen und sie im richtigen Moment anzuwenden, ist ein solches Opfer. Das ist jedoch nur der Anfang. Man muss bereit sein zu lernen, anstatt feiern zu gehen, zu trainieren, anstatt zu spielen, zu lesen, anstatt fernseh zu schauen. Die meisten Menschen auf dieser Welt wollen zwar großen Erfolg haben, doch sie sind nicht dazu bereit, das dafür notwendige Opfer zu erbringen. Ihre geringe Bereitschaft, Opfer zu erbringen, ist einer der Hauptgründe, warum so viele Menschen nicht so erfolgreich sind, wie sie gerne wären. Wenn du in der Lage bist, dieses

Buch nicht nur zu lesen, sondern dir auch die Vorgehensweisen einzuprägen, dann hast du sofort einen riesigen Vorteil gegenüber fast allen anderen. Doch das war es leider noch lange nicht. Für großen Erfolg sind noch viel größere Opfer erforderlich. Zum einen müssen die Vorgehensweisen aus diesem Buch **in der Praxis** angewendet werden. Allein theoretisches Wissen ist fast immer völlig sinnlos. Zum anderen muss Verzicht geübt werden. Es ist so gut wie unmöglich, großen Erfolg zu haben, wenn du viel Zeit und Energie verschwendest.

Verzichte also darauf, dein Potenzial mit Dopamin-Aktivitäten zu verschwenden und investiere stattdessen möglichst viel Zeit in Aktivitäten, die dich deinen Zielen möglichst schnell näher bringen.

Wer viel harte Arbeit in clevere Vorgehensweisen steckt, wird früher oder später enorm dafür belohnt. Doch das bedeutet im Umkehrschluss, dass die investierte Zeit und Energie nicht für andere Aktivitäten genutzt werden kann. Wer großen Erfolg möchte, hat zwangsläufig keine Zeit mehr dafür, viel zu spielen, andauernd im Internet abzuhängen oder anderen Verhaltensweisen nachzugehen, die nicht helfen, das Ziel zu erreichen. Verzicht zu üben ist fast immer notwendig, denn besonders am Anfang ist es fast unmöglich, großen Erfolg und viel Freizeit unter einen Hut zu bringen.

Häufig ist es auch nötig, **darauf zu verzichten, viele große Ziele auf einmal erreichen zu wollen.**[50] Es ist meistens bereits schwer genug, ein großes Ziel zu erreichen. Wer jedoch versucht, gleich mehrere große Ziele zu erreichen, spaltet die eigene Zeit und Energie enorm auf und macht es sich so deutlich schwerer, auch nur eines der eigenen großen Ziele zu erreichen. Das bedeutet nicht, dass du andere wichtige Lebensbereiche wie die Beziehung zu deinem Partner oder deine Gesundheit vernachlässigen solltest. Es bedeutet nur, dass du im Leben immer nur ein klares Hauptziel haben solltest, bis du das Hauptziel erreicht hast oder dich – wohl überlegt – entschieden hast, es zu wechseln.

Häufig bedeutet „Verzicht" in diesem Zusammenhang auch **auf das Wohlwollen anderer Menschen zu verzichten**. Zum einen, weil du häufig weniger Zeit als früher für sie zur Verfügung hast, da du an deinen Zielen arbeitest. Zum anderen, weil sie häufig nicht verstehen können, warum du deine Zeit verbringst, wie du sie verbringst. Wie bereits erwähnt, wird das Leben der meisten Menschen fast vollständig durch ihr Reptiliengehirn geprägt. Ein Reptil kann nicht abstrakt denken. Das Konzept von Zeit versteht es nicht. Jede Freude, die nicht kurzfristig verfügbar ist, existiert für das Reptiliengehirn nicht. Wenn Menschen sich langfristige Ziele setzten, weil sie wissen, dass großer Erfolg langfristiges Denken erfordert, so stößt das bei Menschen, die stark durch ihr Reptiliengehirn leben, auf Ablehnung. Sie sagen dann vielleicht:

„Siehst du nicht, dass du deine Zeit verschwendest? Wenn du jetzt sofort keinen Erfolg hast, dann hast du nie Erfolg."

Es ist wichtig, bereit zu sein, auf das Wohlwollen solcher Menschen zu verzichten. Es ist nicht nur so, dass ihre eigene Faulheit und ihre demotivierenden Glaubenssätze ansteckend sein könnten, sie liegen mit ihren Annahmen auch häufig völlig falsch. Weil ein Reptil nicht langfristig denken kann, tun sie sich schwer damit zu realisieren, dass langfristiges Denken einer der wichtigsten Schlüssel zum Erfolg ist. Wer langfristig denkt, stärkt dadurch enorm die eigene Fähigkeit, durchzuhalten. Kurzfristige Krisen und Niederlagen wirken nicht so schlimm, wenn die eigene langfristige Vision als Lebenselixier dient. Doch da es so gut wie unmöglich ist, Menschen, die kurzfristiges Denken gewöhnt sind, langfristiges Denken beizubringen, ist es so gut wie immer ein vergebliches Unterfangen, es zu probieren. Wenn du also großen Erfolg willst, dann kann es sehr hilfreich sein, nicht auf das Wohlwollen solcher Menschen angewiesen zu sein. Auf den engen Kontakt mit solchen Menschen zu verzichten ist in den meisten Fällen die beste Lösung.

Wenn du bereit bist, auf Dopamin-Aktivitäten zu verzichten, wenn du darauf verzichten kannst, viele große Ziele gleichzeitig erreichen zu wollen und wenn du auf das Wohlwollen von Menschen verzichten kannst, die es einfach nicht begreifen, dann hast du ein starkes Fundament geschaffen. Wenn du dann bereit bist, viel Zeit und Energie in clevere Vorgehensweisen zu stecken, dann kannst du so gut wie alles erreichen, was du dir vornimmst. Die Grundlage von all dem sind die Vorgehensweisen aus diesem Buch. Wenn du bereit bist, das Opfer zu erbringen, sie dir einzuprägen und konsequent umzusetzen, dann wirst du wie eine unaufhaltsame Naturgewalt. Mit ihrer Hilfe wirst du jede Hürde in deinem Weg überwinden, die härtesten Niederlagen überstehen und so mit der Zeit immer größere Triumphe feiern können. Du wirst zum König oder zur Königin des Lebens und an dessen Ende wirst du auf eine unglaublich tolle Zeit zurückblicken können. Mit diesen Vorgehensweisen ist es so gut wie sicher, dass du viel erfolgreicher wirst, als es dir dein Umfeld je zugetraut hätte. Es wird nicht lange dauern und du hast sie wahrscheinlich alle in deinem Windschatten zurückgelassen. Ungläubig werden sie dann auf deine großen Erfolge blicken und sich fragen, wie du das nur geschafft hast. Mit diesen Vorgehensweisen und der Bereitschaft, Opfer zu erbringen, ist so gut wie alles möglich. Die Frage der Fragen ist jedoch:

„Wie schaffe ich es, solch große Opfer zu erbringen?“

Es gibt hierauf wirklich nur eine Antwort: Du musst dich bewusst dafür entscheiden. Treffe deine Wahl. Wie produktiv möchtest du beim Erreichen deiner Ziele sein? Je ehrgeiziger das ist, was du vorhast, desto mehr Opfer musst du tendenziell erbringen. Denke in Ruhe über folgende Fragen nach:

- Was ist mein wichtigstes Ziel?
- Was bin ich bereit aufzugeben?
- Welchen Versuchungen möchte ich nicht mehr nachgehen?
- Was möchte ich in meinem Leben alles noch erreichen?
- Was ist mein wichtigstes großes Ziel, auf das ich mich jetzt erst mal konzentriere?
- Auf das Wohlwollen welcher Menschen sollte ich verzichten?
- Welche Opfer bin ich bereit zu erbringen, um meine Ziele zu erreichen?

Denke in Ruhe über all das nach und treffe dann eine wohlüberlegte Wahl. Sobald du eine solche getroffen hast, hast du einen großen Meilenstein in deinem Leben erreicht. Du beginnst alles klarer zu sehen. Wichtiges hat sich von Unwichtigem abgelöst und es wird plötzlich deutlich leichter für dich sein, dich in Übereinstimmung mit deiner Wahl zu verhalten.

Dadurch, dass ich mich bewusst dafür entschieden habe, was ich erreichen möchte und was ich bereit bin, dafür zu opfern, fällt es mir deutlich leichter, dieses Buch zu schreiben, an meinem Unternehmen zu arbeiten und sportlich zu sein. Ich sage dadurch deutlich lieber „Nein" zu Versuchungen und vielen anderen Zeit- und Potenzialverschwendungen. Auch wenn diese manchmal Spaß machen können, weiß ich doch, dass sie letztlich Zeit und Energie von meinen wichtigen Aufgaben rauben. Weil ich mich bewusst dafür entschieden habe, viele Opfer zu erbringen, fällt es mir leicht, mich auf meine Ziele zu konzentrieren.

Weil ich meine bewusste Wahl getroffen habe, mache ich gerne jeden Morgen den Wecker in meinem Briefkasten aus. Ich habe gerne meine Umgebung optimiert. Ich arbeite gerne von Zeit zu Zeit in meinem Auto. Ich arbeite gerne auch am Samstag bis 17 Uhr. Ich gehe gerne 6-mal pro Woche meiner 20-minütigen Sportroutine nach und täglich mein 10-minütiges Motivationstraining.

Doch trotzdem bin ich nicht „all in" gegangen. Fast jeden Abend schaue ich eine Stunde Fernsehen. Ich koche gerne am Abend, manchmal helfe ich meiner Freundin beim Kochen oder wir gehen Essen. Häufig machen wir am Abend einen Spaziergang oder spielen etwas. Am Wochenende machen wir häufig Ausflüge oder laden Freunde ein.

Ich arbeite nicht die ganze Zeit an meinen Zielen und höchstwahrscheinlich musst du das auch nicht, um sie zu erreichen. Du wirst wahrscheinlich auch große Fortschritte machen, wenn du dir ein paar Stunden Freizeit jeden Abend gönnst. Natürlich kannst du auch „all in" gehen, wenn das deine Wahl ist und es dein Energielevel zulässt. Treffe auf jeden Fall eine Wahl, die du konstant aufrechterhalten kannst. Es wäre zum Beispiel nicht weise, wenn du nach einer Woche zu erschöpft wärst, um mit deinem Vorhaben fortzufahren.

Sobald du also die Wahl darüber getroffen hast, welche Opfer du erbringen möchtest, um erfolgreich zu sein, schätze dich glücklich. Du machst großartige Fortschritte hin zu einem noch viel besseren Leben.

Vielleicht hast du die Wahl getroffen, keine Süßigkeiten mehr im Haus zu haben. Vielleicht hast du die Wahl getroffen, jeden Tag zwei Stunden an deiner Unternehmensidee zu arbeiten. Vielleicht war es vier Mal die Woche ins Fitnessstudio zu gehen. Vielleicht war es jeden Morgen zu meditieren oder eine Stunde zu lesen. Vielleicht war es einem Sportverein beizutreten, kein Fleisch mehr zu essen oder einfach dein Handy auszuschalten, während du arbeitest. Vielleicht war es auch ganz einfach, all deine Social-Media-Konten zu löschen und deine Spielekonsole zu verkaufen.

Welche Opfer du auch immer erbringen musst, um deine Ziele zu erreichen, entscheide dich bewusst dafür sie zu erbringen. Sobald du dich bewusst für die Aufopferung entschieden hast, hegst du ihr gegenüber keinen Groll mehr. Viel mehr siehst du sie als den Preis, den du einfach zu zahlen hast, wenn du deine Ziele erreichen möchtest:

„Es gehört einfach dazu, dass der Preis für ehrgeizige Ziele hoch ist. So ist einfach das Leben."

Eines der Geheimnisse von erfolgreichen Menschen ist, dass sie diese einfache Tatsache akzeptiert haben. Sie haben den Preis bezahlt und sind so erfolgreich geworden. Nicht erfolgreiche Menschen machen genau das Gegenteil. Sie beschweren sich über den Preis ihrer Ziele, schrecken deswegen davor zurück, ihn zu zahlen und verschwenden so ihr Leben. Auch geben sie sich oft der Illusion hin, dass sie ohne harte Arbeit erfolgreich werden könnten.

Wäre es leicht, ehrgeizige Ziele zu erreichen, wäre ihr Preis gering, so wären sie auch nichts Besonderes mehr. Es hat also auch etwas Gutes, wenn ihr Preis hoch ist. Menschen, die das realisieren, machen häufig den Fehler, mit dem Kopf durch die Wand zu rennen. Sie wollen so schnell wie möglich den Preis zahlen, weil sie glauben, dann so schnell wie möglich erfolgreich zu werden. Ein solches Verhalten ist jedoch alles andere als schlau. Zum einen kann man so viel Enthusiasmus oft nicht lange durchhalten. Wenn die eigenen Energiereserven nicht mitspielen, schießt man sich selbst ein „Eigentor". Zum anderen kann man ganz einfach den Preis für großen Erfolg senken, **indem man clevere Vorgehensweisen nutzt**. Damit meine ich fundierte Strategien, die speziell auf das jeweilige Ziel ausgerichtet sind, sowie Selbstdisziplin 2.0. Wenn du die Fähigkeit besitzt, Motivation zu kontrollieren und dein volles Potenzial konsistent auszuleben ist das ein gigantischer Vorteil bei all deinen Vorhaben. Doch selbst Selbstdisziplin 2.0 ist keine magische Wunderpille. Auch wenn Selbstdisziplin 2.0 den Preis für Erfolg erheblich senkt, ist es immer noch notwendig, bereit zu sein, ihn zu zahlen.

Letztlich ist alles, was du aufgeben musst, um deine Ziele zu erreichen und alles, was du machen musst, um deine Ziele zu erreichen, der Preis für deinen Erfolg. Sobald du die bewusste Wahl getroffen hast, den Preis für deinen Erfolg zu zahlen, kann es weitergehen. Du bist nun bereit für den nächsten Schritt. Wenn du neben der ersten auch die zweite Vorgehensweise nutzt, kannst du deine Motivation noch viel effektiver und präziser lenken. Vorgehensweise eins und zwei bilden das Fundament von Selbstdisziplin 2.0. Sobald dieses starke Fundament geschaffen wurde, wird es verhältnismäßig einfach für dich, deine Motivation mit den anderen Vorgehensweisen in unglaubliche Höhen zu steigern.

7

Die zweite Vorgehensweise

"Unsere Ziele können nur mit einem Plan erreicht werden, an den wir fest glauben und nach dem wir entschlossen handeln müssen. Es gibt keinen anderen Weg zum Erfolg."

Pablo Picasso

VIELE MENSCHEN BESITZEN Ziele, die sie sehr gerne erreichen würden. Jemand möchte vielleicht viel Geld, Anerkennung und Luxus haben. Jemand möchte vielleicht einen gesunden, durchtrainierten Körper, viele echte Freunde und tolle Erlebnisse haben. Jemand möchte vielleicht mit dem Traumpartner an der eigenen Seite bis ins hohe Alter glücklich sein. Auch wenn die meisten Menschen ihre attraktiven Ziele nicht konkret aufgeschrieben haben, so wissen sie doch ungefähr, was sie alles erreichen möchten.

Allein diese mehr oder weniger konkrete Lebensvision ist sehr motivierend. Man spürt ganz automatisch ein gutes Gefühl, bestehend aus Hoffnung, Verlangen und Sehnsucht, wenn man an die eigenen attraktiven Ziele denkt. Natürliche Motivation versteckt sich hinter solchen Emotionen. Das Problem dabei ist jedoch, dass zwischen unserer Lebensvision und den zum Erreichen erforderlichen Handlungen oft nur eine sehr schwache Verbindung herrscht.

Weil wir nicht tief verinnerlicht haben, was wir tun müssen, um unser Traumleben zu erschaffen, fehlt uns Motivation. Das gute Gefühl, das wir mit unserer Lebensvision verbinden, überträgt sich nicht auf unsere wichtigen Aufgaben und deswegen sind wir nicht motiviert, diesen nachzugehen. Rein logisch wissen wir vielleicht, dass es jetzt zum Beispiel richtig ist zu lernen, Sport zu machen, konzentriert zu arbeiten, gesund zu essen und so weiter. Doch weil wir nicht auf einer emotionalen Ebene verstehen, wie wichtig das Verhalten für uns ist, ist die Motivation oft gleich null. Um dieses große Problem zu lösen, können wir den zweiten großen Schritt von Selbstdisziplin 2.0 gehen. Mit ihr stellen wir wieder die natürliche Verbindung zwischen unseren attraktiven Zielen und unseren wichtigen Aufgaben her und lenken so Motivation.

Wenn Menschen ganz genau wissen und spüren, was sie tun müssen, um ihre tolle Lebensvision zu erschaffen, so wird ganz automatisch viel Motivation auf das notwendige Verhalten gelenkt. Leider haben die meisten Menschen jedoch nur ein sehr vages Verständnis davon, wie sie ihre Ziele erreichen können. Ihnen ist nicht klar, **was sie wann, wo, wie lange und auf welche Art und Weise** tun müssen, um ihre Ziele zu erreichen. Unklarheit beeinträchtigt enorm die Übertragung der natürlichen Motivation unserer attraktiven Ziele hin zum erforderlichen Verhalten.

Auch diese relativ einfache Erkenntnis ist sehr viel wert, denn wir können auch sie nutzen, um unsere Motivation zu lenken. Wir können gezielt den Prozess umkehren. Wir können ein sehr hohes Maß an Klarheit schaffen und so unsere Motivation sehr effektiv auf unsere wichtigen Aufgaben lenken.

Unsere Motivation geht von Natur aus bereits in die richtige Richtung. Das Problem ist nur, dass es Störfaktoren gibt, die unsere Motivation in die falsche Richtung lenken. Mit dem ersten großen Störfaktor haben wir uns bereits ausführlich beschäftigt. Wenn eine sinnlose Dopamin-Aktivität eine Handlungsoption für unser Reptiliengehirn darstellt, dann ist das ein Störfaktor, der unsere Motivation von unserer wichtigen Aufgabe hin zu einer Versuchung umleitet. **Der zweite Störfaktor ist mangelnde Klarheit. Mangelnde Klarheit darüber, was das perfekte Verhalten in dem jeweiligen Moment ist.**

Für manche mag sich das sehr einfach und grundsätzlich anhören. Sie glauben vielleicht, es handelt sich um etwas, das nur für Anfänger relevant ist. Doch sie liegen völlig falsch. Auch sehr fortgeschrittene und erfahrene Menschen machen hier völlig unnötige Fehler, die ihnen viel Selbstdisziplin und Produktivität kosten. Unklarheit ist wie eine Krankheit. Das mag extrem klingen, doch wenn Unklarheit eine Person befällt, dann senkt dies die eigene Selbstdisziplin enorm. Sie macht alles schwieriger und begünstigt Aufschieben und Zeitverschwendung extrem. Unklarheit kann einen Menschen auf zwei Arten befallen:

Erstens: Eine Person ist sich **vieler** guten Handlungsoptionen bewusst und weiß nicht, wo sie anfangen soll. Diese Person hat so viel zu tun, dass die Entscheidung über das weitere Vorgehen zu einer immer schwerer werdenden mentalen Aufgabe wird. Wann immer jemand sich die Frage stellen muss: „*Was soll ich als Nächstes tun?*“, besteht nicht nur die Gefahr, dass eine schlechte Wahl getroffen wird, es wird auch viel mentale Energie verschwendet. Ständig muss bei dieser Form der Unklarheit abgewogen werden, welche Aufgabe als Nächstes angegangen werden soll. Der Druck aus allen Handlungsoptionen eine gute Wahl zu treffen, kann auf Dauer sehr ermüdend werden. All die mentale Energie, die so verloren geht, kann dann nicht mehr in die Arbeit oder in andere wichtige Aufgaben investiert werden.

Und damit wären wir beim Thema „Entscheidungsmüdigkeit“. Entscheidungsmüdigkeit bedeutet, dass je mehr Entscheidungen eine Person treffen musste, desto eher macht sie das, was sie immer schon getan hat.[51] Das gilt auch, wenn die Person genau weiß, dass dieses gewohnheitsgemäße Verhalten schlecht für sie ist. Wenn eine Person gewohnheitsgemäß viel Zeit mit dem Handy verschwendet, dann wird dieses schlechte Verhalten durch Entscheidungsmüdigkeit enorm begünstigt.

Bei Entscheidungsmüdigkeit wird der Druck, eine gute Entscheidung zu treffen, so unangenehm (fast schon schmerzhaft), dass die Person den Entscheidungsprozess einfach aufschiebt. Entweder fängt sie an zu trödeln (sie erledigt vielleicht eine unwichtige Aufgabe mit größter Sorgfalt) oder sie geht direkt ins harte Aufschieben über. Wer ständig zwischen vielen guten Handlungsoptionen wählen muss, begünstigt Entscheidungsmüdigkeit und dadurch Aufschieben enorm.[52] Irgendwann hat eine Person keine Lust mehr zu überlegen, was sie aus all ihren wichtigen Aufgaben jetzt tun soll, und so wählt sie automatisch etwas Altbekanntes. Entweder macht sie dann etwas relativ Unwichtiges, wie E-Mails zu beantworten, Nachrichten zu lesen oder aufzuräumen oder sie verschwendet noch aggressiver ihre Zeit mit Social Media, Spiele, Tratschen und so weiter. Würde die Person ganz genau wissen, was jetzt ihr bestes Verhalten ist, um ihre Ziele zu erreichen, so hätte sie das Problem nicht. Sie wäre ihre Unklarheit los und Motivation wäre auf das richtige Verhalten gelenkt.

Zweitens: Jemand ist sich **keiner** sinnvollen Handlungsoption bewusst. Diese zweite Form der Unklarheit ist sogar noch schlimmer als die erste. Es wäre ein großer Zufall, wenn eine Person, die nicht weiß, was sie zu tun hat, dennoch ihrem optimalen Verhalten folgt. Eine Person, die keine Ziele hat oder nicht weiß, was sie tun kann, um sie zu erreichen, wird fast sicher nicht als Person wachsen. Auch ist die Wahrscheinlichkeit hoch, dass sie nur so vor sich hinlebt und ihr Leben über die Jahre nicht besser, sondern viel eher immer schlechter wird. Am Ende ihres Lebens schaut sie dann voller Reue auf ihre verpassten Chancen zurück.

Doch wir müssen nicht so weit gehen. Ein Mann mag Ziele haben. Aus seinen Zielen könnte er leicht seine wichtigen Aufgaben ableiten. Doch wenn er sich diesen Aktivitäten nicht bewusst ist, dann ist es für ihn so, als würden sie gar nicht existieren. Durch Mangel an Klarheit darüber, was getan werden muss, geht ihm jegliche Form von Dringlichkeit und damit Motivation verloren. Er lebt dann für den Moment. *„Warum nicht das tun, was jetzt am meisten Spaß macht?"*, fragt er sich dann vielleicht. Ihm ist nicht klar, dass es ihm in der Zukunft viel besser gehen würde, wenn er jetzt an seinen langfristigen Zielen arbeitet. Ihm ist nicht klar, dass sein Leben nur phänomenal werden kann, wenn er viel Zeit und Energie dem Erreichen seiner Lebensvision widmet.

Unklarheit kann also auf zwei Arten eine Krankheit für unsere Selbstdisziplin sein. Sie kommt uns aber nicht wie eine Krankheit vor, weil sie so normal geworden ist. Unser Leben ist heutzutage so unglaublich komplex, dass „Unklarheit" zum Standard geworden ist. Auf der einen Seite planen die meisten Menschen ihren Tag nur sehr vage. Vielleicht haben sie ein paar feste Termine und ein paar berufliche Deadlines. Auf der anderen Seite werden sie mit so viel Ablenkung und so viel Komplexität belagert, dass ihr geringes Maß an Klarheit häufig nicht dagegen ankommt.

Besonders Aufgaben, die zwar wichtig, aber nicht dringend sind, gehen so in der Unklarheit unter. Es gibt Vieles, was sehr wichtig ist, aber nicht besonders dringend. Ich denke da an all die Aktivitäten, die sich aus deinen Zielen in den Bereichen Wohlstand, Gesundheit, Fitness, Beziehungen und Glück ergeben. Sie sind sehr wichtig für ein großartiges zukünftiges Leben und doch sind sie nicht dringend. Niemand klopft an deine Tür und beschwert sich, wenn du heute deinen persönlichen Zielen nicht nachgehst. Um diesem Dilemma zu entkommen, gibt es eigentlich nur eine Lösung: **Wir müssen das Wichtige in unserem Leben auch**

dringend machen, indem wir ganz genau festlegen, was wir wann machen möchten.

Unklarheit über unser optimales Verhalten ist heutzutage so normal geworden, dass wir sofort einen riesigen Bonus haben, wenn wir anfangen, Unklarheit zu minimieren und Klarheit zu maximieren. Klarheit darüber, was in jedem Moment dein optimales Verhalten ist, kann für dich wie eine Superkraft sein. Mit ihr an deiner Seite hast du es sehr viel leichter, im Leben voranzukommen und an vielen Konkurrenten vorbeizuschießen. Wenn du dir die Zeit nimmst, Klarheit zu schaffen, wird es sehr viel leichter, Fortschritte zu machen. Klarheit lenkt deine Motivation auf das richtige Verhalten und du weißt immer, was du zu tun hast. Dein Leben wird einfach. Es gibt nur noch zwei Optionen. Tue das Richtige oder tue es nicht. Du musst nicht mehr überlegen, was das Richtige ist, weil du das Überlegen vorgezogen hast. Weil du nichts mehr spontan planen musst, sparst du enorm viel Zeit und Energie. Deine Zeit und deine Energie, das ist dein Potenzial. Weil du immer weißt, was dein optimales Verhalten jetzt ist, kannst du viel leichter dein volles Potenzial ausleben und so ein Leben genau nach deinen Vorstellungen führen.

Manche wollen vielleicht kein hohes Maß an Klarheit, weil sie behaupten, dass Planung keine Spontanität zulässt und daher langweilig oder einschränkend wäre. Doch in der Praxis hat sich genau das Gegenteil gezeigt. Zunächst spricht nichts dagegen, viel Spontanität an freien Tagen, in der Freizeit oder an Wochenenden zu haben. Doch wenn du selbstdiszipliniert und produktiv sein möchtest, dann ist es extrem hilfreich, immer genau zu wissen, was du zu tun hast. Ablenkungen haben viel weniger Chancen, dich von deinem Weg abzubringen, während du viel Energie in das Erreichen deiner Ziele stecken kannst.

Klarheit ist nicht einschränkend, weil sie dir die Freiheit gibt, deinen Tag genau so zu planen, wie du möchtest. Sie raubt dir keine Freiheit, sondern im Gegenteil, schenkt dir Freiheit. Durch Klarheit wirst du (der Neokortex) zum Bestimmer. Du kannst dir in Ruhe und rational dein bestes zukünftiges Vorgehen überlegen. Ohne Klarheit wird viel eher das mächtige Reptiliengehirn das Ruder deines Lebens übernehmen. Wenn es zum Bestimmer wird, dann jagst du häufig nur der größten Dopamin-Quelle hinterher, du hörst auf, langfristig zu denken und es macht dich viel empfänglicher für irrationale Ängste und Bequemlichkeit.

Klarheit ist nicht langweilig, sondern macht oft viel mehr Spaß als Unklarheit. Mit Klarheit kannst du deine Freizeit genau so gestalten, wie du es möchtest. Du kannst dir die Aktivitäten aussuchen, die dir wirklich Spaß machen und dir wirklich große Freude bereiten. Menschen ohne Klarheit sind hingegen häufig in langweiligen Gewohnheiten gefangen. In ihrer Freizeit tun sie das, was sie immer schon getan haben. Sie folgen ihren Freizeitgewohnheiten auch wenn ihnen diese nicht wirklich Spaß, Freude oder Erfüllung bereiten. Gewohnheitsgemäße Dopamin-Quellen mögen eine mächtige Ablenkung sein, aber nur selten machen sie wirklich Spaß und noch viel seltener bereiten sie große Freude oder Erfüllung.

Hinzu kommt, dass du mit Klarheit deutlich produktiver wirst. Klarheit kann dir enorm helfen, die Aufgaben des Tages schneller zu erledigen, wodurch du viel zusätzliche Zeit gewinnst. Diese gewonnene Zeit kannst du dann zusätzlich mit Aktivitäten füllen, die dir wirklich Spaß machen. Wenn du dann deiner Freizeit nachgehst, hast du keine Schuldgefühle, welche du vielleicht hast, wenn du beim Aufschieben bist. Anstatt Schuld empfindest du nun Stolz. Stolz dafür, dass du deinen Tag genauso geführt hast, wie du ihn geplant hast.

Wer genau weiß, wie das eigene optimale Verhalten in der Zukunft aussieht, lenkt viel Motivation auf dieses Verhalten. Man muss nicht mehr darüber nachdenken, was getan werden muss. Man läuft keine Gefahr mehr Wichtiges zu vergessen. Man muss nicht mehr gleichzeitig planen und ausführen. Man muss nicht mehr abwägen, in welcher Reihenfolge etwas getan werden muss. Man muss nicht mehr überlegen, wie viel Zeit etwas kosten darf. Stattdessen kann die Person einfach ihrer detaillierten Planung folgen. Durch ein enormes Maß an Klarheit wird nicht nur Motivation gelenkt, auch viele mentale Kapazitäten werden freigeräumt, die für eine noch bessere Leistung genutzt werden können. Wenn es im Kopf einer Person nur noch eine Handlungsoption gibt, **die jetzt genau richtig ist**, dann wird es für die Person fast selbstverständlich sein, sich genau so zu verhalten. Durch Klarheit wird Selbstdisziplin leicht.

Die Frage ist nur, wie schaffen wir es ein so hohes Maß an Klarheit zu erzeugen? Wie so oft gibt es dafür <u>nicht</u> eine Antwort. Es gibt nicht die eine goldene Technik. Mal wieder kommt es darauf an, Kreativität zu beweisen. Eine Kombination von kleineren und größeren Verbesserungen auf deine spezielle Lebenssituation abgestimmt ist der Schlüssel, um die Art von Klarheit zu erzeugen, um die es hier geht.

8

Beispiele

Du wurdest geboren, um zu gewinnen, aber um ein Gewinner zu sein, musst du planen zu gewinnen, dich vorbereiten, zu gewinnen und erwarten zu gewinnen.

Zig Ziglar

Wie bei den Beispielen zuvor gilt auch bei den folgenden Beispielen, dass sie kein „Muss“ sind, sondern vielmehr als Inspiration verstanden werden sollen. Wenn du magst, probiere sie aus. Falls du danach merkst, dass sich das neue Verhalten für dich lohnt, kannst du es einfach beibehalten. Falls es sich nicht lohnt, dann lasse es einfach weg. Du kannst hier nichts falsch machen, aber ohne eine offene Haltung gegenüber Neuem besteht die Gefahr, dass du unglaubliche Chancen verpasst. Es besteht die Gefahr, dass du auf der Stelle tappst und viel weniger von deinem Potenzial auslebst, als du problemlos könntest. Die Wahrheit ist, dass es eigentlich ganz einfach ist, Fortschritte zu machen. Wenn du anfängst diese Vorgehensweise regelmäßig anzuwenden, wirst du schnell feststellen, dass du deine Motivation besser kontrollieren und dadurch Selbstdisziplin steigern kannst.

Beispiel 1: **Terminkalender**

Viele haben bereits einen gewissenhaft gepflegten Terminkalender. Doch irgendwo müssen wir starten, und ich gehe gerne von den simpelsten und grundlegendsten Methoden zu den eher komplexen und fortgeschrittenen über.

Ich empfehle, einen digitalen Terminkalender zu nutzten, zum Beispiel den von „Google“ oder „Apple“. Digitale Terminkalender haben einige Vorteile gegenüber analogen:

- Schneller schreiben auf dem Computer
- Synchronisation auf anderen Geräten wie dem eigenen Smartphone
- Einstellen von wiederkehrenden Terminen
- Schneller durch „Kopieren und Einfügen“
- Übersichtlicher durch Suchfunktion
- Termine können leichter mit andern geteilt werden
- Übersichtlicher durch farbliche Gruppierung von Terminen
- Möglichkeit zwischen verschiedenen Betrachtungszeiträumen zu wechseln

Ein Terminkalender, in dem alle festen Termine eingetragen werden, ist die simple Grundlage von Klarheit. Ohne einen festen Ort, an dem alle neuen Termine sofort eingetragen werden können, wird es sehr schwer, ein hohes Maß an Klarheit über das eigene optimale Verhalten zu erreichen.

Daneben kann es auch sehr hilfreich sein, kommende Termine regelmäßig zu betrachten und die kommenden Tage in Gedanken durchzuspielen. Auf diese Weise werden die kommenden Termine verinnerlicht, wodurch sich mentale Reibung verringert und es leichter fällt, die Termine mit hoher Selbstdisziplin durchzuziehen. Für eine Person, die das nicht macht und sich nur so von Termin zu Termin hangelt, wäre jeder weitere Termin eine kleine Überraschung. Wenn so ein Termin kommt, der keinen Spaß macht, schadet das der eigenen Stimmung deutlich mehr, als hätte man sich mental auf den Termin vorbereitet. Besonders, wenn du unerfreuliche oder nervige Termine im Vorhinein akzeptierst[53], (und keinen Groll gegen sie hegst) kannst du deine Stimmung (und dadurch Selbstdisziplin[54]) enorm schützen.

Beispiel 2: **Wochenplanung**

Als Menschen anfingen, ihre Wege mit Steinen zu befestigen und so Straßen zu bauen, war dies ein großer Fortschritt. Menschen kamen nun deutlich schneller und müheloser voran und größere Lasten konnten viel leichter transportiert werden. In gewisser Weise können wir auch eine „Straße“ für unsere Selbstdisziplin „bauen“. Wenn sie einmal „errichtet“ wurde, fällt es uns leichter, schnell viel zu erledigen. Eine solche „Straße“ für unsere Selbstdisziplin, das ist unsere Wochenplanung.

Wenn die kommende Woche gut geplant wurde, wird es deutlich leichter sein, sich wie geplant zu verhalten. Durch die verbesserte Klarheit über das optimale zukünftige Verhalten wird viel Motivation auf dieses Verhalten gelenkt. Selbstdiszipliniert zu sein wird dadurch einfacher. Um meinen Wochenplan zu erstellen, öffne ich jeden Samstagnachmittag meinen Terminkalender. Neben den Terminen, die ich mit anderen Menschen habe, trage ich nun auch Termine mit mir selbst ein. Ich versuche diese Termine genauso ernst zu nehmen, als wären es Termine mit anderen Menschen.

Bei der Erstellung des Wochenplans leite ich zunächst vorläufige Tagesziele für jeden Arbeitstag der Woche ab. Ich gehe dabei von meinen großen langfristigen Zielen aus und überlege mir dann, was ich realistisch in den kommenden Tagen erreichen kann, um ihnen näher zu kommen. Aus meinen Tageszielen leite ich dann die Termine mit mir selbst ab. So präzise wie es zu dem Zeitpunkt möglich ist, definiere ich, was ich bis wann erledigen möchte. Oft muss ich dann die Tagesziele noch einmal anpassen, mir entweder mehr oder weniger jeden Tag vornehmen.

Sobald der Wochenplan erstellt wurde, ist er für mich Gesetz. Auch wenn es mir nicht immer gelingt, ihn perfekt einzuhalten, so versuche ich es doch so gut es geht. Diese Einstellung im Zusammenhang mit einer wohlüberlegten Planung hat fast magische Anziehung und macht es mir danach deutlich leichter, diszipliniert und produktiv zu sein.

Eine Wochenplanung zu erstellen braucht meistens nur 5 bis maximal 20 Minuten, selten deutlich länger. Es kommt darauf an, wie komplex unsere Planung sein muss und wie viele schwere Entscheidungen wir treffen müssen. Für manche mag das zu viel Aufwand sein, doch meiner Erfahrung nach lohnt sich der Aufwand immer, denn wie gesagt: Je genauer du festlegst, was du wann und wo machen möchtest, desto leichter wird es dir fallen, dich genau so zu verhalten.

Hinzu kommt, dass du durch eine gute Wochenplanung frühzeitig Engpässe, Probleme und Schwierigkeiten ausmachen kannst und je früher du diese erkennst, desto leichter fällt es, gut auf sie zu reagieren. Ganz allgemein gilt: Je genauer du festlegst, was du in den einzelnen Tagen der Woche erreichen möchtest und je genauer du festlegst, wie du es erreichen möchtest, desto leichter wird es dir fallen, es auch wirklich zu erreichen.[55]

Bei der Wochenplanung geht es nicht darum, deine Tages- und Wochenziele um jeden Preis exakt zu erreichen. Natürlich ist es super, wenn es dir gelingt, doch auch wenn deine Planung nicht perfekt war, lohnt sich eine Wochenplanung erheblich. Viele Menschen schrecken davor zurück, ihre Tage und Wochen im Detail zu planen, weil sie sagen:

„Warum soll ich mir die Mühe machen, zu planen? Es kommt doch eh immer anders."

Was sie nicht realisieren ist, dass es nicht so wichtig ist, die Planung exakt einzuhalten. Viel wichtiger ist der Klarheitszuwachs, der durch eine Wochenplanung entsteht. Wenn du eine gute Vorstellung davon hast, wie deine kommende Woche aussieht und was du erreichen möchtest, so trägt allein das sehr dazu bei, deine Motivation auf dieses Verhalten zu lenken.

Sei also nicht traurig oder genervt, wenn du deine Planung nicht einhalten kannst. Es ist sehr schwer, eine anspruchsvolle Planung bis ins kleinste Detail einzuhalten und doch lohnt es sich enorm, überhaupt eine solche zu haben. Klar, versuche so gut es geht zu planen, erinnere dich häufig an deine Planung und versuche sie zu befolgen, doch wenn du schneller oder langsamer bist als geplant, ist das alles andere als schlimm. Sehe stattdessen das Positive daran. Freue dich darüber, wie dich der Klarheitszuwachs disziplinierter gemacht hat. Und freue dich auch darüber, dass du wertvolle Erfahrungen gesammelt hast, die es dir ermöglichen, beim nächsten Mal noch besser zu planen.

Es empfiehlt sich, einen klaren Zeitpunkt festzulegen, an dem die kommende Woche geplant wird. Wie gesagt ist dieser Zeitpunkt für mich jeden Samstagnachmittag am Ende meiner Arbeitswoche. Wenn deine Arbeitswoche am Freitagabend endet, empfehle ich dir bereits hier die kommende Woche zu planen. Ich gehe dann an meinen Computer, öffne meinen Kalender und betrachte die Termine der kommenden Woche. Dann betrachte ich meine To-do-Liste und überlege mir, wie ich die Zeiten zwischen meinen Terminen so klug wie möglich (in Hinblick auf meine Ziele) gestalten kann.

Bei mir dauert dieser Planungsprozess selten länger als sechs Minuten. Das hat drei Gründe:

1. Ich habe mir angewöhnt, häufig über meine Ziele nachzudenken. Fast täglich denke ich darüber nach, was ich am besten tun kann, um sie zu erreichen. Wenn ich mich dann am Samstagnachmittag an meinen Computer setze, muss ich meine Gedanken nur noch etwas ordnen und konkretisieren.

2. Von Montags bis Samstags ist mein Tagesablauf standardmäßig sehr klar geregelt. Es gibt wenig Variation zwischen den Tagen und damit auch wenig neuen Planungsaufwand. Wenn ich mich daran mache, meinen Wochenplan zu erstellen, spare ich viel Zeit, indem ich vieles bereits festgelegt habe. Ich habe mir angewöhnt, meine sieben großen Deadlines an jedem Arbeitstag einzuhalten. Diese sind:
   - um 6:30 Uhr aufstehen
   - um 7:30 Uhr mit der Arbeit anfangen
   - um 15:30 Uhr mit der Arbeit aufhören
   - um 16 Uhr Sport machen
   - um 19 Uhr Abendessen
   - um 21:45 Uhr Zähneputzen
   - um 22 Uhr im Bett sein

3. Es ist natürlich auch eine Frage der **Übung**. Bis auf wenige Ausnahmen habe ich in den letzten zwei Jahren einen Wochenplan erstellt. Als ich anfing, meine Woche zu planen, war ich noch lange nicht so gut (und so schnell) darin, wie ich es heute bin. Je mehr Erfahrung du beim Planen und Ausführen hast, desto präzisier und realistischer kannst du deine Woche planen. Und noch mal: Je besser deine Planung, desto leichter fällt es, sie genau so umzusetzen.

Wenn du anfangen möchtest, deine Woche zu planen, dann empfehle ich dir, mit deinen Aufsteh- und Einschlafzeiten anzufangen. Schlaf ist das Fundament von deinem Leben und genug zu schlafen, ist aus vielen Gründen sehr wichtig. Du kannst durch Testen herausfinden, wie viel Schlaf optimal für dich ist, und so genau die Schlafdauer einplanen, die du brauchst. Immer gleiche Aufsteh- und Einschlafzeiten zu haben, hat außerdem einige Vorteile. Es fällt so deutlich leichter, morgens aufzustehen und abends einzuschlafen. Deine Schlafqualität verbessert sich, was deiner Gesundheit, deinem Aussehen, deiner Stimmung und deinem täglichen Energielevel zu Gute kommt. Und natürlich wird es durch immer gleiche Aufsteh- und Einschlafzeiten deutlich leichter, den Rest deiner Zeit gut zu planen.

Sobald du genau weißt, wann du aufstehen und wann du ins Bett gehen möchtest, gibt es grundsätzlich nur noch zwei Möglichkeiten, wie du deine Zeit verbringen kannst. Zum einen hast du die Möglichkeit, Freizeit einzuplanen und zum anderen hast du die Möglichkeit, produktive Zeit einzuplanen. Es ist (wie gesagt) deine Wahl, wie produktiv du sein möchtest, also wie viel Freizeit und wie viel produktive Zeit du einplanen möchtest. Aber allein dadurch, dass du dich bewusst für Produktivität oder Freizeit entscheidest, kommst du einem selbstdisziplinierten und selbstbestimmten Leben deutlich näher.

Das alte Sprichwort: „*Erst die Arbeit, dann das Vergnügen*", solltest du hier jedoch für bare Münze nehmen. Gehe ohne Schuldgefühle deiner Freizeit so lange nach, wie du magst, aber möglichst **immer erst nach getaner** Arbeit. Kleine Freizeitpausen mögen verkraftbar sein, doch erwarte nicht, dass du nach einer längeren Freizeitperiode noch genauso produktiv bist, wie ohne sie.

Wann immer du produktiv sein möchtest, ist Selbstdisziplin dein bester Freund. Und da ein hohes Maß an Klarheit enorm hilfreich für Selbstdisziplin ist, empfiehlt es sich innerhalb deiner produktiven Zeit so viel Klarheit wie möglich zu schaffen. Lege für jeden einzelnen Tag fest, was du erreichen möchtest. Plane möglichst viele Aktivitäten ein, die dir sehr dabei helfen, deine langfristigen Ziele zu erreichen und definiere möglichst genau, von wann bis wann du sie ausführen möchtest.

Sei dabei realistisch. Mute dir nicht zu viel zu. Besonders am Anfang tendieren viele Menschen dazu, zu viel auf einmal zu wollen. Sie sehen all die leeren Stellen in ihrem Terminkalender und dadurch wird die Verlockung groß, sich extrem viel vorzunehmen. Die Vorstellung, plötzlich extrem produktiv zu sein, fühlt sich sehr gut an. Die Wahrheit ist jedoch, dass eine unrealistische Planung eine wertlose Planung ist. Kämpfe deswegen gegen den natürlichen Drang an dir zu viel zuzumuten. Sei am Anfang absichtlich bescheiden beim Planen deiner Woche. Plane zum Beispiel eine halbe Stunde Pufferzeit ein, die du für unerwartete Verzögerungen nutzen kannst. Nachdem du dann mehr Erfahrungen aus dem echten Leben gesammelt hast, kannst du (falls nötig) deine nächste Woche etwas ambitionierter gestalten.

Damit du so viel Erfolg wie möglich mit deiner Wochenplanung haben kannst, sind noch vier Punkte besonders wichtig:

1. Sei nicht traurig oder betrübt, wenn deine Planung nicht aufgeht. Sehe es einfach als Feedback, dass du morgen schneller arbeiten oder besser planen musst. **Der Wochenplan ist auch dann ein extrem gutes Zeitinvestment, wenn du nicht optimal mit deiner Planung hinkommst.**

2. Der Wochenplan muss regelmäßig angeschaut und angepasst werden. Jeder Wochenplan besteht aus mehreren Tagesplänen und jeden Morgen sollte der jeweilige Tagesplan in Ruhe angeschaut und gegebenenfalls angepasst werden.

3. Nachdem du die Woche geplant hast, drucke den Wochenplan aus und platziere ihn gut sichtbar auf oder in der Nähe von deinem Schreibtisch. Ein ausgedruckter Wochenplan macht deine Planung deutlich offizieller und erleichtert den regelmäßigen Blick auf die Planung deutlich.

4. Ein Wochenplan sollte nicht mit einer To-do-Liste verwechselt werden. Beide laufen separat voneinander ab. Jeder sollte eine To-do-Liste haben, indem er oder sie alle seine Aufgaben einträgt und nach Erledigung löscht. Im Wochenplan wird das Erledigen der Aufgaben aus der To-do-Liste geplant, jedoch müssen nicht alle Aufgaben aus der To-do-Liste konkret im Wochenplan eingeplant werden.

Wenn du deine grobe Wochenplanung mit detaillierten Routinen ergänzt, kann das deine Selbstdisziplin und Produktivität noch sehr viel weiter in die Höhe treiben. Ich kann nicht genug betonen, wie hilfreich gut eingeübte Routinen für die eigene Selbstdisziplin sein können. Sie sind so etwas wie der Heilige Gral von der Form der Klarheit, um die es hier geht. Mit gut eingeübten Routinen lässt sich Motivation extrem effektiv lenken.

Beispiel 3: **Routinen**

Wenn Wochenpläne die Straßen der Selbstdisziplin sind, dann müssen Routinen die Autobahnen der Selbstdisziplin sein. Wenn du sie einmal erstellt hast, wirst du dauerhaft von ihnen profitieren, vielleicht für Jahrzehnte. Sei sorgfältig beim Erstellen, verbessere sie, wann immer es nötig ist und übe sie gut ein, dann können sie zu einer gigantischen Steigerung deiner Selbstdisziplin führen.

Routinen sind klare Handlungsfolgen. Eine Aktion folgt auf die nächste, immer in der gleichen Reihenfolge. Um meine Routinen noch hilfreicher zu machen, habe ich klare Deadlines nach ein paar Aktionen hinzugefügt. Ich empfehle solche Routinen für alle möglichen wiederholt auftretenden Anlässe, in denen du ein hohes Maß an Selbstdisziplin, Leistung und Produktivität haben möchtest. Ganz grundsätzlich könnte eine simple Routine folgendermaßen aussehen:

1. Ab 8:10 Uhr Aufgabe A erledigen.
2. Ab 8:25 Uhr Aufgabe B und dann Aufgabe C erledigen.
3. Ab 8:37 Uhr Aufgabe D und dann Aufgabe E erledigen.

Ich habe solche Routinen für die vier wichtigsten Abschnitte meines Tages erstellt: für meinen Morgen, meine Arbeit, mein Sportprogramm und meinen Abend. Auf diese Weise habe ich mir eine Schablone für den perfekten Standardtag geschaffen. Wenn ich verreiße, im Urlaub bin und an Sonntagen wende ich nicht jede dieser Routinen an. Wenn ich jedoch an einem ganz normalen Tag so produktiv wie möglich sein möchte, dann sind klare Routine einer meiner größten Hilfen dafür. Ich finde, dass solche Routinen viele großartige Vorteile haben:

Vorteil 1: Routinen minimieren Aufschieben. Sobald jemand einer Routine folgt, hat die Person nicht mehr 0 und auch nicht mehr 20 Handlungsoptionen. Sie kennt nur noch eine gute Handlungsoption. Die Routine sagt ihr genau, was zu diesem Zeitpunkt das optimale Verhalten ist und das macht das Umsetzen sehr viel leichter. Manchmal muss die Person vielleicht auf die Uhr schauen. Manchmal muss die Person vielleicht das Dokument studieren, in dem sie ihre Routine beschrieben hat. Für spezifische Aufgaben muss sie vielleicht einen Blick in ihren Wochenplan werfen. Doch spätestens danach weiß sie genau, was sie zu tun hat. Durch dieses enorme Maß an Klarheit haben Versuchungen es sehr schwer, dich von deinem Weg abzubringen. Ein ablenkender Gedanke wie zum Beispiel: „Ich schaue Mal, was es auf meinem Handy Neues gibt", verliert enorm an Anziehungskraft, weil es plötzlich sehr schwerfällt, zu begründen, warum die Ablenkung wichtiger sein soll, als die klar festgelegte Routine. Kaum etwas fördert Aufschieben nämlich derart stark, wie das Gefühl, nicht genau zu wissen, was man zu tun hat.

Vorteil 2: Routinen können zu einer enormen Zeitersparnis führen. Wer ständig darüber nachdenken muss, was als Nächstes ansteht, verliert so langfristig sehr viel Zeit. Diese Zeit kann durch Routinen eingespart werden, wodurch sie dann später als produktive Zeit oder als Freizeit genutzt werden kann.

Vorteil 3: Durch das häufige Wiederholen der Routinen tritt ein Übungseffekt ein. Es wird immer leichter ihnen nachzugehen. Eine gute Handlung folgt (fast) automatisch auf die nächste. Mit etwas Übung weißt du genau, wie viel Zeit dir für eine Aktivität bleibt und welche Aktivität nach ihr folgen wird. Du kannst dich mental auf deine folgenden Handlungen vorbereiten und fängst an, dir dein zukünftiges Verhalten gar nicht mehr anders vorzustellen. Du hast deine Motivation gelenkt. Alles geht einfach und es ist kaum noch Willenskraft nötig, um hohe Selbstdisziplin an den Tag zu legen. Routinen sind wie Gewohnheiten auf Steroiden.

Vorteil 4: Du hast mit Routinen mehr mentale Energie für das Erledigen deiner wichtigen Aufgaben übrig. Jedes Mal, wenn du dich fragen musst: „Was mache ich als Nächstes?", braucht das Finden einer guten

Antwort viel mentale Energie. Völlig unnötigerweise wird ohne Routinen mentale Energie verschwendet. Viel Potenzial geht so verloren. Wenn du jedoch gute Routinen geschaffen hast und dich an sie hältst, dann ermöglicht dir das, dich ganz auf deine Aufgaben zu konzentrieren. Bestleistungen und Exzellenz werden viel leichter möglich.

Vorteil 5: Routinen reduzieren die Gefahr, etwas Wichtiges zu vergessen. Indem du dir wichtige Handlungsabfolgen aufschreibst und dich an sie gewöhnst, macht es das fast unmöglich, wichtige Aktionen zu vergessen.

Vorteil 6: Routinen machen es möglich, die perfekte Strategie zu entwickeln. Wenn du dir eine Routine sorgfältig überlegst und ständig kleinere und größere Optimierungen an ihr vornimmst, dann wird dein Vorgehen wahrscheinlich sehr viel klüger sein, als du es spontan hinbekommen hättest. Routinen ermöglichen es dir, in Ruhe auf das große Ganze zu schauen. Wenn du das machst, fällt es dir wahrscheinlich leicht, gute Antworten auf die folgenden Fragen zu finden:

- Was sind meine wichtigsten Ziele?
- Welche Aktivitäten helfen mir am besten, diese Ziele zu erreichen?
- Für welche dieser Aktivitäten sollte ich besonders viel Zeit einplanen?
- Welche anderen wichtigen Aktivitäten sollte ich nicht vergessen?
- Welche Aktivitäten sollte ich weniger oder gar nicht mehr folgen?
- Gibt es vielleicht noch andere sehr sinnvolle Aktivitäten, an die ich bisher noch nicht gedacht habe?

Vorteil 7: Routinen geben dir die Möglichkeit, wirksam zu experimentieren. Die meisten Menschen haben keine Ahnung, warum einer ihrer Tage gut verlief oder warum ein anderer schlecht verlief. Der Grund dafür ist, dass das Leben der meisten Menschen ein Durcheinander ist. Wenn etwas dazu beigetragen hat, dass ihr Tag besser wurde, können sie es im Durcheinander nicht ausmachen. Das Gleiche gilt, wenn ihr Tag schlecht war. Sie wissen nicht, warum, denn sie können die Ursache im

Durcheinander ihres Lebens nur schwer ausmachen. Das ändert sich, sobald deine Tage durch Routinen sehr viel Ähnlichkeit gewinnen. Unterschiede werden so deutlich und es fällt leicht, einfach mehr von dem einzuplanen, was dir gut tut, und das wegzulassen, von dem du gemerkt hast, dass es dir schadet. Du kannst diese Eigenschaft von Routinen sogar aktiv nutzen, um bessere Entscheidungen zu treffen. Du musst dich nicht mehr auf die Meinungen von anderen verlassen, sondern kannst durch Experimentieren selbst herausfinden, ob sich ein Verhalten für dich lohnt oder nicht. Du kannst zum Beispiel testen, ob es sich für dich lohnt, fünf Minuten Sport, Meditation oder Lesen in deine Morgenroutine zu integrieren. Durch Routinen kannst du sehr rational mit deiner Zeit werden. Du erkennst klar, was dir gut tut und was kein gutes Zeitinvestment für dich ist. Durch die Gleichheit der Tage entsteht also eine Art Zinseszinseffekt. Klarheit erleichtert das Schaffen von noch mehr Klarheit.

Wenn du Routinen erstellst und ihnen folgst, dann wirst du zum Drehbuchautor vom Film deines Lebens. Du kannst nun noch genauer entscheiden, was du als Hauptdarsteller oder als Hauptdarstellerin machst und was du lieber sein lässt. Durch Routinen könnte sich ein ganz neuer Blick auf dein Leben eröffnen. Du fängst an zu erkennen, warum du im Leben dort bist, wo du bist. Dir wird auf einer sehr tiefen Ebene klar, dass es alles damit zu tun, wie du deine Zeit bisher verbracht hast. Dir wird auch klar, dass es einfach anderer Routinen bedarf, damit du in ein paar Jahren auf einem ganz anderen Level bist. Routinen geben dir ein sehr realistisches Verständnis von deiner Zeit, von dem, was für dich möglich ist, und von dem, was nötig ist, um deine Ziele zu erreichen. Je länger du deinen Routinen folgst, desto klarer wird dir, wie du deine Routinen verändern musst, um alles zu erreichen, was du erreichen kannst und möchtest.

Anmerkung: Ich kann dir diese Art von Routinen wärmstens ans Herz legen. Doch auch wenn du dich gegen sie entscheidest, unterschätze niemals den großen Wert von Klarheit. Versuche stets genau zu definieren, wie dein optimales Verhalten in der Zukunft aussieht.

Beispiel 4: **Morgenroutine**

Jene Routine Art, über die wahrscheinlich am häufigsten gesprochen und geschrieben wird, ist die Morgenroutine. Es macht sehr viel Sinn, dass sie so viel Aufmerksamkeit bekommt. Eine gute Morgenroutine hat einige Vorteile, die zu den vielen Vorteilen von Routinen noch dazu kommen.

Wenn ein Tag schlecht verläuft, dann werden meistens bereits am Morgen die Weichen dafür gelegt. Umgekehrt, war der Morgen super, so wird meistens auch der Rest des Tages mindestens richtig gut. Am Morgen gibt es meistens wenig Ablenkungen, wodurch du oft viel Kontrolle über deine Morgengestaltung hast. Durch frühes Aufstehen gewinnst du viel freie Zeit, die du meist ganz dir und deinen Routinen widmen kannst. Der größte Vorteil, den ich jedoch in einer guten Morgenroutine sehe, ist der starke Geisteszustand, in dem sie dich hinterlassen kann. In meiner Morgenroutine lege ich deswegen sehr viel Wert darauf, mich hinterher in einem energiegeladenen und motivierten Zustand wiederzufinden, einen Zustand voller guter Stimmung, Klarheit und Entschlossenheit.

Früher war meine Morgenroutine zweieinhalb Stunden lang. Vor etwas über einem Jahr habe ich dann eine Zeit-Nutzen-Analyse durchgeführt und kam zu dem Schluss, dass ich meine Zeit mit meiner Arbeitsroutine besser nutze als mit meiner Morgenroutine. Damit will ich nicht sagen, dass eine Morgenroutine nicht enorm wertvoll und wichtig sein kann. Ich habe einfach nur erkannt, dass ich meine Zeit besser nutze, wenn ich meine Morgenroutine knapp halte und dafür meine Arbeitsroutine etwas länger gestalte. Deswegen umfasst meine Morgenroutine heute genau eine Stunde. Das heißt von dem Zeitpunkt an dem ich aufstehe, bis zu dem Zeitpunkt an dem ich mit meiner Arbeit anfange, liegt genau eine Stunde.

Die schriftliche Planung meiner Morgenroutine liegt ausgedruckt auf meinem Küchentisch. Sie liegt dort zusammen mit den anderen Planungen meiner anderen Routinen. Mittlerweile kenne ich jede meiner Routinen auswendig, und doch lasse ich die Planungen dort liegen. Zum einen könnte es natürlich immer sein, dass mir ein Schritt entfällt und ich nachschauen muss. Zum anderen kann ich dort sofort Optimierungsideen eintragen, falls mir welche einfallen. Als Beispiel folgt nun eine exakte Kopie der schriftlichen Planung meiner Morgenroutine:

Ab 6:30 Uhr: aufstehen → umziehen → zweiten Wecker im Briefkasten ausmachen → Handy & Fernbedienung in Keller → hochlaufen

Ab 6:40 Uhr: Toilette → kurz Haare kämmen → Shake aus dem Kühlschrank holen und anfangen zu trinken → Internet-Router ausschalten → Rollladen an jedem Fenster hoch → Fenster im Schlafzimmer aufmachen → Bett ausschütteln und Bett machen → Wochenplan kurz anschauen → Fokus auf aktuellen Tag legen → das optimale Vorgehen des aktuellen Tages visualisieren → Fenster schließen → mit Küchentimer auf Sofa setzen

Ab 7:00 Uhr: Motivationstraining

Ab 7:10 Uhr: Sportmatte ausrollen → zwei Minuten Seilspringen → Sportmatte einräumen

Ab 7:13 Uhr: leere Shake-Flasche in Spülmaschine stellen → ein Glas Wasser einschenken → Glas und Wasserflasche auf Schreibtisch stellen → rasieren → Zähneputzen

Durch diese detaillierte Beschreibung profitiere ich von all den eben beschriebenen Vorteile an einem Zeitpunkt, wo es ganz besonders wichtig ist: am Morgen. Ich kann dir nur empfehlen, ähnlich detailliert diese wichtige Zeit zu planen. Das detaillierte Planen mag aufwendig sein, und es braucht vielleicht viele Verbesserungsdurchgänge, doch du wirst wahrscheinlich schnell feststellen, dass es sich sehr lohnt. Durch die Klarheit der Morgenroutine gewinnst du an Motivation, sie genau so durchzuführen. Du bekommst viel am Morgen erledigt, wodurch du langfristig viel Zeit sparst. Und du bist nach der Morgenroutine in einem ausgezeichneten Geisteszustand. Du hast den Morgen so gestaltet, wie du es geplant hast und es als optimal ansiehst. Danach drängt sich die Frage auf:

„Warum den restlichen Tag nicht genauso diszipliniert und produktiv weiter machen?“

Ein toller Morgen erzeugt Schwung, was bedeutet, dass es leichter fällt, auch den Rest des Tages toll zu machen. Besonders, wenn du mein Motivationstraining am Morgen durchläufst, wirst du danach voller Motivation, Klarheit und Tatendrang sein.

Beispiel 5: **Arbeitsroutine**

Da ich von zu Hause arbeite, kann ich direkt um 7:30 Uhr mit meiner Arbeit beginnen. In seltenen Fällen verspäte ich mich mal. Ich sehe das dann als Feedback an. Ich realisiere, dass ich nicht entschlossen genug meiner Morgenroutine gefolgt bin und nehme mir deswegen vor, beim nächsten Mal noch entschlossener zu sein. Meistens gelingt es mir jedoch. Ich komme pünktlich in mein Arbeitszimmer oder bin sogar ein bisschen früher dran als geplant.

Mein Arbeitstag besteht aus vier „Arbeitssitzungen". Die erste geht 110 Minuten lang, die anderen drei 100 Minuten. Daran kann ich mich sehr gut orientieren. Es fällt mir relativ leicht, meinen Tag zu planen, indem ich mich frage, was ich in der ersten Arbeitssitzung erledigen kann, was in der zweiten, was in der dritten und was in der vierten. Aber auch beim Umsetzen der Planung hilft mir die Struktur der Arbeitsroutine enorm, um noch produktiver zu sein. Andauernd denke ich daran, was ich vor der nächsten Pause – laut Planung – noch alles erledigt haben möchte. Dieser kleine Zeitdruck hilft mir oft enorm, noch etwas Schneller und Entschlossener zu sein. Konkret sieht die Planung meiner Arbeitsroutine wie folgt aus:

Ab 7:30 Uhr: Wochenplanung anschauen, verinnerlichen, akzeptieren und eventuell anpassen

Ab 7:40 Uhr: arbeiten

Ab 9:30 Uhr: 2. Shake trinken, kurz auslüften, mir meine 5 Fragen stellen und aufräumen oder spazieren

Ab 9:50 Uhr: arbeiten

Ab 11:30 Uhr: 3. Shake trinken, kurz auslüften, mir meine 5 Fragen stellen und aufräumen oder spazieren

Ab 11:50 Uhr: arbeiten

Ab 13:30 Uhr: 4. Shake trinken, kurz auslüften, mir meine 5 Fragen stellen und aufräumen oder spazieren

Ab 13:50 Uhr: falls nötig: Internet-Router an → arbeiten

Ab 15:30 Uhr: 5. Shake trinken, kurz auslüften, mir meine 5 Fragen stellen und aufräumen oder spazieren

Während ich hohe Konzentration bei meiner Arbeit erbringen möchte, kommen manchmal ablenkende Gedanken hoch. Wenn der Gedanke mir einzureden versucht, dass ich etwas anderes machen sollte, dass ich etwas nicht kann oder dass ich etwas nicht tun sollte (obwohl ich es geplant habe), dann betrachte ich ihn als Ausrede und Ausreden nehme ich sehr ernst. Mein Reptiliengehirn muss Teile meines Neokortex so weit manipuliert haben, dass mein Neokortex anfängt, für das Reptiliengehirn zu arbeiten. Wer anfängt, Ausreden zu glauben, verliert sofort fast alle Selbstdisziplin und ist häufig schnell dabei, den wohlüberlegten Plan über den Haufen zu werfen.

Weil ich Ausreden für so gefährlich halte, habe ich eine ganz spezielle Vorgehensweise entwickelt, um Ausreden verlässlich und effektiv zu entkräften. Ich bringe dir die Vorgehensweise später bei, wenn du magst. Doch schon hier sage ich, dass es einer der Schlüssel zum Entkräften von Ausreden ist, sie **frühzeitig zu erkennen**. Deswegen habe ich ein spezielles Textdokument, indem ich mir jede Ausrede aufschreibe, die mich von meiner Arbeit ablenken oder abbringen möchte. Auch für meine **„Ausredenliste"** verwende ich das Programm „Dynalist". Die Fähigkeit, Ausreden effektiv entkräften zu können, ist einer der größten Schlüssel für ein hohes Maß an Selbstdisziplin. Mit dieser Fähigkeit kannst du dir sehr viel Unabhängigkeit von deinem Reptiliengehirn zurückholen, weil du deine Motivation viel besser beschützen kannst.

Neben meiner Ausredenliste und meiner To-do-Liste führe ich noch eine dritte Liste, ich nenne sie meine **„Aus-dem-Kopf-Liste"**. Wann immer ich eine gute Idee während meiner Arbeitszeit habe, gerate ich in eine Zwickmühle. Entweder gehe ich der Idee sofort nach, wodurch ich versäumen würde, konzentriert an meiner wichtigen Aufgabe aus dem Wochenplan zu arbeiten. Oder ich gehe der Idee nicht sofort nach, wodurch ich Gefahr laufen würde, sie zu vergessen. Um dieser Problematik Herr zu werden, habe ich (auch im Programm „Dynalist") meine „Aus-dem-Kopf-Liste". Ich schreibe hier meine Ideen quasi „aus dem Kopf" in die Liste. Ich muss mich nicht anstrengen, die Idee im Kopf zu behalten, und ich laufe keine Gefahr, sie zu vergessen. Ich bleibe fokussiert bei meinen wichtigen Aufgaben und lasse mich auch nicht von guten Ideen aus dem Konzept bringen. Häufig gehe ich den Ideen am Abend oder gegen Ende meiner Arbeitszeit nach oder ich integriere sie in meinen Wochenplan.

Ein weiterer Schlüssel, um hohe Leistungen bei der Arbeit zu erbringen, sind die **drei Pausen**, welche meine Arbeitszeit in die vier Sitzungen unterteilen. Eine längere Mittagspause zu machen und ansonsten einfach durchzuarbeiten halte ich für eine veraltete Strategie, die unnötigerweise Energie, Konzentration und Produktivität kostet. Auf diese Weise fühlt man sich häufig nach dem Mittagessen und am Nachmittag müde. Und auch das Völlegefühl direkt nach dem Mittagessen trägt nicht zu Produktivität und Selbstdisziplin bei.[56] Die Verdauung beansprucht dann so viel Energie vom Körper, dass nicht mehr viel Energie für die wichtige Denkarbeit bleibt. All das begünstigt aufschieben enorm und Spitzenleistungen werden deutlich schwerer.

Dadurch, dass ich alle zwei Stunden eine 20 minütige Pause mache und währenddessen einen mittelgroßen Shake[42] trinke, habe ich all diese Probleme nicht. Es gibt jedoch noch mehr, was ich unternehme, um mein Energielevel in den Pausen zu steigern. Zum einen bewege ich mich. Ich bleibe nicht sitzen, sondern gehe spazieren, räume meine Wohnung auf oder putze sie. Häufig kommt mir die Hausarbeit dabei nicht als Last vor, sondern als angenehme Abwechslung zu meiner ansonsten eher geistigen Arbeit. Besonders, wenn die Sonne scheint, nehme ich meinen Shake mit nach draußen und gehe eine Runde spazieren.

Ich achte sehr darauf, in den Pausen keine neuen Informationen aufzunehmen. Vor allem sind jede Form von Nachrichten für mich tabu. Ich verzichte in meinen Pausen auch auf Bücher, Zeitschriften und sogar Musik. Der Grund ist, dass ich mein Gehirn als Muskel betrachte und Muskeln muss man in der Pause schonen, damit sie später wieder persönliche Höchstleistungen erbringen können.[57]

Zumindest ein bisschen beschäftige ich jedoch mein Gehirn auch in den Pausen. Ich stelle mir in fast jeder Pause die fünf immer gleichen Fragen in der gleichen Reihenfolge. Diese Praxis hat den großen Vorteil, dass ich jedes Mal meine Aufmerksamkeit in eine sehr hilfreiche Richtung lenke. Mit wenig Aufwand erzeuge ich durch die fünf Fragen Motivation,

Klarheit und gute Stimmung. Mehr zu den fünf Fragen im zweiten Teil des Buchs.

Beispiel 6: **Sportroutine**

Sport hat sehr viele wertvolle Vorteile für Körper und Geist, weswegen mir meine fast tägliche Sportroutine sehr wichtig ist.[58] Jedes Mal nach einer solchen Sporteinheit spüre ich, wie meine Stimmung in die Höhe steigt. Ich sehe, wie mein Körper immer athletischer wird und ich spüre, wie meine Willenskraft, Konzentration und mentale Ausdauer durch das regelmäßige Training gestärkt werden. Mir ist klar, dass ich mein großes Ziel, bis ins hohe Alter ein hohes Maß an Vitalität zu besitzen, nur durch regelmäßigen Sport erreichen kann.[59]

Obwohl ich Sport für extrem wichtig und wertvoll halte, habe ich keine Lust, mehrmals die Woche ein Fitnessstudio zu besuchen, da mir so viel Zeit verloren geht. Ein Fitnessstudio Besuch würde mich mindestens 2 Stunden kosten. Wenn ich vier Mal pro Woche trainieren würde, so würden 8 Stunden jede Woche durch trainieren verloren gehen. Der große Vorteil meiner Sportroutine ist, dass ich vergleichbar gute Fortschritte mit ihr erziele, obwohl sie mich deutlich weniger Zeit kostet.

Natürlich ist meine Herangehensweise nichts für Profisportler oder Menschen, die um jeden Preis die besten Resultate erzielen wollen. Wer jedoch nach einem guten Aufwand-Nutzen-Verhältnis sucht, dem kann ich meine Sportroutine (oder eine Abwandlung von ihr) nur empfehlen.

Meine Sportroutine startet jeden Tag von Montag bis Samstag um 16 Uhr. Zu dem Zeitpunkt habe ich bereits meine Arbeit hinter mich gebracht und meine fünf Shakes getrunken. Nur Sport trennt mich noch von meiner Freizeit. Jeden Tag außer Sonntags zu trainieren, mag nach einem hohen wöchentlichen Zeitaufwand klingen, doch das ist hier nicht wirklich der Fall. Zum einen trainiere ich von zu Hause; ich spare mir also den Weg zum Fitnessstudio und zurück. Zum anderen trainiere ich nur 20 Minuten. Danach gehe ich sofort duschen. Da ich sowieso einmal am Tag duschen würde, geht auch dadurch keine zusätzliche Zeit verloren. Insgesamt kostet mich mein Training also nur zwei Stunden pro Woche. Mein gesamtes wöchentliches Training kostet mich also genauso viel Zeit, wie mich ein einzelner Besuch im Fitnessstudio kosten würde. Jedoch ist es sehr viel effektiver, sechs Mal die Woche für 20 Minuten zu trainieren, als einmal die Woche ins Fitnessstudio zu gehen.

Am Anfang meiner Sportroutine mache ich 10 Übungen aus dem Bereich des aktiven Stretchings zum Aufwärmen. Das dauert etwa 5 Minuten. In den restlichen 15 Minuten mache ich 17 Kraftausdauer-Übungen. Ich stelle mir dabei eine Stoppuhr und ich versuche die 17 Übungen so schnell wie möglich zu durchlaufen. In meiner Sportroutine ist die Reihenfolge der Übungen und auch deren Wiederholungszahl klar definiert. Ständig schaue ich dabei auf meine Stoppuhr und versuche so schnell wie möglich alle Übungen zu durchlaufen. Auf jeden Fall möchte ich unter 15 Minuten bleiben. Manchmal habe ich einen schlechten Tag und es gelingt mir nicht. Doch im Durchschnitt werde ich eigentlich jede Woche ein bisschen besser. Sobald ich an mehreren Tagen in Folge weniger als 14 Minute und 30 Sekunden brauche, verändere ich meine Sportroutine ein wenig und mache sie etwas anspruchsvoller.

Meine Sportroutine habe ich speziell auf mein Trainingslevel und meine sportlichen Ziele zugeschnitten. Neue Übungen finde ich meistens auf YouTube. Für mein Training brauche ich nicht mehr als eine Sportmatte, ein Paar Kurzhanteln, eine Kettlebell, eine SZ-Stange und eine Klimmzugstange, die ich in den Türrahmen meiner Wohnzimmertür eingelegt habe. Unter anderem beinhaltet meine Sportroutine Liegestütze, Frontkniebeuge, Kettlebell Swings, Bizeps Curls, Trizepsdrücken und vier verschiedene Bauchübungen.

Mit dieser Art zu trainieren, habe ich großartige körperliche Fortschritte gemacht. Der Schlüssel ist, dass es mir leicht fällt, **regelmäßig** intensiv zu trainieren. Dadurch, dass meine Sportroutine so klar festgelegt ist, habe ich keinen Zweifel daran, dass ich sie jeden Arbeitstag zwischen 16:00 Uhr und 16:20 Uhr machen werde. Auch beim Sport selbst hilft mir die Klarheit der Routine enorm. Ich weiß genau, welche Übung auf die Nächste folgen wird und es fällt mir leicht, alles auszuführen, weil ich es nicht anders gewöhnt bin. Du darfst gerne meine Art zu trainieren übernehmen. Wahrscheinlich wirst du, genauso wie ich, mit minimalem Aufwand große körperliche Fortschritte machen.

Aber auch wenn du bei deiner bisherigen Sportroutine bleibst ... Klarheit beim Sport ist extrem wichtig, um deine Motivation auf dein Sportprogramm zu lenken. Wenn du zum Beispiel im Fitnessstudio trainierst, empfehle ich dir, einem klaren Trainingsplan zu folgen. Wenn der Trainingsplan anspruchsvoll ist, so wird es wahrscheinlich deutlich leichter sein, intensiv zu trainieren als ohne ihn. Ganz egal welche Art von Sport du machst, definiere, an welchen Tagen du trainieren willst. Wenn du es möchtest, dann definiere den Zeitraum deines Trainings in deine Wochenplanung und trage dort auch ein, wann du das Haus verlassen musst, um rechtzeitig da zu sein. Du wirst feststellen, dass dir auch hier ein Zuwachs an Klarheit enorm dabei hilft, diese wichtige Aktivität noch besser in dein Leben zu integrieren.

Beispiel 7: **Abendroutine**

Nachdem ich mit dem Duschen fertig bin und mich angezogen habe, beginnt meine Abendroutine. Ich fange damit an, in meinen Keller zu gehen und mein Handy und meine Fernbedienung nach oben zu holen. Dann lege ich mich meistens auf meine Coach und beantworte E-Mails und Textnachrichten und informiere mich kurz über aktuelle Nachrichten.

Obwohl ich meine Abendroutine ganz bewusst offen gestalte und ich letztlich mache, was mir Spaß macht, nutze ich auch hier Klarheit, um meine allgemeine Selbstdisziplin zu steigern. Zum Beispiel habe ich klar definiert, welche Aktivitäten ich auch in meiner Freizeit nicht nachgehen möchte. Für mich wäre das in erster Linie Videospiele zu spielen und passiv auf Social Media Seiten abzuhängen. Indem ich meine Wahl bewusst gegen sie getroffen habe, trägt das dazu bei, Motivation weg von ihnen und hin zu gesünderen Alternativen zu lenken.

Obwohl ich die Spontanität an meiner Abendroutine genieße, habe ich mir ein paar klare Deadlines gesetzt, die ich auf keinen Fall verpassen möchte. Indem ich am Abend immer wieder an sie denke, wird meine Motivation auf das Einhalten der Deadlines gelenkt. Die erste Deadline ist das Abendessen, welches ich auf 19 Uhr gelegt habe. Häufig ergibt sich daraus eine weitere Deadline, nämlich die, dass ich spätestens um 18:30 Uhr mit dem Kochen beginnen muss. Die nächste Deadline ist wahrscheinlich die Wichtigste meines Tages: Um 22 Uhr will ich mit ausgeschaltetem Licht im Bett liegen. Auch hieraus ergibt sich eine weitere Deadline: Ich gehe nämlich spätestens um 21:45 Uhr ins Bad, putze Zähne und bereite mich darauf vor, schlafen zu gehen.

Obwohl bei meiner Abendroutine Freizeit, Spaß und Entspannung ganz klar im Mittelpunkt stehen, habe ich auch hier ein paar wichtige Aktivitäten gelegt. Ich folge dabei der Grundregel:

„Alles, was du am Abend erledigen kannst, das erledige auch am Abend, sodass deine wertvolle Zeit am Morgen nicht verloren geht.“

In erster Linie bedeutet das für mich, meine fünf Shakes für den kommenden Tag zu mixen. Das dauert etwa 15 Minuten. Das sind jedoch 15 Minuten, die ich am Morgen und während meiner Arbeitszeit nicht mehr aufbringen muss. Meine Deadline für das Mixen der Shakes ist 18:15 Uhr. Wenn ich die Shakes früher mache ist das auch gut, aber spätestens um 18:15 Uhr habe ich mir vorgenommen mit den Shakes zu beginnen.

In der Zeit nach dem Abendessen habe ich mir auch eine Aufgabe gesetzt, welche ich dadurch nicht mehr am Morgen machen muss. Spätestens gegen 21:40 Uhr gehe ich an meinen Kleiderschrank und lege mir alle Kleidungsstücke für den nächsten Tag heraus. Wenn dann am Morgen mein erster Wecker klingelt, spare ich nicht nur Zeit beim Anziehen, ich spare auch wertvolle mentale Energie, weil ich die Frage: „*Was ziehe ich heute an?*“, nicht mehr beantworten muss. Es kann also langfristig viel bringen, wenn wir uns angewöhnen, Aktivitäten, die normalerweise am Morgen gemacht werden, auf den Vorabend zu legen.

Beispiel 8: **Ernährung**

„Klarheit“ kann auch sehr nützlich sein, falls jemand abnehmen, zunehmen oder Muskeln aufbauen möchte. Sie kann auch sehr nützlich sein, wenn jemand das eigene Energielevel oder Immunsystem stärken oder wenn jemand schwerwiegende Krankheiten vorbeugen möchte. Klarheit kann uns nämlich sehr dabei helfen, die eigene Ernährung zu optimieren.

Mache dir klar, welche Lebensmittel du öfter essen möchtest und welche Lebensmittel du weniger essen möchtest. Gibt es Lebensmittel, die bei dir Hausverbot bekommen? Falls nötig, informiere dich über gesundes Essen und welche Ernährung am besten für deine Ziele ist. Lege dann möglichst präzise fest, wie du dich in der Zukunft ernähren möchtest. Wähle eine gesunde Ernährung, die du auch realistisch dauerhaft beibehalten kannst.

Ganz generell kann wahrscheinlich fast jeder davon profitieren, mehr Klarheit in der eigenen Ernährung zu haben. Jemand könnte zum Beispiel festlegen, was er oder sie essen möchte, wenn die Person am Nachmittag oder am Abend Hunger bekommt. Anstatt gewohnheitsgemäß zu ungesunden Lebensmitteln zu greifen, könnte sie mindestens eine gesunde Alternative definieren. Zum Beispiel könnte sie sich dafür entscheiden, zu einer Banane, anstatt zu Keksen zu greifen. Finde mindestens ein paar Rezepte, die gesund sind, dir schmecken und die du gerne zubereitest und wechsele dich immer wieder mit diesen Rezepten ab. Je mehr du eindeutig geplant hast, was du in den kommenden Tagen essen wirst, desto mehr Motivation hast du auf genau dieses Verhalten gelenkt.

Ich gehe so weit und plane in meiner Wochenplanung die Abendessen der kommenden Woche ein. Für mich ist das mit relativ wenig Aufwand verbunden. 5 meiner 6 täglichen Mahlzeiten sind Shakes.[42] Bei meiner 6. Mahlzeit, dem Abendessen, wähle ich aus einer Liste von etwa zwanzig Lieblingsgerichten sieben aus, dann plane ich ein Gericht für jeden Abend der nächsten Woche und schreibe einen Einkaufszettel mit allen benötigten Zutaten. Wenn ich dann am Montag vor dem Abendessen einkaufen gehe, fällt es mir leicht, nur das einzukaufen, was ich für die sieben Abendessen und für meine Shakes brauche. Durch gesteigerte Klarheit kann gesundes Einkaufen und gesundes Kochen deutlich leichter werden. Meine Motivation ist auf meiner Seite. Ich weiß genau, was ich jeden Abend essen werde. Ich komme gar nicht auf die Idee, etwas anderes zu kochen oder zu essen. Dadurch, dass ich mich daran gewöhnt habe, immer genau das einzukaufen, was ich geplant habe, ist es leicht für mich, im Supermarkt an ungesunden Lebensmitteln wie Chips, Fertiggerichten und Süßigkeiten vorbeizulaufen.

Generell ist es wahrscheinlich immer eine gute Idee, mit einem Plan einkaufen zu gehen. Auf diese Weise fällt es deutlich leichter, Selbstdisziplin beim Geldausgeben zu haben. Wer spontan (also ohne klaren Plan) etwas einkauft, steigert die Wahrscheinlichkeit enorm, etwas Unnötiges zu kaufen. Das Reptiliengehirn liebt es, einer Versuchung beim Kaufen nachzugehen. Wer jedoch vorher erst mal einen Plan schreibt, der trifft die Entscheidung durch den Neokortex. Ein Plan regt das rationale Denken an. Menschen, die einen Plan schreiben, tendieren dazu, sich erst mal ausführlich zu informieren und in Ruhe über mögliche Kaufentscheidungen nachzudenken. Klarheit kann also auch die Motivation hin zum „Geld sparen" lenken.

Beispiel 9: **Weiterbildung**

Rein rational wissen viele Menschen, dass es sich langfristig enorm für sie auszahlen würden, wenn sie viel Zeit in ihre Weiterbildung investieren würden. In guten Büchern lassen sich viele wertvolle Antworten auf wichtige Fragen finden. Bei fast jedem Problem kann das Wissen aus Büchern enorm helfen. Und die perfekte Strategie hin zu einem großen Ziel kann man meist erst durch Weiterbildung entwickeln. Wer viel liest, wird sich viel eher der eigenen blinden Flecken bewusst. Wer sich der eigenen blinden Flecken bewusst wird, erkennt, dass er oder sie häufig etwas falsch gemacht hat, ohne es zu merken. Nur wer sich der eigenen blinden Flecken bewusst ist, kann sie beheben. Oft ist das Schwierigste am Besserungsprozess überhaupt zu erkennen, dass man etwas falsch macht. Sobald man sich jedoch der eigenen blinden Flecken bewusst ist, ist es häufig relativ einfach, es dauerhaft besser zu machen. Auch aus diesem Grund ist Weiterbildung so extrem wertvoll. Daneben gibt es noch viele weitere Vorteile. Jedoch sind viele Menschen leider nicht dazu in der Lage, sich regelmäßig weiterzubilden.

Auch wenn viele Menschen ahnen, wie sinnvoll es für sie wäre, relevantes Wissen aufzusaugen, können sie sich doch nicht dazu bringen, regelmäßig zu lernen. Auch wenn sie sich vornehmen, mehr zu lesen, kommen doch fast immer Versuchungen und Aufgaben aus Privat- und Berufsleben dazwischen. Es gibt zwei wenig offensichtliche Gründe, warum das so ist. Zum einen haben viele Menschen während ihrer Schulzeit und im Studium eine Lernabneigung entwickelt. Sie standen unter großem Druck, sich viel Lernstoff zu merken, der für sie häufig langweilig oder kompliziert war. Die so entstehenden negativen Emotionen haben sie mit der Praxis des „Lernens" verbunden und auf ihre eigenständige Weiterbildung übertragen.

Der zweite wenig offensichtliche Grund, warum Weiterbildung vielen Menschen schwerfällt, hängt mit dem Reptiliengehirn zusammen. Sobald das eigene Reptiliengehirn mit dem eigenen Erfolgslevel zufrieden ist, sieht es keinen Sinn mehr darin, sich weiterzuentwickeln.

„Warum lesen? Wozu sich anstrengen? Was gibt es noch zu erreichen?“

Solche Fragen würde es vielleicht stellen, wenn es sprechen könnte. Nur der Neokortex kann langfristig denken. Nur der Neokortex versteht, dass es noch unglaublich viel zu verbessern und zu erreichen gibt. Deswegen kann nur der Neokortex den großen Nutzen von Weiterbildung verstehen. Das Leben der meisten Menschen wird jedoch fast vollständig durch ihr Reptiliengehirn bestimmt und deswegen bilden sich so wenige Menschen ständig weiter. Häufig sind das jedoch auch jene Menschen, die wenig erfolgreich und hoch unzufrieden mit ihrem Leben sind.

Um die Disziplin zu haben, sich weiterzubilden oder sich auf eine andere Art zu verbessern, muss der Neokortex das eigene Reptiliengehirn kontrollieren. Das kann durch die Kraft des Neokortex (also Willenskraft) erreicht werden. Der deutlich elegantere und effektivere Weg für starke Selbstdisziplin ist jedoch einfach zu lernen, Motivation zu lenken und zu steigern. Wer das kann, dem fällt es sehr viel leichter, Fortschritte zu machen und ehrgeizigen Ziele zu erreichen. Wer dann jedoch noch weiter geht und die eigene Disziplin nutzt, um sich ständig weiterzuentwickeln, kann Unglaubliches erreichen.

Viele der reichsten Menschen dieser Welt sind gute Beispiele dafür. So implizieren einige Quellen, dass Elon Musk[60], Bill Gates[61], Jeff Bezos[62] und Warren Buffett[63] wahre Bücherwürmer sind. Meiner Meinung nach ist das kein Zufall, vielmehr halte ich ihre Angewohnheit, sich ständig weiterzubilden, für einen **essenziellen** Baustein ihres Erfolgs.

Auch wenn fast niemand eine realistische Chance hat, so reich zu werden wie diese vier, so kann doch jeder von ihrem Beispiel lernen. So gut wie jeder Mensch könnte nämlich sehr viel mehr erreichen, wenn er oder sie ständig dabei wäre, sich relevantes Wissen einzuprägen. Die gesamte Menschheit könnte extrem viel Zeit und Geld sparen, wenn noch viel mehr Menschen bereit wären, aus den Erfahrungen anderer Menschen zu lernen. Wer nicht aus den Fehlern anderer lernen kann, ist dazu verdammt, sie zu wiederholen und dabei das eigene Potenzial zu verschwenden.

Doch wie lässt sich Motivation in Richtung „Weiterbildung“ lenken? Wenn du dieses Buch bis hierhin gelesen hast, dann dürfte dir die Antwort bereits ziemlich klar sein. Zum einen kannst du dafür sorgen, dass es keine bessere Dopamin-Quelle in deiner Nähe gibt als dein Weiterbildungsmaterial. Zum anderen kannst du deine Klarheit maximieren, indem du genau definierst, wann, wo und wie lange du lernen möchtest.

Da ich natürlich versuche, meinen eigenen Ratschlägen zu folgen, nehme ich das Thema „Weiterbildung“ sehr ernst. Ich versuche jeden Tag mindestens eine halbe Stunde Weiterbildung in meinen Wochenplan zu integrieren. Samstags ist mein Ziel, mindestens zwei Stunden Weiterbildung einzuplanen. Meistens wähle ich dafür ein Buch aus, in dem ich lesen möchte. Manchmal bilde ich mich jedoch mit einem Onlinekurs weiter, gehe alte Zusammenfassungen und Karteikarten durch oder ich nehme mir ganz allgemein vor, mich über ein bestimmtest Thema zu informieren.

Während ich Sport mache und wenn ich am Abend Zeit dafür finde, höre ich ein lehrreiches Hörbuch. Es gibt wahrscheinlich keine zeitsparendere und angenehmere Art, Weiterbildung in das eigene Leben zu integrieren, als viele gute Hörbücher zu hören. Wann immer ich alleine bin und ich einer Tätigkeit folge, die nicht meine volle Aufmerksamkeit braucht, höre ich Hörbücher. Eine weitere Möglichkeit, Motivation durch Klarheit auf die eigene Weiterbildung zu lenken, ist sich vorzunehmen, jeden Morgen oder jeden Abend zu einer bestimmten Uhrzeit zu lesen. Es empfiehlt sich hier auch, so spezifisch wie möglich zu sein. Also zum Beispiel immer direkt nach dem Frühstück oder immer bevor das Licht abends ausgemacht wird.

Wer sehr fortgeschritten sein möchte ... wer wirklich das meiste aus der eigenen Zeit herausholen möchte, sollte sich mit **Lerntechniken** beschäftigen. Ein Buch einfach nur zu lesen, ist passives und damit relativ ineffizientes Lernen.[64] Wer jedoch in der Lage ist, aktiv zu lernen und wer regelmäßig den gleichen Lernstoff wiederholt, verinnerlicht das wertvolle Wissen sehr viel besser.[65]

Eine Möglichkeit, um aktives Lernen zu praktizieren, ist das Schreiben von Zusammenfassungen. Schreibe dazu einfach jede neue Erkenntnis, die du beim Lesen deines Buchs hast, in ein Textdokument. Besonders gut eignen sich dafür die Softwareprogramme „Evernote“ und „Notion“. In den meisten Fällen ist das Lernen mit Karteikarten noch deutlich besser als das Lernen mit Zusammenfassungen. Mit Karteikarten ist es nämlich noch einfacher, „aktives Lernen" beim Wiederholen zu praktizieren. Momentan verwende ich das Programm „**StudyCards**", um mir das Wissen aus den Büchern, die ich lese, durch Karteikarten beizubringen.

Beispiel 10: **Entscheidungen**

Neben der Fähigkeit, Motivation zu lenken, hat Klarheit noch einen zweiten riesigen Vorteil. Sie hilft enorm dabei, gute Entscheidungen zu treffen. Auch wenn es über den Rahmen von „Selbstdisziplin 2.0" hinausgeht, möchte ich kurz auf dieses Thema eingehen. Es kann nämlich sehr hilfreich sein, wenn man besser darin wird, gute Entscheidungen zu treffen.

Die Klarheit, die jemand braucht, um gute Lebensentscheidungen zu treffen, kann erzeugt werden, indem du dir Fragen aus den zwei folgenden Bereichen stellst:

1. **Selbstanalyse**: Was kann ich? Wo sind meine Stärken? Welche Vorteile habe ich gegenüber anderen?

2. **Vision**: Was will ich im Leben erreichen? Was ist mir wichtig? Was ist meine Vision?

Für gewöhnlich gilt folgender Grundsatz: Je mehr und je besser du diese und ähnliche Fragen beantwortet hast, desto leichter wird es dir fallen, gute Lebensentscheidungen zu treffen. Es wäre ein großer Zufall, wenn jemand ohne Lebensvision dennoch das eigene Traumleben realisiert und das eigene Potenzial voll auslebt. Die meisten Menschen haben keine Vision und deswegen drehen sie sich ständig im Kreis. Sie machen, wonach sie sich fühlen, geben Geld aus für Dinge, die sie nicht brauchen und machen sich Gedanken über Dinge, die vollkommen irrelevant sind.

Wenn du jedoch ganz genau weißt, was du langfristig erreichen möchtest, fällt es deutlich leichter, zu allen Entscheidungen „Ja" zu sagen, die dich deiner Vision näher bringen. Und es fällt dir deutlich leichter, „Nein" zu allem zu sagen, was dich ihr nicht oder nur langsam näher bringt. Wenn du deine Stärken kennst, wird es dir leicht fallen, Entscheidungen zu treffen, in denen du mit ihnen glänzen kannst. Sobald wir auf unsere

Stärken setzen, machen wir viel schnellere Fortschritte und haben deswegen mehr Erfolg, Selbstvertrauen und Lebensfreude.

Klarheit kann also nicht nur genutzt werden, um Motivation zu lenken, sondern auch, um bessere Entscheidungen zu treffen. Beides kann extrem wertvoll für dich sein. Wenn du dich ständig weiterbildest, wenn du eine klare Vision hast, die auf deinen Stärken basiert und wenn du viele Jahre mit großer Selbstdisziplin an ihr arbeitest, dann steigerst du die Wahrscheinlichkeit enorm, in wirklich allen Lebensbereichen gigantischen Erfolg zu haben und ein phänomenales Leben zu führen.

9

Visualisieren

Visualisieren ist das menschliche Werkzeug zum Erschaffen der eigenen Zukunft- gut, schlecht oder mittelmäßig. Es liegt ausschließlich in unserer Kontrolle.

Earl Nightingale

Es gibt viele gute Gewohnheiten. Autoren und YouTuber preisen sie immer wieder an: Gesund essen, meditieren, Sport treiben, um nur die Spitze des Eisbergs zu nennen. Es gibt jedoch eine Gewohnheit, die zu den Besten der Besten gehört und dennoch so gut wie keine Aufmerksamkeit erhält. Für jeden, der sie regelmäßig praktiziert, kann sie eine wahre Geheimwaffe hin zu einem erfolgreichen, glücklichen und selbstdisziplinierten Leben sein. Mit wenig Aufwand kannst du mit ihr Motivation lenken und sogar schon ein wenig steigern. Dadurch passt sie perfekt zu den beiden zentralen Fähigkeiten des Buchs und stellt deswegen den Übergang von „Motivation lenken" zu „Motivation steigern" dar.

Wie der Titel bereits verraten hat, geht es um „Visualisieren". Indem du die Augen schließt und dir vorstellst, wie du jede zukünftige Herausforderung optimal bewältigst, **programmierst du deinen Geist dazu, dich in der Zukunft genau so zu verhalten**. Es spielt dabei keine Rolle, wie groß oder klein die Herausforderung sein mag oder wie weit sie in der Zukunft liegt.

Sehe dich einfach von außen, etwa zwei Meter entfernt, und schaue dir zu, wie du auf einfach jede Art und Weise brillierst. Es gibt extrem viele Anwendungsmöglichkeiten für diese Vorgehensweise, hier ein paar Beispiele:

- Du siehst dich vielleicht, wie du deine Morgenroutine perfekt durchläufst.

- Vielleicht siehst du dich bei einem Vortrag, den du flüssig und charismatisch hältst.
- Du kannst dir vorstellen, wie du intensiv Sport machst und wie dadurch dein Körper immer athletischer wird.
- Vielleicht visualisierst du dich beim Einkaufen. Du läufst an allen ungesunden Lebensmittel vorbei und greifst stattdessen zu Obst und Gemüse. Dann siehst du dich, wie du später einen gesunden Salat isst, wenn du Hunger bekommst.
- Du kannst dir vorstellen, wie etwas oder jemand dich von deiner Arbeit abzulenken versucht. Du siehst dich, wie du mühelos der Versuchung widerstehst und hoch konzentriert weiterarbeitest.
- Vielleicht stellst du dir vor, wie du eine packende Geschichte zum Besten gibst und deine Zuhörer gebannt an deinen Lippen hängen.
- Du kannst dir vorstellen, wie etwas schief geht, ein unerwartetes Problem auftritt oder jemand dich verbal angreift. Dann siehst du dich, wie du überlegt, gelassen und souverän auf die Herausforderung reagierst.
- Du kannst auch visualisieren, wie du deine Ängste überwindest, wie du hoch komplexe Sachverhalte schnell begreifst oder wie du trotz Müdigkeit Topleistungen bei einer deiner wichtigen Aufgaben erbringst.

Visualisieren lässt sich auf jeden Lebensbereich und auf jedes Ziel anwenden. Der Hauptvorteil des Visualisierens ist, dass es die Umsetzung des visualisierten Verhaltens später deutlich leichter macht. Studien zeigen, dass der Großteil des menschlichen Gehirns nicht unterscheiden kann, ob etwas wirklich geschieht oder ob die jeweilige Person es sich nur intensiv vorstellt.[67] In beiden Fällen werden neue Synapsen gebildet und es tritt ein Lerneffekt ein. Je länger und je intensiver wir visualisieren, desto mehr gewöhnen wir uns an das visualisierte Verhalten, auch wenn wir es nie tatsächlich in der Praxis durchgeführt haben.

Visualisieren sorgt enorm für Klarheit. Klarheit nicht nur auf dem Papier, sondern dort, wo sie wirklich wichtig ist: in deinem Geist. Ein Wochenplan und neu erstellte Routinen maximieren ihren Nutzen nur dann, wenn diese regelmäßig visualisiert werden. Motivation wird durch den enormen Klarheitszuwachs gelenkt. Die Verbindung zwischen dem attraktiven Ziel und dem notwendigen Verhalten wird gestärkt. Vielen Menschen fehlt Motivation, weil sie nicht auf einem emotionalen Level realisieren, dass das notwendige Verhalten sie zu ihrem attraktiven Ziel führen wird. Wer visualisiert, verbindet das ersehnte Ziel mit der notwendigen Aktivität und lenkt so die Motivation hin zu dieser Aktivität. Mentale und emotionale Blockaden bröckeln dahin und das Ausführen des gewünschten Verhaltens wird immer selbstverständlicher.

Wer den Prozess hin zu den eigenen Zielen visualisiert, fängt an, strategisch zu denken. Es wird deutlich, was die Schlüsselsituationen sind, welche darüber am meisten entscheiden, ob du dein Ziel in der gewünschten Zeit erreichst oder nicht. Sobald du eine Schlüsselsituation identifiziert hast, kannst du dich beim Visualisieren auf sie konzentrieren, um so die Chance zu maximieren, in ihr brillant zu sein.

Durch Visualisieren werden Schwachstellen an dem eigenen Plan deutlicher und man kann in Ruhe überlegen, wie sie am besten vermieden werden können. Oder falls sie doch eintreffen, wie man am besten mit ihnen umgehen sollte. All das trägt sehr dazu bei, die eigenen Erfolgschance zu steigern.

Wie anfangs gesagt, programmiert man so den eigenen Geist auf Erfolg. Viele Sportler sind deswegen häufig am Visualisieren. Der unglaublich erfolgreiche Schwimmer Michael Phelbs gehört zu jenen, die das am deutlichsten nach außen getragen haben.[68] Andauernd hat er sich vorgestellt, dass er schneller schwimmt als alle anderen und fast immer ist es ihm auch tatsächlich gelungen. Ich denke, ich gehe nicht zu weit, wenn ich sage, dass seine Angewohnheit, viel zu visualisieren, den Unterschied gemacht haben könnte.

All das klingt zu gut, um wahr zu sein? Nun, dann probiere es doch einfach selbst aus. Visualisiere täglich dein optimales Verhalten und du wirst spätestens nach 30 Tagen spüren, wie dir dieses Verhalten in der Praxis deutlich leichter fallen wird. Du wirst feststellen, dass du motiviert bist, dich genau so zu verhalten. Du erinnerst dich an dein visualisiertes Verhalten und kannst es als mentale Schablone im echten Leben anwenden. Jedes Verhalten, was du regelmäßig visualisierst, wird mit der Zeit selbstverständlich für dich.

Zugegeben, 10 Sekunden täglich zu visualisieren bringt so gut wie nichts. Es sollten mindestens 2 konzentrierte Minuten sein, besser sind 10 oder sogar noch länger. Als Teil meiner Morgenroutine habe ich mir angewöhnt, jeden Morgen für etwa 2 Minuten das Ausführen der Tagesaufgaben zu visualisieren. Daneben habe ich einen Weg gefunden, wie ich im Durchschnitt 10 Minuten täglich visualisiere, ohne Arbeitszeit oder Freizeit zu verlieren. Wie geht das? Nun lass es mich dir erklären ...

Fast niemand schläft sofort ein, wenn er oder sie sich ins Bett legt, das Licht ausmacht und die Augen schließt. Fast alle liegen 5 bis 20 Minuten im Bett, bevor sie einschlafen, manche sogar noch länger. All diese Zeit ist ungenutztes Kapital, das wir perfekt für das gerade beschriebene Visualisieren nutzen können. Indem wir uns unser zukünftiges optimales Verhalten vorstellen, programmieren wir uns für Erfolg. Wir lenken und steigern Motivation, wir verbessern auf angenehme Weise unsere Selbstdisziplin und all das, ohne wirklich Zeit zu verlieren. Wir liegen sowieso im Bett. Wir warten sowieso darauf, dass wir einschlafen. Warum diese Zeit also nicht sinnvoll nutzen?

Jeden Abend, wenn ich das Licht ausmache und ruhig im Bett liege, visualisiere ich den nächsten Tag. Ich stelle mir vor, wie am nächsten Tag mein Wecker klingelt, wie ich meine Morgenroutine entschlossen durchlaufe und wie ich konzentriert meinen Wochenplan abarbeite. Ich visualisiere dabei, wie ich den Weg des geringsten Widerstands zu meinem Vorteil verändere und wie mich alle Versuchungen und Ausreden kalt lassen. Ich stelle mir genau vor, wie ich jeden einzelnen Schritt bei meiner Arbeit durchlaufe, wie ich rechtzeitig Pausen mache und wie ich mich froh, glücklich und stolz deswegen fühle. Ich sehe mich dann beim Sport, beim Kochen und wie ich wieder rechtzeitig schlafen gehe. Dann werde ich kurzzeitig besonders „meta", indem ich mir vorstelle, wie ich am nächsten Abend wieder konzentriert im Bett liege und konzentriert am Visualisieren bin.

Meistens bin ich danach so müde, dass ich nahezu sofort einschlafen kann. Obwohl ich weiß, wie wichtig Visualisieren ist, bin ich nun zu müde, um mich auch nur noch ein bisschen konzentrieren zu können. In diesem Fall akzeptiere ich es einfach und schlafe. Manchmal bin ich jedoch noch nicht müde genug. Ich sehe das dann als etwas sehr Gutes an, weil es mir erlaubt, mein „Visualisierungsprogramm", noch ein zweites Mal zu durchlaufen. Manchmal visualisiere ich sogar noch eine dritte und vierte Runde.

Manche werden vielleicht sagen, dass sie am Abend nicht die Energie haben zu visualisieren, doch ich habe festgestellt, dass, wenn ich nicht sofort einschlafen kann, ich auch genauso gut visualisieren kann. Tatsächlich ist das der perfekte Ort und Zeitpunkt zum Visualisieren. Du liegst bequem im Bett, dein Geist ist ruhig, entspannt und aufnahmefähig, es gibt keine Ablenkungen von außen, und wenn du nicht schlafen kannst, gibt es wohl kaum ein besseres Zeitinvestment als zu visualisieren.

Manche werden vielleicht sagen, dass Visualisieren sie davon abhält einzuschlafen. Das mag für Leute gelten, die immer sofort einschlafen, wenn sie schlafen wollen. Doch für Menschen, die normalerweise länger brauchen, um einzuschlafen, ist Visualisieren kein Wachhalter, sondern vielmehr eine Einschlafhilfe. Einer der Hauptgründe, warum Menschen nicht einschlafen können, sind negative Gedanken und die negativen Emotionen, die sie erzeugen. Wenn du jedoch deinen Geist mit Visualisieren beschäftigst, entstehen gute Emotionen und Einschlafen wird in der Folge leicht.

Ein anderer Hauptgrund, warum Menschen nicht einschlafen können, ist der Druck, einschlafen zu müssen. Wenig hält so sehr wach wie der Gedanke *„Ich muss jetzt sofort einschlafen"*. Dieser schädliche Gedanke verliert seine Gültigkeit, wenn du anfängst zu visualisieren. Du nutzt nämlich deine Zeit beim Visualisieren auch sehr sinnvoll. Solange du abends visualisierst, ist es also sogar gut, dass du nicht schläfst.

Manche sagen vielleicht, dass sie nicht visualisieren können und deswegen die Technik nicht durchführen können. Doch das ist so gut wie sicher falsch. Ein Mensch, der sich ein Bild von einem Nilpferd mit Rollschuhen vorstellen kann, kann visualisieren; sei dieses Bild auch noch so unscharf. Wenn du dir ein Bild von der Eingangstür deines Hauses vorstellen kannst, dann kannst du visualisieren. Es stimmt zwar, dass man besser im Visualisieren werden kann und dass es effektiver wird, je detaillierter visualisiert wird, doch um besser zu werden, muss man vor allem viel üben.

Visualisieren kann zu einem positiven Schneeballeffekt führen, der sich auf dein gesamtes Leben ausdehnt. Wer viel visualisiert, bereichert das eigene Leben auf vielerlei Arten. Je mehr eine Person visualisiert, desto besser wird sie im Visualisieren. Mit einer einzigen Vorgehensweise kannst du deine Motivation sehr effektiv lenken. Deine Selbstdisziplin wächst stetig und das praktisch ohne großen Mehraufwand für dich. Probiere Visualisieren doch einfach mal aus. Entweder als Teil einer deiner Routinen, kurz vor dem Einschlafen oder jetzt gleich ... stelle dir vor, wie du die Aufgaben des heutigen und des morgigen Tages meisterst. Stelle dir vor, wie du in den entscheidenden Situationen der nächsten Wochen brilliant bist. Stelle dir vor, wie du mit Leichtigkeit Handlungen absolvierst, für die dir früher oft die Motivation gefehlt hatte. Stelle dir auch vor, wie du schlechte Angewohnheiten und Versuchungen einfach links liegen lässt. Vielleicht stellst du bereits nach nur einer Anwendung fest, dass Visualisieren einen spürbaren Unterschied in der Praxis macht.

Teil 2

MOTIVATION STEIGERN

10

Einleitung Teil 2

"Wenn du Erfolg haben willst, dann finde den Preis heraus und bezahle ihn. Das klingt trivial und offensichtlich, aber wenn du den Gedanken entfalten lässt, besitzt er außerordentliche Kraft."

Scott Adam

Willkommen zum zweiten Teil des Buchs, in dem ich dir beibringe, wie du konsistent das Level deiner Motivation steigern und hochhalten kannst. Bevor wir in das Thema einsteigen, möchte ich aber noch eines betonen: Starke Motivation ist **kein Ersatz** für gut gelenkte Motivation. Ein Auto, das in die falsche Richtung fährt, kommt nicht schneller an sein Ziel, wenn es plötzlich 500 PS mehr hat.

Wer den Weg des geringsten Widerstands gegen sich hat und sich mit mangelnder Klarheit herumschlagen muss, macht sich das Leben unnötig schwer. Anstatt sich daran zu machen, noch fortgeschrittenere Vorgehensweisen zu lernen und anzuwenden, wäre es sehr viel hilfreicher, erst einmal gut darin zu werden, Motivation auf das richtige Verhalten zu lenken. Mit den zwei großen (bereits besprochenen) Vorgehensweisen sowie mit der Vorgehensweise des Visualisierens kannst du sehr schnell sehr große Fortschritte in deiner Selbstdisziplin machen.

Es braucht keinen Zwang, Druck, keine starke Willenskraft, Überwindung oder Aufopferung mehr. Unsere Motivation ist auf das richtige Verhalten gelenkt und deswegen gehen wir der Aufgabe gerne nach. Das bedeutet jedoch nicht, dass du zwangsläufig unbändige Motivation für das richtige Verhalten verspürst. Es mag bereits ein riesiger Fortschritt sein, weil du viel mehr Kontrolle über dein Reptiliengehirn hast, wenn du die bisherigen Vorgehensweisen anwendest, aber das bedeutet noch nicht, dass du konsistent dein volles Potenzial auslebst. Nur weil du deine Motivation gelenkt hast, heißt das noch nicht, dass sie so stark ist, wie sie sein könnte, wenn du alle kommenden Vorgehensweisen regelmäßig anwendest.

Du hast hier genau die richtige Ressource, um zu lernen, wie du deine Motivation nach Belieben steigern kannst. Das Gute ist, dass es gar nicht mehr so schwierig ist, die eigene Motivation zu steigern, sobald wir gelernt haben, die eigene Motivation zu lenken. Mit der Fähigkeit, Motivation zu lenken, können wir nämlich unsere Motivation auf all jene kommenden Vorgehensweisen lenken, die unsere Motivation nachhaltig steigern werden.

Alles, was wir wirklich brauchen, um gut in dieser Fähigkeit zu werden, ist Übung. **Viel Übung**, um genau zu sein. Doch sobald du genug Übung in die kommenden Vorgehensweisen gesteckt hast, ist es ein unglaubliches Gefühl. Es fühlt sich berauschend an, in der Lage zu sein, starke Motivation zu erzeugen. Am Ende des Buchs weißt du genau, was du machen musst, um dein durchschnittliches Motivationslevel in die Höhe zu treiben.

„Motivation steigern" bedeutet jedoch nicht nur Vorgehensweisen anzuwenden, die mehr Motivation schaffen. Es bedeutet auch, jenes Verhalten zu unterlassen, welches die eigene Motivation reduziert. Nur wenn wir gleichzeitig guten Gewohnheiten aufbauen und schlechte Gewohnheiten eliminieren, werden wir wirklich zu unserem besten Selbst.

Es mag sein, dass es manche Menschen leichter haben als andere. Wir sind alle unterschiedlich, kommen aus anderen Lebenssituationen und haben unterschiedlich ehrgeizige Ziele. Manche machen vielleicht schneller Fortschritte als andere. Manche sind vielleicht besonders gut darin, Motivation zu lenken, andere sind vielleicht besser im Steigern von Motivation. Sei nicht traurig und ärgere dich auch nicht, wenn es bei dir etwas länger dauert, bis du große Verbesserungen erreichst. Nur weil du nicht sofort Fortschritte siehst, heißt das nicht, dass eine Vorgehensweise für dich nicht funktioniert. Sie funktioniert sicher, nur kann es manchmal sein, dass du noch mehr Übung brauchst oder eine Vorgehensweise nicht so gut für dich funktioniert wie für andere. Person A mag jetzt eine Schwachstelle genau dort haben, worauf eine der Vorgehensweisen abzielt. Dadurch kann sie sehr schnell sehr große Verbesserungen machen. Bei Person B mag das nicht der Fall sein. Für Person B ist dafür eine ganz andere Vorgehensweise viel hilfreicher. All das ist ganz normal. Lass dich nicht entmutigen, wenn du mit einer Vorgehensweise nur wenig anfangen kannst, sondern sehe das gesamte Bild: Werden sie alle über einen langen Zeitraum angewendet, folgen große Verbesserungen in deiner Selbstdisziplin. Das ist sicher wie ein Naturgesetz.

Beim Thema „Motivation steigern“ gibt es nicht mehr so umfangreiche Vorgehensweisen wie im ersten Teil des Buches. Vielmehr geht es ab jetzt um viele kleine und mittelgroße Vorgehensweisen, die alle dazu beitragen, deine Motivation zu steigern.

Wenn du handlungsorientiert bist, dann kannst du langfristig unglaubliche Veränderungen erzielen. Die meisten Menschen haben keine Ahnung davon, wie groß ihr Potenzial wirklich ist. Sie haben keine Vorstellungen davon, was sie alles erreichen könnten, wenn sie starke Motivation dauerhaft auf wertvolle Aktivitäten lenken. Dabei ist all das eigentlich gar nicht schwer. Es ist viel einfacher als eine Fremdsprache zu lernen und in vielen Fällen sehr viel sinnvoller. Alles was nötig ist, ist dem hier vorgefassten Weg zu folgen. Mit der Zeit gewinnst du immer mehr Kontrolle übr deine Motivation, starke Selbstidsziplin, Produktivität und ein extrem Erfolgreiches Leben werden immer leichter erreichbar.

Bevor es weiter geht, erlaube mir zwei Bitten an dich zu richten. Ich wäre dir sehr dankbar, wenn du dir die Zeit nehmen könntest, ihnen nachzukommen:

1. Ich bin davon überzeugt, dass einfach jeder Mensch ein besseres Leben für sich und andere schaffen würde, wenn er oder sie gelernt hätte, Motivation zu lenken und zu steigern. Wenn du möchtest, schenke und empfehle deswegen **Selbstdisziplin 2.0** deinen Freunden, Bekannten und Familienmitgliedern. Vielleicht werden sie später unglaublich dankbar sein, dass du sie auf dieses Wissen aufmerksam gemacht hast.

2. Helfe mir aus demselben Grund **Selbstdisziplin 2.0** im Internet noch bekannter zu machen. Ein Post von dir auf Instagram, Twitter, Facebook, TikTok, Pinterest und Co. könnte das Buch noch viel bekannter machen. Viele Menschen würden vielleicht sehr von deiner Empfehlung profitieren. Ziehe bitte auch in Betracht eine Rezension von **Selbstdisziplin 2.0** auf **Amazon** zu hinterlassen. Ich lese deine Rezension auf jeden Fall und sehr viele andere Menschen werden das auch tun :-) Ganz egal, wie groß dein Beitrag ist ... vielen Dank!

11

Ausreden entkräften

Jeder kommt in seinem Leben einmal an einen Punkt, an dem er aufgeben möchte. Es ist das, was du in diesem Moment tust, das bestimmt, wer du bist.

David Goggins

FÜR SELBSTDISZIPLIN 2.0 und dem Meistern der eigenen Motivation gibt es nur wenig Wichtigeres, als die Fähigkeit, Ausreden entkräften zu können. Mit dieser Fähigkeit steigern wir nicht direkt aber indirekt unsere Motivation. Ob sie es mitbekommen oder nicht, viele Menschen haben ständig Ausreden im Kopf, die dazu führen, dass ihre wertvolle Motivation dahinschmilzt. Indem wir wachsam sind und Ausreden sofort unschädlich machen sobald sie entstehen, steigern wir indirekt unsere Motivation, weil diese nicht mehr durch Ausreden reduziert wird. Sobald du gelernt hast, Ausreden abzuwehren, gewinnst du ein neues Maß an Freiheit. Dein Reptiliengehirn hat es plötzlich sehr viel schwerer, seinen Willen durchzusetzen. Was immer du dir vornimmst, so gut wie nichts kann dich mehr davon abbringen, wenn du gut im Entkräften von Ausreden bist.

Wie anfangs bereits geschrieben, hat das Reptiliengehirn seine eigenen Ziele. Um sie zu erreichen, beeinflusst es das emotionale Gehirn, wodurch Unlust für wichtige Aufgaben und Motivation für sinnlose Versuchungen entstehen. Währenddessen weitet das Reptiliengehirn auch seinen Einfluss auf den Neokortex aus. Parallel zu den Emotionen des emotionalen Gehirns entstehen nun Gedanken, die es uns erleichtern sollen, der Versuchung nachzugehen. Wir nennen diese Gedanken Ausreden.

Hier ein paar Klassiker:

- „Nur ein bisschen aufs Handy schauen, dann mache ich weiter."
- „Die anderen machen es ja auch [nicht]."
- „Ich bin müde und habe keine Lust mehr."
- „Ich brauche das jetzt einfach."
- „Ich verpasse etwas, wenn ich das nicht mache."
- „Warum tue ich mir das überhaupt an?"

Jeder kennt sie, jeder hat sie und jedem schaden sie. Aus diesem Grund kann jeder Mensch enorm davon profitieren, wenn er oder sie in der Lage ist, Ausreden schnell unschädlich zu machen. Ausreden sind wie das Öl im Getriebe der Zeitverschwendung. Sie erleichtern Aufschieben enorm, denn häufig liefern sie eine scheinbar sinnvolle Begründung für ein schlechtes Verhalten. Doch selbst wenn sie nicht zum Aufschieben führen, sorgen sie dennoch für einen Rückgang der eigenen Motivation.

Viele Menschen mögen sich nicht von einer einzigen Ausrede zum Aufschieben bewegen lassen, doch nur die wenigsten Menschen können einer ganzen Armee von Ausreden widerstehen. Eine Ausrede, die nicht entkräftet wurde, tendiert dazu, viele weitere Ausreden anzulocken. Aber egal, ob sie zum Aufschieben führen oder (nur) den eigenen Elan bremsen, Ausreden sind immer schlecht für die eigene Motivation, Selbstdisziplin und Produktivität. Unterschätze deswegen nicht, wie wertvoll es langfristig ist, gut in der Fähigkeit zu sein, Ausreden verlässlich zu entkräften.

Wenn du gut in dieser Fähigkeit bist, gewinnst du ein verlässliches Schutzschild gegen Zeitverschwendung und schlechten Gewohnheiten. Aufschieben wird deutlich unwahrscheinlicher. Sobald eine Ausrede auf die richtige Art und Weise entkräftet wurde, verliert sie ihre Macht. Sie schadet dir nicht mehr, sie lockt keine verwandten Ausreden an und wird immer seltener erneut entstehen. Wenn du gut in dieser Fähigkeit geworden bist, verändert sich deine Beziehung zu Ausreden. Du siehst sie nicht mehr als etwas Schlechtes an, sondern siehst sie viel mehr als ein wertvolles Signal an. Ein Signal, das dir sagt, dass deine Motivation niedrig ist und es gut wäre, sie zu steigern.

Stell dir vor, du gehst so durch dein Leben: Jedes Mal, wenn eine Ausrede erscheint, wird sie von dir sofort unschädlich gemacht und als Signal verstanden. Nach dem Entkräften fängst du dann sofort an, deine Motivation zu steigern. Welch großer Vorteil hättest du dann gegenüber all den anderen Menschen, die mit jeder Ausrede Motivation verlieren und nichts dagegen tun? Während sie sich (mithilfe ihrer Willenskraft) zwingen, nicht auf die Ausrede zu hören, kannst du – ganz elegant – die Ausrede entkräften und danach deine Motivation in die Höhe treiben. Große Produktivität ist keine Tortur mehr, sondern macht Spaß, wenn du die richtigen Vorgehensweisen beherrscht und im richtigen Moment anwendest.

Ausreden so zu entkräften, braucht etwas Übung und vor allem die richtige Vorgehensweise. Ich empfehle dir, die folgenden fünf Schritte gut einzuprägen, sodass du genau weißt, was du machen musst, um eine Ausrede zu entkräften und so sehr viel freier von dem schädlichen Einfluss des Reptiliengehirns zu werden.

Schritt 1 ist das frühe Erkennen von Ausreden. Je früher du sie erkennst, desto leichter ist es, sie zu entkräften. Je früher du sie erkennst, desto wahrscheinlicher ist es, dass die Entkräftung lange anhält. Und je früher du sie erkennst, desto weniger emotionalen Schaden haben sie angerichtet. Ausreden **früh** zu erkennen ist extrem wichtig.

Wenn sie nicht früh erkannt werden, tendieren Ausreden dazu, sich immer wieder zu wiederholen. Eine Ausrede tendiert dazu, andere Ausreden anzulocken. Auf diese Weise wird der demotivierende Gedankenstrom immer schädlicher. Wer starke Selbstdisziplin will, sollte nun schnell handeln und die Ausreden entkräften. Je früher sie entkräftet werden, desto besser. Wenn die Entkräftung sofort nach dem erstmaligen Auftreten einer Ausrede stattfindet, ist das Entkräften am leichtesten und am effektivsten. Sobald du also eine Ausrede in deinem Geist wahrnimmst (ein Gedanke, der dich in irgendeiner Weise von deiner wichtigen Aktivität abbringen möchte), dann reagiere schnell und mache weiter mit Schritt 2.

Es gibt zwei Tricks, die dir helfen, sehr gut darin zu werden, Ausreden früh wahrzunehmen. Den ersten Trick habe ich bereits erwähnt. Es ist das Führen einer Ausredenliste. Ich schaue sie mir ab und zu an, und ich ergänze sie, wann immer eine völlig neue Ausrede auftaucht. Auf diese Weise kommen mir die Ausreden bekannt vor und es läutet sofort eine geistige Alarmglocke, wenn eine bekannte Ausrede sich bemerkbar macht.

Der zweite Trick ist etwas abstrakter. Ich versuche mir vorzustellen, dass ich einen „geistigen Beobachter" habe. Damit meine ich einen kleinen Teil meines Bewusstseins, der ständig meine Gedanken beobachtet und sofort Alarm schlägt, falls sich eine Ausrede bemerkbar macht. Einen geistigen Beobachter zu „installieren" braucht Zeit und Übung. Auch aus diesem Grund beobachte ich jeden Morgen meine Gedanken für drei Minuten als Teil meines Motivationstrainings. Aber auch bei meiner Visualisierungspraxis stelle ich mir manchmal vor, wie mein geistiger Beobachter sofort Alarm schlägt, wenn sich eine Ausrede bemerkbar macht.

Schritt 2 ist der Ausrede, mit: ***„Na und?!"*** zu antworten. *„Na und?!"* hat fast schon magische Kraft, wenn es darum geht, Ausreden zu entkräften. Mit minimalem Aufwand drücken sie genau das Richtige aus. Diese zwei Wörter reichen, um die negative Wirkung von Ausreden deutlich abzuschwächen.

„Na und?!" impliziert, dass die Ausrede vielleicht stimmt, aber ganz sicher nicht wichtig ist. Dieses indirekte Vorgehen ist hier die perfekte Taktik. Beim Entkräften von Ausreden geht es schließlich nicht um Logik, sondern um Emotionen. Es muss sich für dich so **anfühlen**, als wäre die Ausrede falsch. Es geht nicht darum, eine Jury aus 20 Wissenschaftlern zu überzeugen, dass die Ausrede falsch ist.

Intuitiv gehen viele Menschen jedoch den logischen (und nicht den emotionalen) Weg, wenn sie Ausreden entkräften wollen. Sie verheddern sich in längeren Debatten, die letztlich nichts an der emotionalen Auswirkung der Ausrede ändern. Und sie Widersprechen der Ausrede direkt. Sie sagen direkt, dass sie falsch ist. Das ist einer der schlimmsten Fehler, die man beim Entkräften von Ausreden machen kann. Eine Ausrede ist im Kern Widerstand gegen das richtige Verhalten. Wenn der Ausrede widersprochen wird, wird letztlich Widerstand gegen Widerstand erzeugt. **Beides ist Widerstand**. Widerstand gegen Widerstand macht den Widerstand nur noch stärker. Auch wenn es (auf logischer Ebene) schwer nachvollziehbar ist, so macht es auf emotionaler Ebene doch Sinn. Widerstand gegen eine Ausrede macht letztlich die Ausrede stärker.

Bei *„Na und?!"* wird kein Widerstand gegen die Ausrede erzeugt. *„Na und?!"* drückt nicht aus, dass die Ausrede falsch ist, sondern nur, dass sie nicht wichtig ist und es viel Wichtigeres als die Ausrede gibt. Genau das ist die richtige Art, mit ihr umzugehen, denn genau das lenkt den Gedankenstrom (und damit die eigenen Emotionen) in eine vorteilhafte Richtung.

Gewöhne dir also an, sobald eine Ausrede in deinen Gedanken hochkommt, ihr sofort mit: „*Na und?!*“ zu antworten. Achte dabei auf deine innere Stimme. **Wie** du mit dir redest, ist genauso wichtig, wie **was** du dir sagst. Anstatt also: „*Na und?!*“ in einer hohen, leisen und weinerlichen Stimme zu sagen, sage es dir in einer **tiefen, lauten und entschlossenen Stimme**. Das macht einen riesigen Unterschied. Achte auf deine innere Stimme, auch in den nächsten drei Schritten.

Bei **Schritt 3** vergleichen wir die langfristigen Vorteile beider Handlungsoptionen. Auf der einen Seite hätten wir die Versuchung, das, was die Ausrede erreichen will. Auf der anderen Seite hätten wir deine wichtige Aufgabe, jene Aktivität, die dich deinen attraktiven Zielen näher bringt. Stelle dir vor, wie wenig dir die Versuchung langfristig bringt und wie groß die langfristigen Vorteile der wichtigen Aufgabe sind. Wenn du die langfristigen Auswirkungen beider Handlungsoptionen vergleichst, fühlt es sich selbstverständlicher an, der wertvollen Aktivität zu folgen. Damit es dir so leicht wie möglich fällt, Schritt 3 erfolgreich auszuführen, kannst du dir folgendes Sprachmuster einprägen:

„Wenn ich jetzt [die wichtige Aufgabe mache], ist das doch viel besser, weil …“

Ein Beispiel für Schritt 3 könnte sein:

„Wenn ich jetzt weiter für die Prüfung lerne, ist das doch viel besser, weil ich so bessere Noten bekomme, weil ich weniger Stress in der Prüfung habe, weil ich es in allen kommenden Prüfungen leichter habe und weil ich so später eher meinen Traumjob bekomme werde.“

Wenn es dir schwerfällt, schnell die Vorteile deiner wichtigen Aufgabe aufzulisten, so ist das ein sicheres Zeichen, dass dir extrinsische Motivation fehlt. Anders ausgedrückt, deine Motivation wäre sehr viel höher, wenn dir all die vielen Vorteil deiner Aufgabe bewusst wären. Begreife das als Chance! Mache dir all die kurz-, mittel- und langfristigen Vorteile deiner wichtigen Aufgaben bewusst. Auf diese Weise steigerst du deine extrinsische Motivation und das Entkräften von Ausreden geht später sehr viel leichter.

Dadurch, dass du dir all die Vorteile der wichtigen Aufgabe bewusst machst, verliert die Versuchung enorm an Anziehungskraft. Gleichzeitig beginnst du, viel Motivation für das richtige Verhalten zu erzeugen. Doch obwohl Schritt 3 in der Theorie einfach klingen mag, kann er in der Praxis eine Herausforderung darstellen. Vor allem, wenn du noch wenig Übung im Entkräften von Ausreden hast, kann es manchmal sehr schwer sein, schnell auf die vielen Vorteile der wichtigen Aufgabe zu kommen. Unser Reptiliengehirn ist gut darin, unseren Geist klein zu halten und uns alle Vorteile vergessen zu lassen. Es fokussiert uns stattdessen auf die Nachteile der Aufgabe und auf die Vorteile der Versuchung. Aber genau deswegen ist dieser Schritt so wichtig. Wir trainieren hier sehr effektiv, unser Reptiliengehirn zu kontrollieren und ein selbstbestimmtes Leben zu führen.

Da Schritt 3 vor allem am Anfang schwer sein kann, ist es sehr wichtig, dass wir sehr viel Mitgefühl mit uns selbst haben. Es ist okay, wenn es einige Sekunden dauert, bis dir der erste langfristige Vorteil einfällt. Freue dich, wenn dir einer einfällt. Erkenne, dass dein Reptiliengehirn versucht, dich davon abzuhalten und mache dir immer wieder bewusst, wie wichtig es ist, Ausreden zu entkräften.

Schritt 4 ist das Auflisten der Nachteile der Versuchung. Liste nach Schritt 3 einfach alles auf, was schlecht an der Versuchung ist. Die meisten Versuchungen haben ähnliche Nachteile. Sie sind oft schlecht für unsere Gesundheit, unsere Stimmung, unser Energielevel und unser Selbstvertrauen. Versuchungen führen oft zu Zeitverschwendung. Wenn wir unsere Zeit verschwenden, werden wir dabei nicht erfolgreicher und wir ärgern uns vielleicht später darüber, dass wir unsere Zeit nicht sinnvoll genutzt haben. Ein Leben voller Bitterkeit, Reue und Selbstmitleid wird wahrscheinlicher, wenn man Versuchungen nachgeht.

Du siehst also, es ist eigentlich ganz leicht, die Nachteile von Versuchungen aufzulisten. Das Problem ist, dass sobald Ausreden hochkommen, das Reptiliengehirn dafür gesorgt hat, dass wir uns leicht an die Nachteile der Versuchung erinnern. Steure hier dagegen! Lenke deine Aufmerksamkeit auf die Nachteile der Versuchung, sodass sie einen fast schon abstoßenden Effekt auf dich hat. Damit es dir so leicht wie möglich fällt, Schritt 4 erfolgreich auszuführen, kannst du dir folgendes Sprachmuster einprägen:

„[Die Versuchung] ist blöd, weil ..."

Um dein Verständnis von der Vorgehensweise zur Entkräftung von Ausreden zu erhöhen, folgen nun drei Beispiele. Wenn du magst, kannst du die Entkräftung verdecken und versuchen, selbst auf eine Entkräftung zu kommen.

Ausrede: *„Ich will jetzt Schokolade essen, die ist so lecker."*

Entkräftung: „Na und?! Wenn ich jetzt einen Apfel esse, ist das doch viel besser, weil dieser gesund ist, für einen schlanken Körper sorgt, auch lecker ist und ich auf diese Weise gute Essgewohnheiten aufbaue. Schokolade essen ist blöd, weil ich zunehme, meine Haut schlechter aussieht und ich schlechte Essgewohnheiten aufbaue."

Ausrede: *„Ich habe keine Lust mehr weiterzuarbeiten. Ich glaube, ich mache erst mal Pause."*

Entkräftung: „Na und?! Wenn ich jetzt weiterarbeite, bis ich fertig bin, ist das doch viel besser, weil ich so viel mehr Arbeit erledigt bekomme. Wenn ich so weitermache, erreiche ich meine ehrgeizige Deadline mit Leichtigkeit, ich kann stolz auf mich sein und mit diesem Produktivitätslevel kann ich unglaublich großartige Dinge erreichen. Aufhören ist blöd, weil ich mein Potenzial verschwende, ich schlechte Gewohnheiten aufbaue und ich später enttäuscht von mir bin."

Ausrede: *„Ich will nicht zu der Veranstaltung. Da gibt es vielleicht peinliche Situationen."*

Entkräftung: „Na und?! Wenn ich zu der Veranstaltung gehe, ist das doch viel besser, weil ich neue Leute kennenlerne, meine sozialen Fähigkeiten verbessere und ich vielleicht Spaß habe. Außerdem geben peinliche Situationen oft die besten Geschichten ab. Zu Hause bleiben ist blöd, weil ich

> mich an ein Leben tief in meiner Komfortzone gewöhne und ich später voller Reue auf ein ereignisloses Leben zurückblicke."

Vergesse nicht nach Schritt 4 mit Schritt 5 weiterzumachen, denn auch **Schritt 5** ist absolut essenziell. Hier wird Motivation erzeugt, indem wir solange motivierende Gedanken „aussenden", bis wir deutlich motivierter sind als zuvor. Wie gesagt kann jede Ausrede als wertvolles Signal dienen. Als Signal dafür, dass unsere Motivation niedrig ist und es absolut notwendig ist, dass wir unsere Motivation wieder steigern.

In den letzten drei Schritten haben wir die Ausrede schwächer gemacht und etwas Motivation für eine unserer wichtigen Aufgaben erzeugt. Doch das reicht noch nicht. Gehe auf Nummer sicher. Sage dir selbst für mindestens 30 Sekunden motivierende Gedanken. Ich kann gar nicht genug betonen, wie sehr es sich lohnt, richtig gut in dieser Fähigkeit zu werden. Die Angewohnheit, regelmäßig bewusst motivierende Gedanken zu denken, ist extrem wertvoll für dein gesamtes Leben. Es gibt keine vergleichbare Vorgehensweise. Wenn du sie beherrscht, hast du eine schier unerschöpfliche Quelle gefunden, um Motivation sehr direkt, verlässlich und nachhaltig zu steigern, wann immer du möchtest.

12

Das motivierende Selbstgespräch

Das Glück deines Lebens hängt von der Beschaffenheit deiner Gedanken ab.

Marcus Aurelius

Dieses Kapitel ist das Herz dieses Buches. Ich gratuliere dir dafür, dass du diesen Meilenstein erreicht hast. Du lernst hier, **wie du auf sehr direkte Art und Weise** deine (intrinsische) Motivation steigern kannst. Die Chance ist groß, dass dies das wertvollste Kapitel aus dem gesamten Buch für dich ist. Alles, was es braucht, ist die Bereitschaft, die folgenden Inhalte regelmäßig anzuwenden.

In gewisser Weise schafft diese Vorgehensweise einen mentalen Knopf, den du nur drücken musst, um deine Motivation zu steigern. Ganz ähnlich wie dein Auto mit ein paar Hand- und Fußbewegungen Geschwindigkeit aufnimmt, erzeugt diese Vorgehensweise Motivation, wenn du sie anwendest. Wann immer ich merke, dass mir Motivation fehlt oder ich einfach gern mehr Motivation hätte, wende ich sie an. Ich kann so sehr selbstbestimmt durch mein Leben gehen. Ich muss nicht mehr warten, bis ich von alleine genug Motivation habe. Stattdessen kann ich selbstständig so viel Motivation erzeugen, wie ich brauche, um alles zu erreichen, was ich mir vorgenommen habe.

Für manche mag sich das zu gut anhören, um wahr sein zu können. Ihnen kann ich nur empfehlen, es selbst für eine Weile auszuprobieren. Zweifel lassen sich dann am besten aus dem Weg räumen, wenn man am eigenen Leib erlebt, wie leicht es ist, Motivation zu steigern. Damit das gelingt, braucht es jedoch zum einen Übung und zum anderen die richtige Erwartungshaltung.

Die Motivation, welche du mit dem motivierenden Selbstgespräch generierst, ist kein schneller Motivationsschub, der schnell und stark kommt und schnell wieder verfliegt. Viel mehr ist es so, dass du sofort ein bisschen mehr Motivation hast, dieses Bisschen mehr an Motivation jedoch einige Stunden (und manchmal auch länger) anhält. Im ersten Moment mag sich das nach keiner großen Verbesserung anhören, doch wenn du dich daran gewöhnst, diese Vorgehensweise häufig anzuwenden, wird deine Motivation mit der Zeit immer stärker und stärker. Ein hohes Maß an Motivation wird immer mehr zur Norm für dich. Sie wird immer mehr Teil deiner Identität.

Wie bereits am Ende des letzten Kapitels erwähnt, geht es darum, sich selbst viele motivierende Gedanken zu sagen. Viele Menschen würden mir wahrscheinlich recht geben, wenn ich sage, dass das, was wir regelmäßig denken, großen Einfluss auf uns hat. Den meisten Menschen ist jedoch nicht klar, wie groß dieser Einfluss wirklich ist. Ihnen ist nicht klar, wie mächtig unsere Gedanken wirklich sind.

Alles, was wir wahrnehmen, wird durch unsere Gedanken interpretiert. Ob wir etwas als gut oder schlecht ansehen, können wir erst mithilfe unserer Gedanken sagen. Es ist, wie Wilhelm Shakespeare schrieb:

„Denn an sich ist nichts weder gut noch schlimm; das Denken macht es erst dazu.“[68]

Wenn wir die Kontrolle über unsere Gedanken haben, dann haben wir auch die Kontrolle über die **Interpretation unserer Umwelt**. Mit dieser Macht kann man Unglaubliches anstellen. Jede Emotion lässt sich theoretisch verstärken oder abschwächen. Wir konzentrieren uns bei dieser Vorgehensweise auf Motivation und den daraus entstehenden Effekt auf unsere Selbstdisziplin und Produktivität. Es sollte eigentlich klar sein, dass, wenn wir regelmäßig motivierende Gedanken denken, dies langfristig extrem hilfreich für unsere Selbstdisziplin sein kann.

Viele Menschen sind gehemmt, wenn es darum geht, ihre Gedanken zu verändern. Sie glauben, dass ihre Gedanken nichts sind, über das sie Kontrolle haben könnten. Genauso gut könnte man ihnen vorschlagen, das Wetter zu ändern. Doch nur weil es sehr schwer ist, vollständige Kontrolle über die eigenen Gedanken zu haben, heißt das nicht, dass man sie überhaupt nicht kontrollieren kann. Wenn eine Person etwas nicht laut sagt, sondern es sich einfach nur in Gedanken sagt, hat diese Person einen Gedanken erzeugt. Jeder erwachsene Mensch kann das. Es ist einfach nur eine Frage von Gewohnheit und Übung, sich regelmäßig die richtigen Gedanken auf die richtige Art und Weise zu sagen.

Langfristig können wir deswegen mit dem motivierenden Selbstgespräch sehr viel Motivation erzeugen, indem wir die drei folgenden essenziellen Erfolgsfaktoren einhalten:

1. **Regelmäßigkeit**
   (man muss immer wieder auf diese Vorgehensweise zurückkommen).

2. **Das Wie**
   (man muss die Gedanken auf die richtige Art und Weise denken).

3. **Das Was**
   (man muss die richtigen Gedanken denken).

Um sich daran zu gewöhnen, **regelmäßig** motivierende Gedanken auszusenden, empfiehlt es sich dafür feste Zeitpunkte innerhalb der eigenen Routinen festzulegen. Zum Beispiel übe ich das motivierende Selbstgespräch jeden Tag, nachdem ich meinen 5. Shake getrunken habe. Ich setzte mich dann mit einem extra dafür erstellten Übungsblatt auf meine Coach und gehe für etwa 4 Minuten den gesamten Prozess durch. Nicht nur steigert jede Übungssession meine Motivation ... ich werde so auch immer besser in der Fähigkeit, meine Motivation gedanklich zu steigern. Mit jeder Übungssession fällt es mir später leichter, auf die Vorgehensweise zurückzukommen, wann immer ich mehr Motivation gebrauchen könnte. Auf diese Weise wird man wirklich frei, frei von Versuchungen, schlechten Angewohnheiten und Faulheit. Man erhält die Freiheit, sich genau so zu verhalten, wie man es gerne hätte.

Wann immer ich das Gefühl habe, dass ich mehr Motivation gebrauchen könnte, ist das motivierende Selbstgespräch meine sofortige Reaktion auf dieses Gefühl. Aber auch wenn ich bereits viel Motivation habe, sende ich andauernd motivierende Gedanken aus. Erst die Regelmäßigkeit macht diese Vorgehensweise richtig mächtig.

Der zweite Erfolgsfaktor, **das Wie**, ist auch sehr wichtig. Es geht hier um deine innere Stimme. Genauso wie beim Entkräften von Ausreden entscheidet die Art und Weise, wie du mit dir selbst redest, über den Erfolg und Misserfolg dieser Vorgehensweise. Es ist entscheidend, dir die motivierenden Gedanken nicht mit einer leisen, hohen und weinerlichen Stimme zu sagen, sondern mit einer **lauten, tiefen und entschlossenen Stimme**.

Und zuletzt kommt es natürlich auch auf **das Was** an. Selbstverständlich ist der Inhalt deiner Gedanken extrem wichtig, wenn du dich selbst motivieren möchtest. Viele Menschen haben das bereits realisiert. Sie wissen, dass ihre Gedanken einen unglaublich großen Einfluss auf sie haben. Doch weil sie nicht wissen, **was** sie sich sagen sollen, scheitern sie mit dieser Technik. Sie haben kein bewährtes System, an dem sie sich orientieren können, um von der enormen Macht ihrer Gedanken zu profitieren.

Du bekommst hier von mir ein solches System. Es ist das gleiche System, das ich andauernd nutze, um mich in Gedanken zu motivieren. Das System besteht aus Gedankenkategorien, welche jedes Mal in der gleichen Reihenfolge durchgegangen werden. Mit „Gedankenkategorien" bezeichne ich Satzanfänge, deren Sätze du in Bezug auf deine persönlichen Ziele beenden kannst. Die Gedankenkategorien in der folgenden Reihenfolge haben sich **bewährt**. Viel experimentieren und verbessern war nötig, um auf dieses relativ simple System zu kommen.

Es lohnt sich sehr gut, in dieser Vorgehensweise zu werden. Wenn du dann mehr Motivation brauchst, hast du ein klares Verhaltensmuster, dem du folgen kannst, um deine Motivation zu steigern. Genauso wie ein stetiger Tropfen ein Loch in einen Stein machen kann, kann das stetige Anwenden dieser Vorgehensweise dich zu einer Person mit extrem hoher Selbstdisziplin machen.

Kategorie 1

Ich bin …

Dies ist die universalste und für viele auch die hilfreichste Gedankenkategorie von allen. Der Grund dafür ist, dass sie direkt an unserer Selbstwahrnehmung ansetzt. Vielen Menschen ist nicht bewusst, wie außerordentlich die Vorstellung von dem „wer wir sind", unser zukünftiges Verhalten beeinflusst.

Stell dir zum Beispiel eine Person vor, die sich selbst für „faul" hält. Sie hat insgeheim die Überzeugung *„ich bin faul"*. Kannst du dir vorstellen, wie groß der Schaden dieser Selbstwahrnehmung für sie ist? Wir Menschen tendieren dazu, uns immer konsistent mit der eigenen Selbstwahrnehmung zu verhalten. Was immer „faul sein" für die Person bedeutet, es wird ihr natürlich vorkommen. Der gegenteilige Gedanke *„ich bin selbstdiszipliniert"*, kommt ihr hingegen fremd und seltsam vor. Er steht im direkten Widerspruch zu ihrer Selbstwahrnehmung. Wegen ihrer Selbstwahrnehmung wird es für die Person sehr schwer, nicht in „faule" Verhaltensweisen abzurutschen. Selbstdiszipliniertes Verhalten wird ihr komisch vorkommen und ihr deswegen schwerfallen. Die Motivation, produktiv zu sein, wird durch die eigene Selbstwahrnehmung gehemmt, während die Lust, faul zu sein, durch die Selbstwahrnehmung gefördert wird.

Die Selbstwahrnehmung der meisten Menschen ist ein absolutes Zufallsprodukt. Manche haben Pech. Durch unglückliche äußere Umstände (wie eine schlechte Erziehung, schlechte Lehrer, Mobbing) und falsche Schlussfolgerungen ist eine schlechte Selbstwahrnehmung entstanden. Andere haben Glück. Gute äußere Umstände und bessere persönliche Schlussfolgerungen haben eine sehr gute Selbstwahrnehmung entstehen lassen.

Wahrscheinlich hat jedoch kein Mensch die perfekte Selbstwahrnehmung, was bedeutet, dass wir uns alle in ihr verbessern können. Auf diese Weise würden wir dann mentale Blockaden auflösen und Motivation freisetztten. Eine sehr effektive und einfache Art zur Optimierung der eigenen Selbstwahrnehmung sind bewusste Gedanken aus dieser Gedankenkategorie.

Selbstwahrnehmung ist subjektiv. Im Rahmen deiner Gedanken kannst du sein, wer du möchtest. Wer bestimmt, dass du keine Person bist, die in Zukunft sehr häufig motiviert, selbstdiszipliniert und produktiv ist? Keiner kann das festlegen, außer du selbst. In deiner Selbstwahrnehmung kannst du sein, wer immer du sein möchtest. Wenn du die Identität einer Person mit hoher Motivation, Selbstdisziplin und Produktivität annehmen möchtest, steht dem nichts im Weg. Alles, was dafür nötig ist, ist, dich regelmäßig an deine gewünschte Selbstwahrnehmung zu erinnern. Und genau das machst du, wenn du dir Gedanken aus dieser Kategorie sagst.

Indem du dich immer wieder daran erinnerst, wer du sein möchtest (und so tust, als wärst du es schon) wirst du immer mehr zu der gewünschten Person. Frage dich selbst: *„Welche Eigenschaften hat die Person, die ich sein möchte?*", und sage dir dann all diese Eigenschaften nach dem *„Ich bin*". Übertreibe es dabei ruhig etwas, aber werde niemals völlig unrealistisch. Wenn du dir zum Beispiel sagst: *„Ich bin eine sehr motivierte Person*", obwohl du dich momentan nur mäßig motiviert fühlst, ist das genau richtig. Sage dir jedoch nicht: *„Ich bin die motivierteste Person aller Zeiten*", denn extrem übertriebene Aussagen verlieren an Wirkung.

Neben „Motivation" gibt es natürlich noch viele weitere gute Eigenschaften, die du zu einem Teil deiner Selbstwahrnehmung machen könntest. Welche Eigenschaften du auch immer brauchst, um deinen persönlichen Erfolg zu erreichen, mache sie zu einem Teil deiner Identität. Auch wenn manche der genannten Eigenschaften nicht direkt auf Motivation abzielen, können sie dennoch sehr dabei helfen, Motivation zu erzeugen. Meistens sind wir nämlich viel motivierter, etwas zu tun, wenn wir uns für **kompetent** in der Sache halten. Umgekehrt schwindet Motivation schnell, wenn wir das Gefühl haben, dass wir etwas nicht können.

Fange also mit dieser Gedankenkategorie an. Mit etwas Übung sollte es leicht für dich sein, schnell fünf bis zehn hilfreiche Eigenschaften aufzulisten. Ohne Übung brauchst du bei den Gedankenkategorien wahrscheinlich etwas länger. Das ist okay. Womöglich musst du dir erst in Ruhe überlegen, welche Eigenschaften du verkörpern möchtest. Auch das ist okay. Forme deine Selbstwahrnehmung nach deinem Ermessen. Jeder Durchgang kann etwas anders sein. Mit der Zeit bekommst du ein gutes Gefühl dafür, auf welche Eigenschaften du dich besonders konzentrieren möchtest. Gewöhne dir jedoch sofort an, direkt danach mit der zweiten Gedankenkategorie weiterzumachen, nachdem du die erste abgeschlossen hast. Beispiele für die erste Gedankenkategorie können sein:

- „Ich bin extrem motiviert und selbstdiszipliniert."
- „Ich bin eine Produktivitätsmaschine."
- „Ich bin ein kreatives Genie, kommunikativ und selbstbewusst."
- „Ich bin sehr sportlich, liebenswert und kommunikativ."
- „Ich bin extrem glücklich, mutig und erfolgreich."

- „Ich bin respektiert und gemocht von meinen Mitmenschen."
- „Ich bin sehr gut in meinem Job."

Kategorie 2

Ich habe großen Spaß am … [oder] Ich liebe …

Gedankenkategorie 2 ist die einzige Kategorie, die zwei Satzanfänge besitzt. Entscheide jedes Mal selbst, welcher Anfang besser passt. Beide Satzanfänge sind in ihrer Wirkung sehr ähnlich. Beide erzeugen besonders stark die mächtige **intrinsische Motivation**.

Wie bereits erwähnt tritt diese Form der Motivation auf, wenn wir motiviert sind, etwas zu tun, weil wir die Aktivität gerne machen. Zum Beispiel könnte jemand motiviert sein, Tennis zu spielen, weil er oder sie gerne Tennis spielt. In vielen Studien hat sich intrinsische Motivation als im Durchschnitt stärker und verlässlicher gezeigt als ihr Gegenstück, extrinsische Motivation.[69] Diese ist vorhanden, wenn jemand motiviert ist, einer Aktivität nachzugehen, weil die Aktivität ein erstrebenswertes Resultat mit sich bringt oder mit sich bringen könnte. Hier würde die Person Tennis spielen, weil sie motiviert ist, eine Trophäe zu gewinnen, weil sie Anerkennung will oder weil sie vielleicht sogar damit ihren Lebensunterhalt bestreitet.

Wenn Menschen an Motivation denken, dann denken sie meistens an extrinsische Motivation. Instinktiv motivieren sie sich auf diese Weise. Um sich zum Beispiel für ihre Arbeit zu motivieren, denken sie an das Geld, das sie verdienen und an eine Beförderung, die sie wollen. Um sich zum Sport zu motivieren, denken sie an einen besser aussehenden Körper und Schüler denken oft an die Anerkennung ihrer Eltern, um sich zum Lernen zu motivieren. All das ist extrinsische Motivation. Auch sie kann sehr stark und hilfreich sein. Vor allem auf lange Sicht ist jedoch intrinsische Motivation deutlich besser. Extrinsische Motivation hat nämlich zwei große Schwachstellen, welche intrinsische Motivation nicht hat:

1. **Extrinsische Motivation** lässt rapide nach, sobald das jeweilige Ziel erreicht wurde. Wenn sich ein Mann zum Beispiel nur damit motiviert hat, einen teuren Sportwagen zu fahren, wird er viel Motivation verlieren, sobald er sich den Sportwagen tatsächlich leisten kann. Seine alte extrinsische Motivation hilft ihm nur noch, den Status quo zu bewahren. Er ist motiviert, den Sportwagen nicht zu verlieren, aber nicht für mehr. Theoretisch wäre es möglich, sich neue Ziele zu setzen, die erneut extrinsische Motivation erzeugen. Obwohl das grundsätzlich das richtige Vorgehen ist, beinhaltet es dennoch ein Risiko. Es ist nämlich sehr fraglich, ob das neue Ziel das gleiche Maß an extrinsischer Motivation erzeugt wie das alte.

2. **Extrinsischer Motivation** ist sehr stimmungsabhängig. Wenn du guter Stimmung bist, dann bist du häufig auch extrinsisch motiviert. Gute Stimmung führt oft zu Inspiration, du bist motiviert, das eigene beste Selbst zu werden und dir ein tolles Leben zu schaffen. Bei schlechter Stimmung wird man jedoch häufig von extrinsischer Motivation im Stich gelassen. Sie ist dann oft gar nicht mehr vorhanden. Bei schlechter Stimmung wollen wir oft nur noch, dass die schlechte Stimmung aufhört. Wir haben keine extrinsische Motivation mehr übrig, um unsere großen Ziele zu verfolgen, weil das unsere Stimmung häufig noch weiter verschlechtert. Genau hier unterscheidet sich intrinsische von extrinsischer Motivation deutlich. Intrinsische Motivation ist so mächtig, weil wir mit ihr viel eher unseren wertvollen Aktivitäten nachgehen, auch wenn unsere Stimmung schlecht ist.

Die meisten extrem erfolgreichen Menschen, sei es in Wirtschaft, Kunst, Wissenschaft, Sport und in vielen anderen Bereichen haben schon immer intrinsische Motivation als ihre primäre Motivationsquelle genutzt. Sie machte für sie den Unterschied zwischen Erfolg und Misserfolg. Sie verhalf ihnen dazu, Unglaubliches zu leisten und so manchmal die gesamte Menschheit voranzubringen. Wenn wir intrinsisch motiviert sind, einer Aktivität nachzugehen, dann verschlechtert diese Aktivität unsere Stimmung nicht, sondern (im Gegenteil) verbessert sie. Wenn intrinsische Motivation auf Handlungen gerichtet ist, die uns erfolgreich machen, so tendieren wir dazu, diesen Handlungen immer und immer wieder nachzugehen, selbst wenn wir schlechter Stimmung sind. Auch wenn wir bereits große Ziele erreicht haben, lässt intrinsische Motivation nicht nach. Mit ihr an unserer Seite tun wir etwas wegen der Handlung an sich und nicht deren Resultat. Sie verlässt uns nicht, wenn wir ein Ziel erreicht haben, was bedeutet, dass wir in intrinsischer Motivation eine schier unerschöpfliche Antriebsquelle haben können. Sie hilft uns immer noch erfolgreicher zu werden, selbst wenn wir bereits sehr erfolgreich sind.

In vielen Fällen wurden extrem erfolgreiche Menschen nur deswegen so erfolgreich, weil sie ihre wichtigen Aufgaben **lieben**. Sie machen ihnen **großen Spaß**. Sie gehen ihnen gerne immer und immer wieder nach, weswegen sie immer besser in ihnen werden. Quasi als Nebeneffekt ernten sie dann mit der Zeit immer größere Erfolge. Intrinsische Motivation für das richtige Verhalten ist eines der größten Geheimnisse extrem erfolgreicher Menschen.

Wie eben erwähnt gibt es zwei gute Möglichkeiten, intrinsische Motivation in Gedanken zu erzeugen. Du kannst sie abwechselnd oder je nach deinem Ermessen verwenden:

1. **Ich habe großen Spaß am ...**
2. **Ich liebe ...**

Unterschätze nicht, wie hilfreich es ist, wenn dir eine wichtige Aufgabe **großen Spaß** macht oder du sie so sehr magst, dass du sie **liebst**. Jeder Gedanke in dieser Richtung erzeugt, verfestigt und steigert die mächtige intrinsische Motivation. Beispiele hierfür könnten sein:

- „Ich habe großen Spaß am Arbeiten."
- „Ich liebe es, Sport zu machen."
- „Ich habe großen Spaß am Lernen."
- „Ich liebe es zu wachsen und immer besser zu werden."
- „Ich liebe gesundes Essen."
- „Ich habe großen Spaß am Lesen lehrreicher Büchern."

Kategorie 3

Ich kann mit Leichtigkeit …

Viele Menschen denken insgeheim (oder sagen es ganz offen), dass sie etwas nicht können. Das mag harmlos erscheinen und doch kann dieser Glaube sehr viel Motivation kosten. *„Warum etwas probieren, wenn ich es ohnehin nicht hinbekomme?“*, ist hier das dahinterliegende Motto. Viele Menschen gehen deswegen wichtige Dinge in ihrem Leben gar nicht erst an oder sind sehr gehemmt, wenn sie doch dabei sind, sie anzugehen. Die Angst zu scheitern, die Angst, sich zu blamieren und die Angst, die eigene Zeit mit einem hoffnungslosen Unterfangen zu verschwenden, wirkt extrem hemmend.

Umgekehrt, wer die starke Überzeugung annimmt, in der Lage zu sein, ein attraktives Ziel sicher erreichen zu können, setzt allein durch diese Überzeugung viel Motivation frei.

„Warum sollte ich es mir nicht einfach nehmen? Ich will es, ich kann es, ich mache es.“

Das wird dann das dahinterliegende Motto. Kinder sind oft ein gutes Beispiel für diese Dynamik. Ihnen wurde noch nicht indoktriniert, dass sie etwas nicht können und so sind sie häufig motiviert in viele Rollen hineinzuschlüpfen: Profisportler, Arzt, Polizist, Rockstar, Superheld. In ihrem Geist gibt es kaum Grenzen und deswegen sind sie so oft voller Begeisterung und Motivation.

Werde mehr wie ein Kind bei den Dingen, die du realistisch erreichen kannst und erreichen möchtest. Durch regelmäßiges Wiederholen dieser dritten Gedankenkategorie nimmst du die starke Überzeugung an, dass du deine attraktivsten Ziele und deine tolle Vision tatsächlich erreichen kannst. Du baust so mentale Blockaden ab und zum Vorschein kommt starke Motivation. Diese starke Motivation hilft dir dann beim Erreichen all deiner Ziele. Sage dir zum Beispiel:

- „Ich kann mit Leichtigkeit meine Wochenziele erreichen.“
- „Ich kann mit Leichtigkeit großen Wohlstand aufbauen.“

- „Ich kann [mir] mit Leichtigkeit mein Traumleben aufbauen."
- „Ich kann [mir] mit Leichtigkeit ein Sixpack antrainieren."
- „Ich kann mit Leichtigkeit auf Menschen zu gehen und sie von mir überzeugen."
- „Ich kann mit Leichtigkeit mit dem Rauchen aufhören."
- „Ich kann mit Leichtigkeit meine Unternehmensidee verwirklichen."
- „Ich kann mit Leichtigkeit einen großartigen Partner finden und eine tolle Beziehung führen."

Kategorie 4

Ich habe es verdient, dass ich …

Bei dieser Gedankenkategorie geht es darum, Selbstsabotage aufzulösen und dadurch bereits in dir wohnende Motivation freizusetzen. Vielen Menschen ist nicht bewusst, wie häufig sie sich selbst sabotieren. Sie treffen schlechte Entscheidungen und legen wenig Selbstdisziplin an den Tag, weil sie insgeheim glauben, dass sie großen Erfolg nicht verdient hätten.

Das Gefühl, etwas nicht verdient zu haben, ist eine mentale Fußfessel, wie es keine zweite gibt. Umgekehrt, wer glaubt, etwas verdient zu haben, wird fast immer sehr viel mehr Motivation haben, es sich zu holen. Wer zum Beispiel glaubt, Reichtum nicht verdient zu haben, wird viel eher Entscheidungen treffen, die wenig Geld einbringen und der Person wird viel eher die nötige Selbstdisziplin fehlen, um Reichtum aufzubauen.

Manche Menschen glauben vielleicht, dass diese Gedankenkategorie nicht besonders wichtig ist und ihnen nicht viel helfen kann. Ihnen ist vielleicht nicht bewusst, wie sehr sie der unbewusste Glaube, etwas nicht verdient zu haben, zurückhält. Nach meiner Überzeugung kann jeder Mensch von dieser Gedankenkategorie sehr profitieren. Selbstsabotage ist viel universeller, als die meisten Menschen ahnen. Es geht nicht nur um Reichtum, Geld und Wohlstand. Viele Menschen hindern sich enorm daran, ein phänomenales Leben zu führen, indem sie insgeheim glauben, eine erfüllte Beziehung, echte Freunde, tolle Abenteuer, körperliche und mentale Fitness und ganz einfach Glück nicht verdient zu haben.

Ich weiß aus eigener Erfahrung, wie schwer es ist, Selbstsabotage zu erkennen. Fast alle Menschen neigen dazu, sich selbst als ziemlich perfekt anzusehen und die Gründe für ein nicht optimales Leben bei äußeren Faktoren zu suchen. Es ist sehr schwer, voll und ganz anzuerkennen, dass es meistens wir selbst sind, die unserem Glück und Erfolg im Weg stehen. Sobald wir uns dies jedoch regelmäßig bewusst machen und aktiv daran arbeiten, dass wir alles, was wir wollen, verdient haben, geschieht ein Wunder. Eine enorme Last wird von uns genommen und jeder Fortschritt hin zu einem phänomenalen Leben geht sehr viel leichter.

Viele Menschen haben den Glauben, *„Erfolg nicht verdient zu haben"*, aus ihrer Kindheit und Jugend ins Erwachsenenalter übernommen. Das damit eng verbundene Gefühl von „Schuld" in Zusammenhang mit Erfolg stammt häufig aus Erziehung, Kultur und Religion. In vielen religiösen Erzählungen geschehen Wunder nur für die Armen. In vielen Geschichten sind die Verlierer die sympathischen Hauptpersonen, während erfolgreiche Menschen häufig als Böse dargestellt werden. Auch dadurch entsteht Selbstsabotage. Obwohl Menschen mit Leichtigkeit dazu in der Lage wären, tun sie nicht das Offensichtliche, was ihnen mehr als alles andere Glück, Erfüllung und Erfolg geben würde. Sie fangen gar nicht erst an, geben frühzeitig auf, sind ständig am Aufschieben und geben sich letztlich mit viel weniger zufrieden, als ihnen zusteht. Alles nur, weil sie insgeheim glauben, nicht mehr verdient zu haben.

Einer der größten Unterschiede zwischen erfolgreichen und nicht erfolgreichen Menschen ist ganz subtil. Erfolgreiche Menschen sind einfach bereit, sich Erfolg zu nehmen, während nicht erfolgreiche Menschen auf die eine oder andere Art und Weise Erfolg von sich abstoßen. Solange du ethisch handelst, spricht nichts dagegen, dir einfach Erfolg zu nehmen. Solange du ehrlich und ein Gewinn für die Gesellschaft bist, spricht nichts dagegen, dir zu nehmen, was du verdient hast.

Natürlich gehört noch viel mehr dazu als das Auflösen von Selbstsabotage, um erfolgreich zu werden, doch unterschätzte nicht, wie groß der negative Einfluss von Selbstsabotage sein kann. Bis auf sehr wenig Ausnahmen leidet wahrscheinlich jeder Mensch unter ihr, die einen mehr, die anderen weniger. Selbstsabotage kann eine enorme Last sein. Doch je mehr du sie auflöst, desto geringer wird die Last und desto mehr Energie und Motivation steht dir plötzlich zur Verfügung. Die beste Art und Weise, die ich kenne, um Selbstsabotage aufzulösen, ist dir immer und immer wieder zu sagen, dass du deine Form von Erfolg verdient hast. Was immer du haben, können oder sein möchtest, sage dir in dieser Gedankenkategorie, dass du das verdient hast. Zum Beispiel könntest du dir sagen:

- „Ich habe es verdient, dass ich reich, gesund und glücklich bin."
- „Ich habe es verdient meine Vison zu erreichen."
- „Ich habe es verdient, dass ich meine Angst und Bequemlichkeit besiege."
- „Ich habe es verdient, dass ich eine glückliche Beziehung mit meinem Partner führe und viele echte Freundschaften pflege."
- „Ich habe es verdient, dass ich lange hoch konzentriert, selbstdiszipliniert und motiviert an meinen Zielen arbeiten kann."

Kategorie 5

Ich erwarte, dass … und ich akzeptiere das.

In dieser letzten Gedankenkategorie geht es darum, all jene „Hürden" aufzulisten, die dich daran hindern könnten, Fortschritte bei deinen Zielen zu machen. Erinnerst du dich noch, wie es im Kapitel „Deine Wahl" um den Preis ging, den jeder Mensch zahlen muss, um erfolgreich zu werden? Ich habe geschrieben, dass es extrem hilfreich ist, sich bewusst dafür zu entscheiden, den Preis zu zahlen. Jedes Mal, wenn wir diese 5. Gedankenkategorie durchgehen, entscheiden wir uns erneut dafür, den Preis des Erfolgs zu zahlen. Nichts Negatives überrascht uns mehr, wenn wir es bereits erwarten. Nichts Negatives kann unserem Elan, unserer Stimmung und unserer Motivation ernsthaft schaden, wenn wir es bereits akzeptiert haben. In der Folge wird es deutlich leichter, die für unsere Ziele nötige Selbstdisziplin aufrechtzuerhalten.

Die Illusion, dass Erfolg ohne Aufwand, Mut und Einsatz erreicht werden kann, ist alles andere als hilfreich. Es mag sich kurzfristig gut anfühlen, zukünftige Anstrengungen zu verdrängen, doch macht dies alles nur noch schwerer, weil wir später negativ überrascht werden. Wir müssen uns vorher auf zukünftige Entbehrungen einstellen, sodass wir unseren Frieden mit ihnen gemacht haben, bevor wir sie überhaupt erbringen müssen. Spitzenleistungen werden dann sehr viel einfacher. Motivation bleibt viel länger bestehen. So gut wie nichts kann uns dann noch von unserem optimalen Kurs abbringen.

Wenn ein negativer Umstand uns überrascht, wird es immer etwas schwerer für uns, selbstdiszipliniert zu sein. Wenn wir jedoch alles, was theoretisch als schlecht wahrgenommen werden könnte, von uns erwartet und akzeptiert wurde, so hat es unsere Selbstdisziplin sehr viel leichter. Viele mentale Blockaden lösen sich ganz auf, es gibt keinen inneren Konflikt mehr und wir können uns auf das möglichst optimale Ausführen unserer wichtigen Aufgaben konzentrieren.

Anstrengung, Zeitaufwand, Langeweile, Komplexität, Risiko, Peinlichkeit, Angst und Schmerz, all das sind Hürden, die auf unserem Weg hin zu unseren attraktiven Zielen liegen könnten. Instinktiv versuchen viele Menschen, diese negativen Aspekte zu verdrängen. Vielleicht glauben sie sogar, dass sie so ihre Motivation schützen würden. Vielleicht glauben sie, dass das Verdrängen dieser Hürden sie produktiver macht. In der Realität bewirkt das jedoch genau das Gegenteil. Ob wir es wahrhaben wollen oder nicht, diese Hürden sind da. Meistens sind sie jedoch viel weniger schlimm, als wir befürchten. Das eigentlich Schlimme ist unser mentaler Widerstand gegen sie. Wenn wir uns wünschen, dass sie nicht da sind, obwohl sie nun mal da sind, erschaffen wir mentalen Widerstand und machen uns so das Leben schwer. Wir erzeugen einen inneren Konflikt, der viel Energie kostet, unsere Stimmung senkt und Motivation vernichtet. Lasse das nicht zu! Akzeptiere alle Hürden, die zwischen dir und deinen Zielen stehen. Treffe immer wieder die bewusste Wahl, den Preis für Erfolg zu zahlen.

Die beste Art, das zu tun, ist die 5. Gedankenkategorie. Indem du im Vorhinein Schwierigkeiten akzeptierst, baust du sehr effektiv inneren Widerstand ab, deine natürliche Motivation kommt zum Vorschein und du machst es deiner Selbstdisziplin sehr viel leichter. Sage dir nach dem Satzanfang mindestens eine Hürde, die zwischen dir und deinen Zielen steht. Zum Beispiel könntest du dir sagen:

- „Ich erwarte, dass die Arbeit heute sehr anstrengend wird und ich akzeptiere das."
- „Ich erwarte, dass ich nervös bin, wenn ich am Donnerstag die Präsentation halte, und ich akzeptiere das."
- „Ich erwarte, dass Ablenkungen und Ausreden mich von meinen Aufgaben abbringen wollen und ich akzeptiere das."
- „Ich erwarte, dass ich müde bin, wenn ich heute Abend Sport machen möchte und ich akzeptiere das."
- „Ich erwarte, dass ich morgen Nachmittag wenig Lust habe zu lernen und ich akzeptiere das."

Das sind also die fünf Kategorien motivierender Gedanken. Ich kann völlig nachvollziehen, wenn das viel auf einmal war. Doch mache dir klar, dass du sie nicht sofort verinnerlichen musst. Für den Start reicht es völlig aus, wenn du ein grundsätzliches Verständnis von ihnen hast. Wenn du regelmäßig übst, wird aus diesem grundsätzlichen Verständnis überraschend schnell ein großes Maß an Kontrolle über deine Motivation.

Um es dir einfacher zu machen, das motivierende Selbstgespräch zu üben, habe ich ein Übungsblatt erstellt, welches ich selbst jeden Tag (außer Sonntags) nutze, um damit das motivierende Selbstgespräch zu üben. Auch du kannst dir das Üben leicht machen, indem du das Übungsblatt kostenlos ausdruckst. Gehe dazu einfach auf **danielhanke.com/extras**.

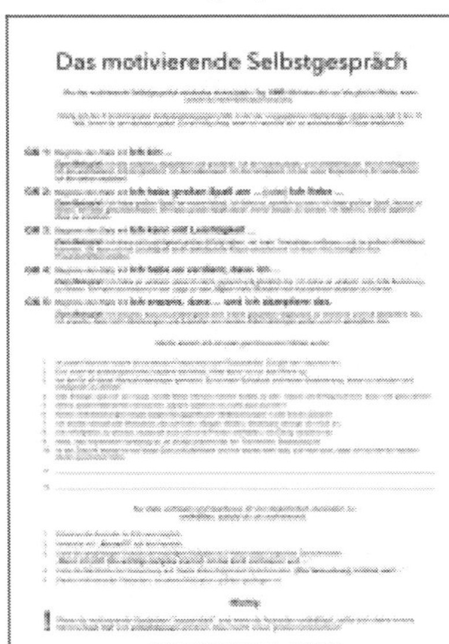

Vor allem am Anfang ist es wichtig, sich häufig mit dieser Vorgehensweise zu beschäftigen, sodass sie später zuverlässig angewendet werden kann. Übe die Gedankenkategorien doch gleich noch einmal. Wenn du magst, liste alle fünf in der richtigen Reihenfolge auf, ohne zu spicken:

1. **Ich bin …**
2. **Ich habe großen Spaß am … / Ich liebe …**
3. **Ich kann mit Leichtigkeit …**
4. **Ich habe es verdient, dass ich …**
5. **Ich erwarte, dass … und ich akzeptiere das.**

Probiere doch jetzt einmal die fünf Gedanken anzuwenden, um dich für ein konkretes Ziel zu motivieren. Wenn dein Ziel zum Beispiel ist, ein Unternehmen neben deiner Festanstellung aufzubauen, dann könnte dein motivierendes Selbstgespräch wie folgt aussehen:

„Ich bin ein motivierter, selbstdisziplinierter und produktiver Unternehmer. Ich habe großen Spaß daran, ein großartiges Produkt zu entwickeln und zu vermarkten. Ich liebe es, an meinem Unternehmen am Abend und am Wochenende zu arbeiten. Ich kann mit Leichtigkeit großartige Fortschritte hier machen. Ich kann mit Leichtigkeit vielen Menschen mit meinem Produkt helfen und langfristig viel Geld damit verdienen. Ich habe es verdient, großen finanziellen Erfolg zu haben. Ich habe es verdient, große Selbstdisziplin zu besitzen. Ich erwarte, dass die Arbeit an meinem Unternehmen unangenehm, komplex und entmutigend sein wird und ich akzeptiere das.“

Das war es jedoch noch nicht. Es sich einmal zu sagen, bringt so gut wie nichts. Ein solches motivierendes Selbstgespräch muss zur Gewohnheit werden, damit es den versprochenen Nutzen bringt! Wie am Anfang des Kapitels erwähnt, ist Regelmäßigkeit“ ein essenzieller Erfolgsfaktor dieser Vorgehensweise. Wann immer du eine Minute Zeit hast, kannst du diese Zeit nutzen, um dir das motivierende Selbstgespräch anzugewöhnen. Falls das nach zu viel Arbeit klingt, denke an den enormen Nutzen, welchen das regelmäßige Anwenden dieser Vorgehensweise auf dein gesamtes Leben hätte. Nach ein paar Jahren wird deine Motivation und Selbstdisziplin extrem stark sein. Es gibt keinen besseren Weg hin zu großer Selbstdisziplin als durch die dauerhafte Veränderung deines Denkens. Wenn du dann noch die anderen Vorgehensweisen anwendest, gibt es nur noch wenig, was du langfristig nicht erreichen kannst. Immer und immer wieder hat sich gezeigt, dass wir dann die größten Verbesserungen machen, wenn wir viele hilfreiche Vorgehensweisen regelmäßig anwenden.

Es mag am Anfang etwas schwierig sein, doch sobald du bereit bist, diesen anfänglichen Preis zu zahlen, hast du einen großen Schritt in Richtung eines extrem erfolgreichen und glücklichen Lebens gemacht. Da es vor allem am Anfang schwierig ist, Kontrolle über das eigene Denken zu erlangen, empfehle ich Hilfsmittel zu verwenden, welche dir den Prozess erleichtern. Das beste Hilfsmittel, das ich dafür kenne, ist mein Motivationstraining, welches ich später noch ausführlich mit dir teilen werden.

Wenn du das motivierende Selbstgespräch beherrscht, wird es dir helfen, jedes Ziel zu erreichen, das du dir gesetzt hast. Ich kann dir gar nicht genug empfehlen, immer wieder diese fünf Gedankenkategorien durchzugehen. Mit etwas Übung wird es fast automatisch gehen: Du stellst fest, dass du gerne mehr Motivation hättest ... und BUMM, ohne zu zögern fängst du an, dich mit deinen Gedanken zu motivieren. Wenn du es geschafft hast, diesen mentalen Mechanismus zu installieren, wirst du es sehr viel einfacher haben, dauerhaft ein hohes Maß an Selbstdisziplin und Produktivität zu besetzten.

Neben den fünf Gedankenkategorien gibt es auch geschlossene Sätze, die sehr motivierend wirken können. Es könnte etwas sein, das du einmal gelesen oder gehört hast. Es könnte auch einfach ein Gedanke sein, der dir einmal durch den Kopf gegangen ist und sich als sehr motivierend herausgestellt hat. Wenn du so einen Satz gefunden hast, dann ist das wie das Finden eines Schatzes. Lasse den Schatz nicht verloren gehen, sondern schreibe dir den Satz auf und sage ihn dir regelmäßig, um dich zu motivieren. Ähnlich wie zuvor gilt: Ein motivierender Satz, einmal gedacht, bringt so gut wie nichts, doch viele motivierende Sätze, regelmäßig gedacht über viele Jahre können Berge versetzen.

Im Folgenden kommen zehn Sätze, die ich mir über die Jahre aufgeschrieben habe und die sich als besonders motivierenden (für mich) herausgestellt haben:

1. In jedem Moment mache ich entweder Fortschritte oder Rückschritte. Es gibt kein dazwischen.
2. Erst wenn es anstrengend wird, beginnt die Arbeit. Alles davor ist nur das Warm-up.

3. Ich bin für all diese Herausforderungen gemacht. Es ist mein Schicksal und meine Bestimmung, daran zu arbeiten und erfolgreich zu werden.
4. Das Einzige, was ich tun muss, ist die beste Version meiner Selbst zu sein. Glück und Erfolg kommen dann von ganz alleine.
5. Wenn andere Menschen es können, warum sollte ich es nicht auch können?
6. Kleine Verbesserungen heute sorgen für gigantische Verbesserungen in der fernen Zukunft.
7. Ich werde niemals die Menschen, die ich liebe, hängen lassen, deswegen strenge ich mich an.
8. Um erfolgreich zu werden, muss ich mich wie eine Person verhalten, die Erfolg verdient hat.
9. Alles, was momentan schwierig ist, ist nichts anderes als ein Test meiner Selbstdisziplin.
10. In der Zukunft werde ich auf diese Zeit zurückblicken und ich werde sehr stolz auf mich sein, dass ich so hart an meinen Zielen gearbeitet habe.

Ich kann dir nur empfehlen, auch diese motivierenden Sätze auswendig zu lernen. Neben den Sätzen der Gedankenkategorien sage ich mir auch diese Sätze regelmäßig und erlebe jedes Mal, wie sie meine Motivation ein kleines Bisschen steigern.

Wenn du dein Selbstgespräch gemeistert hast, ist das wie eine Superkraft. Indem du gelernt hast, motivierende Gedanken auszusenden, gewinnst du sehr viel Kontrolle über deine Motivation und damit über deine Selbstdisziplin und Produktivität. Die eigenen Gedanken auf diese Weise zu kontrollieren, ist wahrscheinlich das Schwerste, was ich dir in diesem Buch beibringe. Erwarte also keine schnellen Resultate am Anfang, sondern sehe das ganze langfristig. Wenn du jeden Tag ein bisschen besser in dieser Fähigkeit wirst, stellt das langfristig einen gigantischen Gewinn für dein gesamtes Leben dar.

13

Dopamin-Fallen

Durchschnittliche Menschen haben großartige Ideen. Legenden haben eine großartige Umsetzung.

Anonym

DOPAMIN-FALLEN SIND alltägliche Verhaltensweisen, die unserer Motivation schaden und das meistens, ohne dass es uns bewusst ist. Wer in eine Dopamin-Falle tappt, sorgt für eine größere Dopaminausschüttung. Da auf biologischer Ebene Motivation nichts anderes als unser Verlangen nach Dopamin ist, sorgen Dopamin-Fallen für einen Rückgang unserer Motivation.[70] Unser „Hunger“ nach Dopamin wird durch die Dopamin-Falle gesättigt. Wer konstant so viel Motivation und Selbstdisziplin wie möglich haben möchte, sollte daher die drei folgenden Dopamin-Fallen vermeiden.

Dopamin-Fallen erscheinen harmlos, doch das sind sie nicht. Sicher, klassische Dopamin-Aktivitäten wie Social Media, Fernsehserien, Videospiele und Ähnliches sind meistens sogar noch schädlicher für unsere Motivation, weil sie normalerweise für eine noch größere Freisetzung von Dopamin sorgen. Der Unterschied zwischen solchen offensichtlichen Dopamin-Aktivitäten und Dopamin-Fallen ist, dass Dopamin-Fallen sehr viel weniger offensichtlich zu einer Dopaminausschüttung führen. Fast jeder Mensch tappt regelmäßig in mindestens eine der Dopamin-Fallen und schadet so der eigenen Motivation, ohne es überhaupt mitzubekommen.

Die erste Dopamin-Falle ist das Reden über die eigenen Ziele und über die eigene Vision. Wenn wir anderen davon erzählen, was wir alles vorhaben, dann fühlt sich das meist gut an. Nicht nur sind unsere Ziele ein spannendes Gesprächsthema, wir erhoffen uns vielleicht auch nützliche Tipps und moralische Unterstützung von unseren Zuhörern. Viele Menschen sprechen auch deswegen über ihre Ziele, weil sie sich Lob und Anerkennung erhoffen, allein dafür, dass sie sich ehrgeizige Ziele gesetzt haben. In jedem Fall wird durch das Reden über die eigenen Ziele Dopamin ausgeschüttet und dadurch nimmt die Motivation, echte Fortschritte bei diesen Zielen zu machen, ab.

Eine Studie von Gollwitzer et al. zeigt das anschaulich.[71] In der Studie wurden zwei Versuchsgruppen gebildet. Eine Gruppe sollte über ihre Ziele sprechen, die anderen nicht. Im Anschluss durften beide Gruppen an ihren Zielen arbeiten, wenn sie das wollten. Jene Versuchsteilnehmer, die über ihre Ziele redeten, arbeiteten im Durchschnitt deutlich weniger an ihnen, oft überhaupt nicht. Das stand im deutlichen Gegensatz zu den Teilnehmern, die nicht über ihre Ziele redeten. Diese arbeiteten im Durchschnitt viel fleißiger an ihren Zielen. Am Ende der Studie waren jene Teilnehmer, die über ihre Ziele geredet haben, deutlich optimistischer, dass sie diese auch erreichen werden, **obwohl sie deutlich weniger an ihnen gearbeitet hatten** als die andere Gruppe.

Viel über die eigenen Ziele zu reden, ist eine Angewohnheit von Amateuren. Vielleicht ahnen sie insgeheim, dass sie ihre Ziele sowieso nicht erreichen werden. Vielleicht versuchen sie instinktiv so viel Anerkennung wie möglich aus ihren Vorhaben herauszuquetschen. Vielleicht dämmert ihnen, wie schwierig es ist, ein anspruchsvolles Ziel zu erreichen. Vielleicht spüren sie, dass das belohnende Gefühl, das beim Reden entsteht, vergleichbar mit dem echten Gefühl ist, das beim Erreichen des Ziels entsteht. Es mag weit entfernt vom echten Gefühl sein, doch weil der Amateur insgeheim glaubt, dass er sein Ziel sowieso nicht erreichen wird, erfährt er durch das Reden zumindest einen Hauch von dem echten Erlebnis. Dieser Hauch von Erfolg kommt jedoch zu einem hohen Preis. Es kostet ihm Motivation und Selbstdisziplin, wodurch es letztlich unwahrscheinlicher wird, dass der Amateur sein Ziel erreicht.

Ein wahrer Profi hat keine Zeit, um über die eigenen Ziele zu reden. Er oder sie ist viel zu beschäftigt damit, die eigenen Ziele tatsächlich zu erreichen. Manche von ihnen spüren wahrscheinlich instinktiv, dass es Sand im Getriebe ihrer Motivation wäre, wenn sie ihre Ziele an die große Glocke hängen würden. *„Ich habe es nicht nötig, für etwas Anerkennung zu bekommen, das ich noch nicht erreicht habe"*, denken sie sich vielleicht.

Manche argumentieren, dass anderen von den eigenen Zielen zu erzählen Druck erzeugen würde und Druck motivierend ist. In der Theorie strengt man sich mehr an, weil man bei den anderen in keinem schlechten Licht dastehen will. In der Realität interessieren sich jedoch nur die wenigsten wirklich für die Ziele eines anderen. Und selbst wenn sie großes Interesse an deinen Zielen haben und dich immer wieder darauf ansprechen, ist es fraglich, ob so wirklich gesunder Druck entsteht, der einen Unterschied macht. Es ist viel wahrscheinlicher, dass durch das Reden über die eigenen Ziele unterm Strich mehr Motivation verloren gegangen ist.

Spreche also nicht viel über deine Ziele und mache nur eine Ausnahme, wenn es unbedingt notwendig und sinnvoll ist, zum Beispiel bei einem Mentor, einem Coach oder einem Unterstützer, der von dir Geld erhalten hat und es behalten darf, wenn du ein Ziel nicht erreichst. Überlege dir für die anderen Menschen Umschreibungen, die du verwenden kannst, wenn du gezwungen bist, über deine Vorhaben zu reden. Anstatt über deine große Vision und deine langfristigen Ziele zu reden, könntest du über deine Tagesziele sprechen. Anstatt zum Beispiel zu sagen, dass du einen Marathon laufen möchtest, könntest du sagen, dass du heute joggen möchtest. Anstatt zu sagen, dass du ein Buch schreiben oder ein Unternehmen aufbauen möchtest, könntest du sagen, dass du an einem persönlichen Projekt arbeiten möchtest. Auf diese Weise wird viel weniger Dopamin ausgeschüttet und deine Motivation bleibt unberührt.

Die zweite Dopamin-Falle ist das Fantasieren über das Erreichen eines unserer großen Ziele. Wenn wir uns lange und lebhaft vorstellen, etwas Tolles zu erreichen, so mag sich das sehr gut anfühlen. Paradoxerweise steigert dieses Fantasieren in den meisten Fällen nicht unsere Motivation, die Vorstellung zu verwirklichen … Es reduziert sie.

Wer sich kurz vorstellt, ein Ziel zu erreichen und dann die Vorstellung mit den dafür notwendigen Handlungen in Verbindung bringt, steigert die eigene (extrinsische) Motivation. Wer jedoch lange und lebhaft über die Zielerreichung fantasiert, erreicht genau das Gegenteil. Das Fantasieren schüttet viel Dopamin aus, wodurch das Verlangen nach Dopamin nachlässt und nur noch sehr große Dopamin-Quellen motivierend wirken. Ein Ziel zu erreichen erfordert jedoch fast immer sehr viele Wiederholungen von denselben wichtigen Aktivitäten. Auf Dauer können diese Wiederholungen langweilig, eintönig und anstrengend werden. Bei diesen Aktivitäten Fortschritte zu machen, mag auch Dopamin ausschütten, doch ist bei ihnen die Dopaminausschüttung häufig nicht besonders groß. Wer vorher am Fantasieren war, gewöhnt sich an eine hohe Dopaminausschüttung, so dass die vergleichsweise niedrige Dopaminausschüttung der wichtigen Aufgabe wenig motivierend ist.

Die Empfehlung, sich das Erreichen der eigenen Ziele nicht ausführlich vorzustellen, steht im Gegensatz zu dem, was manche andere Autoren schreiben. Nach ihrer Ansicht würde es die Motivation steigern, wenn man sich lange und intensiv das Erreichen der eigenen Ziele vorstellt. Zum Beispiel solle sich eine Sportlerin darauf konzentrieren, wie sie die Siegestrophäe ihres Wettkampfs überreicht bekommt und in die Lüfte hebt. Ganz kurz mag diese Vorstellung tatsächlich motivierend sein. Wenn die Sportlerin jedoch für länger als etwa 10 Sekunden der Vorstellung nachgeht, startet der gegenteilige Prozess. Im Gehirn der Sportlerin wird so viel Dopamin ausgeschüttet, dass verglichen mit der Dopaminausschüttung ihres Trainings, dieses immer unattraktiver wird. Wenn das Reptiliengehirn durch Fantasieren viel mehr Dopamin bekommt als durch trainieren, wird es viel mehr geneigt sein, weiter zu fantasieren.

Aber auch wenn die Sportlerin mit dem Fantasieren über die Zielerreichung aufhört, wird sie weniger motiviert sein zu trainieren. Durch das Tagträumen wurde so viel Dopamin ausgeschüttet, dass sich ihr Gehirn an einen hohen Dopaminspiegel gewöhnt hat und es weniger geneigt ist, sich anzustrengen, um eine vergleichsweise geringe Dopaminausschüttung durch das Training zu bekommen. In der Folge macht das Training ihr weniger Spaß, wodurch sie weniger motiviert ist, alles beim Training zu geben. Das reduziert dann den Nutzen des Trainings, was es letztlich unwahrscheinlicher macht, dass sie ihren Wettkampf gewinnt.

Eine Sportlerin kann das Verlangen ihres Gehirns nach Dopamin durch ihr Training stillen, doch sie kann es auch durch Fantasieren stillen. Natürlich führt nur ihr Training zu Erfolg, während die zweite Option nicht nur Zeit verschwendet, sondern auch der eigenen Motivation schadet.

Im Kapitel über „Visualisieren“ hast du bereits gelernt, dass wir unseren Geist trainieren, eine Handlung auszuführen, wenn wir uns die Handlung öfter vorstellen. Eine Sportlerin muss jedoch nicht trainieren, wie sie die Siegestrophäe entgegennimmt und in die Lüfte hebt. Das kriegt sie wahrscheinlich auch ohne Training ganz gut hin. Worauf es wirklich ankommt, ist überhaupt in die Situation zu kommen, dass ihr die Siegestrophäe überreicht wird. Worauf es wirklich ankommt, ist zu gewinnen. Doch um zu gewinnen, müssen wir den Prozess lieben. Wir müssen Motivation für die Handlung haben, die uns erfolgreich macht. Für die Sportlerin mag das vor allem ihr Training sein. Für uns ist das vielleicht die Arbeit, vielleicht ist es lernen, Weiterbildung, gesunde Ernährung oder auch Sport.

Deswegen ist es so wichtig, beim Visualisieren immer und immer wieder den Fokus auf den Prozess zu legen. Für den Prozess müssen wir unseren Geist trainieren. Durch den enormen Zuwachs an Klarheit lenken wir unsere Motivation auf unsere wichtigen Aktivitäten. Wenn wir uns den Prozess nicht die Zielerreichung vorstellen, wird viel weniger Dopamin ausgeschüttet und unsere Motivation wird nicht angegriffen.

Die dritte Dopamin-Falle ist das Setzen extrem ehrgeiziger Ziele. Diese Dopamin-Falle tritt auf, wenn jemand viel höhere zukünftige Leistung von sich erwartet, obwohl er oder sie in den letzten Wochen eine viel schlechtere Leistung gezeigt hat. Sagen wir an einem durchschnittlichen Tag in der näheren Vergangenheit haben wir 40 % unseres Potenzials ausgelebt. Es wäre nun sehr unklug, uns derart ehrgeizige Ziele zu setzen, dass wir sofort 100 % unseres Potenzials ausleben müssten, um sie zu erreichen.

Sich vorzustellen, wie man schnell großartige Ziele erreicht, mag sich toll anfühlen. Sich vorzustellen, so diszipliniert zu sein, dass man in kürzester Zeit sehr viel erledigt bekommt, mag sich auch sehr gut anfühlen. Der Gedanke: *„Ich erledige all diese anspruchsvollen Aufgaben in den nächsten Tagen“*, mag Begeisterung erzeugen, doch leider sind extreme Leistungssteigerungen von heute auf morgen sehr unrealistisch. Das gilt vor allem, wenn diese dauerhaft beibehalten werden sollen. Obwohl wir uns kurzzeitig begeistert fühlen, schaden besonders ehrgeizige Ziele unserer Motivation. Die ehrgeizige Vorstellung führt zu einer Dopaminausschüttung, was unseren Hunger nach Dopamin stillt. Spätestens, wenn der Kontrast zwischen Vorstellung und Realität deutlich wird und die Person realisiert, was es wirklich heißt, so viel in so kurzer Zeit leisten zu wollen, verschwindet die Begeisterung und mit dazu die eigene Motivation.

Ein Ziel, das unrealistisch ist, ist auch ziemlich wertlos. Nur realistische Ziele sind wirklich nützlich. Wenn du deine Leistung verbessern möchtest, so mache das langsam. Sei geduldig. Setze dir jede Woche beim Erstellen deiner Wochenplanung neue Tages- und Wochenziele, die jedes Mal ein bisschen ehrgeiziger werden können. Auf Dauer wird so tatsächlich eine große Leistungssteigerung möglich. Auf Dauer werden Ziele, die heute noch unrealistisch sind, realistisch. Die Kunst besteht darin, sich jede Woche neue Ziele zu setzten, die realistisch sind und dennoch eine Herausforderung darstellen.

Um Missverständnisse zu vermeiden, müssen wir den Unterschied zwischen einem Ziel und einer Vision kennen. Eine Vision liegt meistens lange in der Zukunft. Sie darf sehr ehrgeizig sein. Sie soll es sogar sein, denn sie zu erreichen soll einen großen Nutzen für dich und vielleicht auch andere haben. Sie darf sehr viel umfassender und weniger konkret sein als ein Ziel. Deine Vision soll dich motivieren und dir eine klare Richtung geben. Sie hilft dir enorm, indem du dich an ihr orientierst, um zielgerichtete Entscheidungen zu treffen. Sie ist dein Nordstern in der Nacht. Du gehst nicht abwechselnd nach links und rechts und läufst auch nicht im Kreis. Stattdessen kannst du deinem „Nordstern" folgen, um schnellstmöglich bei deiner Vision anzukommen.

Der Zweck deiner Ziele ist, dass sie dir den Weg hin zu deiner Vision pflastern. Orientiere dich an deiner Vision, wenn du dir Ziele setzt. Schritt für Schritt, Ziel für Ziel verwirklichst du so deine Vision. Ziele müssen sehr viel konkreter sein als eine Vision. Es sollte immer klar sein, was geschehen muss, damit du das Ziel erreicht hast. Und es sollte auch immer klar sein, bis wann du das Ziel erreicht haben musst.

Paradoxerweise braucht es häufig viel mehr Mut, ein realistisches Ziel zu setzen, als ein extrem ehrgeiziges. Der Grund dafür ist, dass bei einem sehr ehrgeizigen Ziel die Ausrede: *„Ich bin gescheitert, weil ich zu ehrgeizig war"*, bereits integriert ist. Es ist viel leichter zu ertragen, bei einem zu ehrgeizigen Ziel zu scheitern. Es ist viel schwerer zu ertragen, bei einem realistischen Ziel zu scheitern. Wenn das der Fall ist muss man sich nämlich unangenehmen Wahrheiten stellen:

„Es lag an mir, dass ich gescheitert bin. Ich habe nicht die notwendige Leistung erbracht. Ich bin gescheitert, weil ich nicht genug Selbstdisziplin hatte."

Viele Menschen haben Angst davor, sich dieser unangenehmen Wahrheit zu stellen, also entwickeln sie einen Schutzmechanismus. Sie setzten sich entweder viel zu ehrgeizige Ziele oder viel zu leichte Ziele.[72] Maximale Produktivität wird jedoch nur dann erreicht, wenn wir uns immer wieder realistische Ziele setzen, die gleichzeitig eine Herausforderung darstellen. Überraschend wenig Menschen können das. Ihre Angst sabotiert sie ständig und das häufig, ohne dass sie es überhaupt merken. Viele Menschen laufen andauernd vor ihrer Angst davon und das kann langfristig ihr gesamtes Leben ruinieren. Wenn wir so viel Motivation und Selbstdisziplin wie möglich haben wollen, dann ist es absolut entscheidend, dass wir uns mit unserer Angst befassen. Ihr ins Auge schauen zu können, ist absolut essenziell für ein Leben, das so glücklich und erfolgreich wie möglich ist.

14

Angst

Setze dich deiner tiefsten Angst aus; dann hat die Angst keine Macht mehr, und die Angst vor der Freiheit schrumpft und verschwindet. Du bist frei.

Jim Morrison

Der vielleicht schönste Urlaub, den ich noch während meiner Schulzeit hatte, war in einem spanischen Hotel Resort. Ich war damals 17 Jahre alt und ich kam mir so vor, als wäre ich im Paradies. Das Wetter war traumhaft, das Hotel lag direkt am Meer und drei Mal am Tag gab es ein leckeres Buffet. Ich verbrachte viel Zeit mit lesen, mit entspannen, mit schwimmen und Fußball spielen.

Am besten von allem gefiel mir jedoch das Theater am Abend. Zuvor hatte ich nie realisiert, wie unterhaltsam Theater sein konnte und ich freute mich auf jede Vorstellung. Das Theater wurde meistens von dem Personal des Hotels durchgeführt. Alle zwei Wochen gaben sie das gleiche Stück zum Besten. Alle zwei Wochen wurde jedoch auch ein Theaterstück aufgeführt, indem allein die Gästekinder die Schauspieler sein konnten.

Eine Woche vor der Aufführung gab es ein Casting. In einem mutigen Moment entschied ich mich hinzugehen und mich als Schauspieler zu bewerben. Obwohl ich kein Kind mehr war und das Durchschnittsalter bei Weitem überschritt, wurde mir eine Rolle zugeteilt. Vielleicht auch wegen meines Alters gaben sie mir die Rolle des Bösewichts. Ich spielte „Tybalt" in einer modernen Fassung von „Romeo und Julia". In der folgenden Woche übte ich fleißig meine Rolle. Am Tag der Aufführung war ich dennoch extrem nervös. Ich stand vorher noch nie auf der Bühne, meine Rolle war anspruchsvoller als anfangs gedacht und ich stellte mir vor, wie alle Kinder das Stück meisterten, während ich meinen Text vergaß und auf der Bühne in Tränen ausbrach.

Zwei Minuten bevor es losging, standen wir in einem Kreis hinter der Bühne. Meine Nervosität erreichte ein neues Maximum. Beim Gedanken an die 350 Leute im Publikum bekam ich langsam Panik. Plötzlich erschien ein mysteriöser Mann und trat in unsere Mitte. Ich würde ihn auf Anfang 60 schätzen, er hatte eine Halbglatze, trug die verbliebenen Haare jedoch schulterlang. Er fragte uns freundlich, ob wir aufgeregt seien. Keiner schien ihm darauf etwas antworten zu wollen. Er schaute uns allen in die Augen und als er mir in die Augen schaute, schien er zu verstehen, was zumindest in mir vor sich ging. Ich erwartete nun, dass er uns Mut machen würde, nach dem Motto: *„Ihr schafft das schon, alles wird gut."* Doch was dann geschah, überraschte mich total und brachte mich in den Jahren danach noch häufiger zum Nachdenken. Er fing an, breiter zu lächeln. Es war jedoch ein trauriges Lächeln, so als ob er an eine geliebte Person dachte, die gestorben war. Dann sagte er:

„Genießt es! Aufregung ist das Beste daran. Ich spüre Aufregung schon lange nicht mehr, wenn ich auf der Bühne stehe und ich beneide euch."

Nach der Vorstellung dauerte es nicht lange und ich fand heraus, wer der mysteriöse Mann gewesen war. In den Tagen zuvor hatte ich ihn schon mehrmals gesehen, aber erst später fiel mir das wieder ein. Ich kannte ihn vom Theater. Er spielte in fast jedem Stück mit und war auch in einem Solotheaterstück zu sehen, in welchem er alleine für 90 Minuten den gesamten Saal unterhielt. Meine Recherche ergab, dass er bereits seit mehreren Jahrzehnten der Direktor des gesamten Hotels war und wahrscheinlich seit Jahrzehnten fast täglich auf der Bühne stand. Als ich das herausfand, wurde mir langsam klar, warum er sagte, dass er keine Aufregung mehr auf der Bühne spürt. Er musste so gut wie alles gesehen und erlebt haben, was man in seinem Theater sehen und erleben kann. Nichts konnte ihn mehr überraschen. Seine immense Erfahrung musste jede Aufregung und natürlich auch jede Angst eliminiert haben.

Doch nach seiner Ansicht ist das nicht unbedingt etwas Gutes. Bewusst oder unbewusst vermeiden viele Menschen ihre Ängste. Sie gehen angsterregenden Situationen aus dem Weg, wann immer es ihnen möglich ist. Und wenn sie mal nicht anders können, als sich in eine angsterregende Situation zu begeben, so versuchen sie so gut es geht, ihre Angst nicht zu spüren. Entweder denken sie an etwas Harmloses oder sie versuchen ihre Angst zu verdrängen, indem sie Hilfsmittel wie zum Beispiel ihr Handy nutzen. Doch was ist, wenn all das gar nicht gut für sie ist? Was ist, wenn der Hoteldirektor recht hat und Aufregung tatsächlich etwas ist, das man genießen kann? Was ist, wenn Angst sogar das Beste an herausfordernden Handlungen wie Theaterspielen ist?

Zuerst erschienen mir diese Gedanken absurd. Angst und Aufregung habe ich immer als sehr unangenehm empfunden, also sicher nichts, was sich genießen lässt. Doch als ich länger über das Thema nachdachte, wurde mir immer mehr klar, dass „Angst" und „Aufregung" viele Aktivitäten erst richtig interessant machen. Abenteuerurlaub, Bungeespringen oder Achterbahn fahren sind hier ein paar Beispiele. Aber auch bei spannenden Filmen, Serien und Romanen ist das der Fall. Wir genießen Geschichten vor allem auch deswegen, weil wir Angst davor haben, dass einer lieb gewonnenen Figur etwas Schlechtes geschieht. Wir wollen automatisch wissen, wie es weitergeht, zumindest bis zu dem Zeitpunkt, an dem die Figur außer Gefahr ist. Sobald das geschehen ist, verwandelt sich dann oft die Angst in Freude und Erleichterung.

Menschen, die in Berufen stecken, in denen sie nie auch nur etwas Angst spüren, empfinden ihren Beruf oft als langweilig und nur wenig erfüllend. Entweder spüren sie nie auch nur ein bisschen Aufregung, weil ihnen ihre eigene Leistung völlig egal ist oder ihr Job ist für sie so kinderleicht geworden, dass er keine Herausforderung mehr darstellt. In beiden Fällen hat der Mangel an „Angst" und „Aufregung" das eigene Leben nicht verbessert, sondern verschlechtert.

Was wäre, wenn wir „Angst" einen viel schlechteren Ruf gegeben haben, als ihr eigentlich zusteht? Was wäre, wenn Angst nichts Schlechtes, sondern eigentlich etwas sehr Gutes ist? Was wäre, wenn wir anfangen würden, Situationen, die uns Angst machen, nicht mehr vermeiden? Was wäre, wenn wir unsere Ängste immer mehr begrüßen und sogar willkommen heißen würden? Nach meiner Erfahrung kann das unsere Motivation deutlich steigern und Aufschieben enorm verringern. Ich bin mittlerweile davon überzeugt, dass, wenn wir unsere Angst mit offenen Armen begrüßen, fällt es uns sehr viel leichter, wichtige Aufgaben anzugehen, durchzuziehen und dabei Bestleistungen zu erbringen.

Beim Thema „Selbstdisziplin" denken viele Menschen nur an das Überwinden von Bequemlichkeit und Faulheit. Dass Selbstdisziplin auch sehr viel mit Angst zu tun hat, ist ihnen nicht bewusst. Viele Menschen realisieren nicht, dass ihre Angewohnheit, „ihre Angst zu vermeiden", der wahre Grund ist, warum sie am Aufschieben sind. Sie realisieren auch nicht, dass jene wichtigen Handlungen, welche die größten Fortschritte in ihrem Leben bedeuten würden, häufig auch jene Handlungen sind, die mit viel Angst und Aufregung verbunden sind.

Je wichtiger uns ein Ziel ist, desto größer ist unsere Angst davor, das jeweilige Ziel nicht zu erreichen. Eltern, die ihr Kind lieben und deswegen das implizierte Ziel haben, einen glücklichen und gesunden Menschen großzuziehen, haben entsprechend große Angst davor, dass ihrem Kind etwas zustößt. Die Stärke der Angst wächst proportional mit der Stärke der Liebe. Je mehr wir eine Vision lieben, desto größer ist unsere Angst beim Erreichen zu scheitern. Wenn jemand unbedingt reich werden möchte, so hat die Person wahrscheinlich große Angst vor einem Leben in Armut. Wenn jemand unbedingt abnehmen möchte, hat die Person wahrscheinlich große Angst davor, ein Leben lang übergewichtig zu bleiben. Wenn jemand unbedingt gute Noten möchte, hat die Person wahrscheinlich große Angst davor, in ihren Prüfungen zu versagen.

Du realisierst nun vielleicht, dass unsere Angst einen großen Einfluss auf unsere Selbstdisziplin und damit auf unser gesamtes Leben hat. *„Aber was ist die Lösung?"*, fragst du vielleicht: *„Was ist die rettende Technik? Wie können wir unsere Angst besiegen?"* Nun, genau dieses Denken ist das eigentliche Problem. Es geht nicht darum, unsere Angst zu besiegen oder zu eliminieren. Was wir stattdessen tun müssen und was eine gigantische Verbesserung bringen kann, das ist das Verändern der Beziehung, die wir mit unserer Angst haben. Angst und Aufregung sind nur dann schlecht und schädlich, wenn wir sie als schlecht und schädlich ansehen. Für maximale Selbdisziplin und Produktivität müssen wir aufhören Angst zum Feind zu machen. Stattdessen müssen wir anfangen, unsere Angst als etwas Gutes zu interpretieren. Wir müssen unsere Angst zum Freund machen. Wenn wir aufgeregt oder nervös sind, macht es einen riesigen Unterschied, ob wir Angst zum Feind oder zum Freund machen. Wenn wir sie zum Feind machen, wirkt sie lähmend und fühlt sich äußerst unangenehm an. Wenn wir sie zum Freund machen, wirkt sie beflügelnd und auf Dauer deutlich weniger unangenehm. Mentale Blockaden bröckeln dahin und die in uns vorhandene Motivation kommt zum Vorschein.

Nehmen wir Schüler und Studenten als **Beispiel**. Wenn es ihnen wichtig ist, gut in einer Prüfung abzuschneiden, werden sie zwangsläufig Angst haben, in der Prüfung zu scheitern. Das ist völlig normal. Wenn sie zwei Wochen vor der Prüfung zum ersten Mal mit ihrer Vorbereitung beginnen, werden sie mit ihrer Angst konfrontiert. Schmerzhaft wird ihnen bewusst, was sie alles nicht verstehen und wie schlecht sie mit ihrem aktuellen Wissen in der Prüfung abschneiden würden. Die Angst, die beim Lernen hochkommt, stellt aber nicht zwangsläufig ein Problem für ihre Selbstdisziplin dar. Sie kann jedoch zum Problem werden. Die alles entscheidende Frage lautet:

„Mache ich mir meine Angst zum Feind oder zum Freund?"

Wenn die Person Angst zum Feind macht, wird Lernen ein schmerzhaftes Erlebnis. Je mehr wir Angst als negativ abtun und nicht spüren wollen, desto unangenehmer wird die angsterregende Aktion für uns. Da das Gefühl beim Verdrängen der Angst derart unangenehm ist, wird die Person in den meisten Fällen mit der angsterregenden Aktivität aufhören und anfangen aufzuschieben. Die Beschäftigung mit dem eigenen Handy, Fernseher, Computer oder den Freunden fühlt sich plötzlich so an wie das Paradies. Im Vergleich zum Lernen erscheint Aufschieben wie eine Wohltat für die Seele.

Erst wenn Schüler und Studenten auch beim Aufschieben die Angst nicht mehr verdrängen können (dies ist oft erst ein bis zwei Tage vor der Prüfung der Fall) fangen sie richtig an zu lernen. Sie lernen dann sehr viel in sehr kurzer Zeit. Sie sind produktiv, nicht, weil sich Produktivität gut anfühlt, sondern weil mangelnde Produktivität sich sogar noch schlechter anfühlt. Das ist keine wirklich tolle Situation für sie. Nicht nur verschlechtern diese Schüler und Studenten so ihre Noten, auch ihr gesamtes Leben leidet unter ihrer Tendenz, ihre Angst zu verdrängen. Würden sie Angst nicht zum Feind machen, sie wären wahrscheinlich deutlich erfolgreicher und hätten es gleichzeitig leichter.

Falls sie Angst zum **Freund** machen, kommt alles ganz anders. Plötzlich fällt es viel leichter, regelmäßig zu lernen. Angst mag sich immer noch unangenehm anfühlen, doch ist sie auf Dauer viel erträglicher, wenn die Schüler und Studenten bereit sind, sie zu spüren. Durch diese Veränderung in der eigenen Mentalität sabotiert Angst nicht mehr die eigene Leistung und fängt an, unterstützend zu wirken. Sie wird zu einem Feuer in ihrem Inneren, ein Feuer, das zwar unangenehm ist, aber dennoch viel Motivation, Energie, Fokus und Durchhaltevermögen spendet.

Menschen, die ihre Angst nicht spüren wollen, tendieren dazu, alle Aktivitäten zu vermeiden, in denen sie ihre Angst spüren müssen. Das gilt häufig auch dann, wenn die Aktivität ihr Leben mehr als alles andere voranbringen würde. Sie wollen etwas unbedingt und haben deswegen unglaubliche Angst, in der Sache zu scheitern. Wenn sich die Erkenntnis aufdrängt, dass sie bei einem wichtigen Ziel schlecht dastehen, macht ihnen das Angst. Da sie es sich angewöhnt haben, ihre Angst zu verdrängen, schieben sie auf.

Nicht nur im Kleinen, auch im Großen streben viele Menschen danach, ihre Angst so gut es geht zu vermeiden. Wie am Ende des letzten Kapitels erwähnt, setzen sich viele Menschen entweder so extrem ehrgeizige Ziele, dass es nicht besonders schmerzhaft ist, in ihnen zu scheitern, oder sie setzen sich so kinderleichte Ziele, dass die Wahrscheinlichkeit zu scheitern (und somit auch die Angst) gegen null geht.

Außerdem vermeiden die Menschen ihre Angst, indem sie unangenehmen Situationen aus dem Weg gehen. Zum Beispiel vermeiden sie das unangenehme Gespräch mit dem eigenen Partner, Vorgesetzten oder Familienmitglied. Daneben suchen sie sich oft Freunde, Partner und Berufe aus, die unter ihrem Niveau sind. Sie wollen so die Angst verlassen, kritisiert oder gefeuert zu werden, vermeiden. Was immer ihnen Angst macht, sie vermeiden es und darunter leidet dann ihr gesamtes Leben. Früher oder später blicken sie auf ihr Leben zurück und stellen fest, dass sie nicht annähernd ihr Potenzial ausgelebt haben, weil sie ständig von ihrer Angst davon gelaufen sind.

Sehr erfolgreiche Menschen haben in der Regel nicht viel weniger Angst als unerfolgreiche Menschen. Sie gehen jedoch anders mit ihr um und allein das macht einen riesigen Unterschied. Dadurch, dass sie ihre Angst nicht verdrängen, sondern bereit sind, sie zu spüren, haben sie einen enormen Vorteil. Sie gewinnen die Freiheit, all das zu tun, was ihnen Angst bereitet.

Auch du kannst dir diesen enormen Vorteil in dein Leben holen. Alles, was du dafür zu tun hast, ist bereit zu sein, deine Angst zu spüren, wann immer sie da ist. Heiße sie willkommen, freue dich, dass sie da ist. Sage dir, dass deine Angst gut ist und dir hilft, glücklicher und erfolgreicher zu werden. Das ist kein simpler mentaler Trick, sondern die Wahrheit! Wer die eigene Angst begrüßt, gewinnt mehr als „nur" die Freiheit, das zu tun, wovor er oder sie Angst hat. Auch wenn Angst oft so dargestellt wird ... sie ist kein notwendiges Übel, das man einfach ertragen muss. Angst kann die eigene Leistungsfähigkeit erheblich steigern. Wenn du sie bereitwillig spürst, wirkt sie oft wie ein Bonus für deine Leistung. Angst kann deine Motivation, Selbstdisziplin und damit auch Produktivität enorm steigern. Du musst nur bereit sein, sie zu spüren, willkommen zu heißen und als gut zu interpretieren. Wenn du das machst, kann sie dir einen großen Bonus gegenüber all jenen verschaffen, welche ihre Angst noch zum Feind machen. Einst gab mir ein Professor nach einer wichtigen Präsentation folgendes Feedback:

„Ich habe das noch nie zu einem Studenten gesagt, aber wie Sie gerade vorgetragen haben, das war perfekt."

Zusammen mit drei anderen Studenten stellte ich ein Projekt vor, an dem wir die letzten 6 Monate gearbeitet hatten. Es war wie eine Abschlussprüfung für uns und die Note hatte großen Einfluss auf die Gesamtnote des Studiums. In den Minuten vor der Präsentation konnte ich die Anspannung meiner Mitstudenten an ihren Gesichtern ablesen. Auch ich hatte große Angst, doch im Gegensatz zu mir versuchten die anderen, ihre Angst zu verdrängen. Zwei lenkten sich mit ihrem Handy ab und der Dritte ging hektisch seine Präsentationsfolien durch.

Ich tat nichts dergleichen. Stattdessen schloss ich meine Augen, verlangsamte meine Atmung und konzentrierte mich auf meine Angst. Sie fühlte sich an wie 1000 kleine Nadelstiche in meiner Magengegend. Es war nicht gerade angenehm, aber ich ließ mich darauf ein, weil ich wusste, dass es sich in der Präsentation auszahlen würde. Ich behielt recht. Sobald ich an der Reihe war, präsentierte ich viel besser als in allen Probepräsentationen, die wir davor abgehalten hatten. Der Grund war, dass ich viel mehr Angst in der tatsächlichen Prüfung spürte und mir diese Angst half, mein Bestes zu geben. Anstatt mich zu lähmen, beflügelte sie mich. Während des Vortrags spürte ich meine Angst zwar noch, doch sie war deutlich weniger unangenehm als zuvor. Anstatt mich zu stören, erinnerte sie mich konstant daran, wie wichtig es ist, hier meine beste Leistung zu zeigen. Sie hielt mich fokussiert, gab mir enorm viel Energie und steigerte mein Selbstvertrauen.

Bei meinen Mitstudenten war es genau umgekehrt. Da sie instinktiv ihre Angst verdrängt haben, wirkte sie nun lähmend auf sie. Ihr Vortragsstil war deutlich schlechter als in den vorherigen Probepräsentationen. Sie vergaßen Dinge, die sie sagen wollten, sie sagten ständig „ähm" und sie versprachen sich öfter. Einer sprach viel zu schnell, ein anderer sprach viel zu leise und alle drei waren sichtlich nervös.

Das ist ein weiteres Paradox der Angst. Wer sie spürt und willkommen heißt, sieht häufig nicht so aus, als hätte er oder sie Angst. Bei Menschen, die versuchen, ihre Angst zu verdrängen, ist es häufig genau umgekehrt. Außenstehende können leicht erkennen, dass ihr Gegenüber nervös ist.

Es gibt mehrere Erklärungsansätze, warum das Begrüßen der eigenen Angst die eigene Leistung so stark verbessern kann. Angst, aber auch Aufregung sind starke Emotionen. Und Emotionen sind letztlich nichts anderes als starke Energie. Kaum jemand würde je bestreiten, dass starke Energiereserven hilfreich für das Erbringen von guter Leistung ist.

Das erklärt auch, warum wir so viel Angst bei Zielen empfinden, die uns sehr wichtig sind und, die wir unbedingt erreichen wollen. Unser Reptiliengehirn gibt uns die Energie, die wir brauchen, um das Ziel zu erreichen. Mit der Angst sagt es uns: *„Verhaue das bloß nicht."* Und zum anderen: *„Mit der Angst gebe ich dir die Energie, um dein Ziel bestmöglich zu erreichen."*

Wie anfangs erwähnt, ist das Reptiliengehirn primär ein Überlebensmechanismus. Mit einem Modell der Welt, das sich seit Millionen von Jahren im Kern nicht verändert hat, möchte es unser Überleben sichern. Es versteht unsere moderne Welt nicht. Wenn wir ein Ziel unbedingt erreichen wollen, dann kommt es unserem Reptiliengehirn so vor, als würde unser Leben auf dem Spiel stehen, wenn wir es nicht erreichen. Ein Ziel, das wir unbedingt erreichen wollen, wäre in der Steinzeit zum Beispiel einer Raubkatze zu entkommen, die uns verfolgt. Natürlich haben wir in einer solchen Situation Angst. Doch Angst ist in diesem Fall natürlich nichts Schlechtes. Die große Angst gibt uns Energie, welche uns hilft, so schnell wie möglich wegzurennen, was wiederum unsere Chancen zu überleben, maximiert.

Um unser Überleben zu sichern, kennt unser Reptiliengehirn nur zwei Vorgehensweisen: Flucht oder Kampf. Wer die eigene Angst verdrängt, signalisiert seinem Reptiliengehirn, sich für die Flucht entschieden zu haben. Man flüchtet quasi vor dem, was Angst macht. In unserer modernen Welt bedeutet das jedoch nicht die Flucht vor einer Raubkatze, sondern die Flucht vor wichtigen Aufgaben und unangenehmen Situationen. Wir flüchten vor unserer Vision, vor unseren Träumen und langfristigen Zielen. Wir flüchten vor harter Arbeit, vor unserem Lernstoff, vorm Trainieren, vor gesunden Gewohnheiten, vor wichtigen Gesprächen, vor wichtigen Entscheidungen. Wir fangen an, aufzuschieben und ein Leben weit unter unserem Potenzial zu leben. Alles nur, weil wir unsere Angst zum Feind gemacht haben.

Wenn wir uns dennoch einer wichtigen Aufgabe stellen, ändert das nichts daran, dass unser Reptiliengehirn auf Flucht eingestellt ist. Angst wird durch das Verdrängen nicht zu Energie, die uns hilft, unsere beste Leistung abzurufen. Stattdessen sabotiert unser Reptiliengehirn uns. Es nimmt uns Energie und macht es sehr unangenehm für uns, unseren wichtigen Aufgaben zu folgen. Es ist schließlich auf Flucht eingestellt und nicht auf Kampf. Es kann nicht verstehen, dass du immer noch nicht am Flüchten bist, weswegen es versucht, dich zum Flüchten zu bewegen.

Wenn wir jedoch unsere Angst spüren und willkommen heißen, signalisieren wir unserem Reptiliengehirn, dass wir uns für das Kämpfen entschieden haben. Aus seiner Sicht haben wir es jetzt mit einem Angreifer zu tun, der uns umbringen möchte. Selbstverständlich wird es jetzt alles in die Waagschale werfen, damit wir siegreich aus dem „Kampf" hervorgehen. Indem wir unsere Angst begrüßen, minimieren wir also nicht nur Aufschieben, wir versetzen uns auch in die Lage, unsere beste Leistung abzurufen.

Angst mag unangenehm sein, doch sobald sich der Grund für die Angst aufgelöst hat, schwingt das unangenehme Gefühl in ein sehr angenehmes Gefühl um. Sofort nachdem sich die Umstände geändert haben, wird aus Angst Freude und Erleichterung. Energie bleibt Energie. Sie geht nicht verloren, sondern ändert nur ihre Farbe. Sobald wir unsere Ängste überwunden haben, fühlen wir uns häufig extrem gut und lebendig.

Menschen, die sich häufig unglücklich, antriebslos und leer fühlen, haben sich in vielen Fällen Angst zum Feind gemacht. Sie haben sich einen goldenen Käfig aus Sicherheit und Komfort geschaffen, weil sie dachten, dass sie das brauchen, um glücklich zu sein. Die Wahrheit ist jedoch, dass Glück, Erfüllung, Lebendigkeit und Begeisterung auf der anderen Seite der Angst zu finden sind, außerhalb der Komfortzone und außerhalb des goldenen Käfigs.

Angst zu begrüßen ist nicht nur eine Strategie für harte Fälle. So gut wie jeder kann deutlich erfolgreicher und glücklicher werden, wenn er oder sie Angst dauerhaft zum Freund macht. Es gibt bereits mehrere Studien, die darauf hinweisen, dass unangenehme Emotionen wie Angst und Aufregung gut für dich sein können.[73]

Die Stanford-Professorin Kelly McGonnigal weist darauf schon seit Jahren hin. In ihrem Buch „Glücksfaktor Stress“ schreibt sie, dass über 100 Studien zum gleichen Schluss gekommen sind: Stress ist destruktiv, bis zu dem Moment, an dem wir glauben, dass er das nicht ist. Die beste Art, mit Stress umzugehen, ist daher nicht zu versuchen, Stress zu reduzieren oder zu vermeiden, sondern anders über Stress zu denken und Stress sogar zu begrüßen.[74]

In einer Studie der Harvard-Universität von 2012 bekamen zwei vergleichbare Gruppen von Studienteilnehmer jeweils eine andere Präsentation vorgeführt. In der ersten Gruppe beschrieb der Professor unter anderem echte Studienergebnisse, die beschrieben, weshalb Stress gut für die eigene Leistung sei, wenn man Stress willkommen heißt. Die zweite Gruppe bekam vollkommen gegenteilige Informationen. Ihnen wurden die Ergebnisse gefälschter Studien präsentiert, die aussagten, dass es das Beste sei, Stress zu ignorieren. Danach sollten die Versuchsteilnehmer der beiden Gruppen, einen Vortrag über die eigen Stärken und Schwächen halten. Den Vortrag mussten sie vor zwei Experten halten, die beide instruiert wurden, möglichst kritisch dreinzublicken. Am Ende wurde ihr Vortragsstil bewertet. Es liegt auf der Hand, welche der beiden Gruppen mit Abstand besser abschnitt. Die erste Gruppe schnitt deutlich besser ab, weil sie den Vortrag viel mehr als Herausforderung und viel weniger als Bedrohung angesehen hat.[75]

Stress, Angst und Aufregung vollständig zu reduzieren, funktioniert oft nicht und selbst wenn es gelingen würde, würde es deutlich weniger helfen, als einfach die Überzeugung anzunehmen, dass Stress, Angst und Aufregung vorteilhaft für die eigene Leistung sind. Nicht nur ist das deutlich leichter, als zu versuchen, die Emotionen zu reduzieren ... du profitierst so auch von Rückenwind bei allen Aktivitäten, die Stress, Angst und Aufregung auslösen.

Das ist nicht einfach nur eine subjektive Feststellung, sondern hat klare messbare Vorteile. Es wurde nachgewiesen, dass, während wir Stress haben, der Neurotransmitter „DHEA" nur dann in hohen Mengen ausgeschüttet wird, wenn wir Stress als etwas Positives ansehen.[76] DHEA ist ein Neurosteroid. Genauso wie Testosteron ein Steroid für unsere Muskeln ist, ist DHEA ein Steroid für unser Gehirn. Genauso wie Testosteron unsere Muskeln leistungsfähiger macht, macht DHEA unser Gehirn leistungsfähiger.[77]

DHEA wirkt außerdem negativen Auswirkungen der beiden Stresshormone Cortisol und Adrenalin entgegen. Über einen längeren Zeitraum und in hoher Intensität können diese tatsächlich sehr negative Effekte haben.[78] Dies gilt jedoch nur dann, wenn ihnen DHEA nicht das Wasser reicht. Indem du also einfach dein Denken und Glaubenssystem anpasst und Stress, Angst und Aufregung als positiv ansiehst, kann dir dies fast übermenschliche Fähigkeiten verleihen.[79]

Manchmal vergesse ich das und ich falle in schlechte Gewohnheiten zurück. Mittlerweile habe ich mir jedoch angewöhnt, schnell zu erkennen, wann immer ich Stress, Angst und Aufregung zum Feind mache. Schnell sage ich mir dann: „***Stress ist gut***", „***Angst ist gut***" oder „***Aufregung ist gut***". Dies sage ich mir, während ich mich auf die jeweilige Emotion in meinem Körper konzentriere.

Vor etwa fünf Jahren wurde ich zu einem Vorstellungsgespräch eingeladen, das sehr wichtig für meinen damaligen beruflichen Werdegang war. Für mich stand viel auf dem Spiel und deswegen hatte ich große Angst, einen schlechten Eindruck zu machen. Obwohl ich es eigentlich besser hätte wissen müssen, verdrängte ich das unangenehme Gefühl in meiner Magengegend. Ich machte Stress, Angst und Aufregung zum Feind.

Das Resultat war, dass ich zumindest am Anfang keinen guten Eindruck machte. Ich kam in den Raum und schaute dabei auf den Boden. Dann fiel mir ein, dass es keinen guten Eindruck macht, wenn man auf den Boden schaut. Also hob ich schnell meinen Kopf und gerade als ich einer der beiden Personen in die Augen schaute, geschah es, ich fing an zu stolpern und wäre fast gefallen. Es war wirklich peinlich.

Das war jedoch alles, was ich brauchte, um meinen Fehler zu erkennen und um ihn zu beheben. Schnell sagte ich mir in Gedanken „***Angst ist gut***“, gleichzeitig konzentrierte ich mich auf die enorme Angst in meiner Bauchgegend. Plötzlich änderte sich alles. Ich war wieder ganz ich selbst, ich konnte wieder klar denken und schaute den beiden Interviewer ruhig in die Augen. Während des gesamten Gesprächs spürte ich meine Angst. Doch anstatt mich zu lähmen, fing sie an, mir zu helfen. Energie durchströmte meinen Körper, mein Geist war vollkommen fokussiert und paradoxerweise gab mir die Angst ein Gefühl von Selbstsicherheit. „*Was könnte noch Schlimmeres passieren? Ich habe doch bereits Angst*“, war das dahinterliegende Motto. Am Ende des Gesprächs war ich überglücklich. Meine Angst war verflogen, ich habe bekommen was ich wollte und ich habe die ganze Zeit über einen kühlen Kopf bewahrt. Alles nur, weil ich meine Angst begrüßt habe, anstatt sie zu verdrängen.

Die meisten Menschen sind zu viel mehr in der Lage, doch sie wissen es nicht, weil sie ständig in Konflikt mit ihren Emotionen leben. Um das zu ändern, kannst du anfangen, Stress, Angst und Aufregung als vorteilhaft anzusehen und sie zu begrüßen, wann immer sie in dein Leben kommen.

Doch höre damit nicht auf, suche dir bewusst sinnvolle Aufgaben und Ziele heraus, die Angst in dir hervorrufen. Habe keine Angst vor der Angst, sondern sei dankbar, wenn sie dich besuchen kommt. Sie gibt dir Energie und kann deine Leistung enorm verbessern. Viele Menschen werden beeindruckt von dir sein, wenn du in angsterregenden Situationen gelassen bleibst. Du wirst noch produktiver, weil du noch weniger aufschiebst, wenn du deine Angst zum Freund machst. Wenn dich deine Angst nicht mehr stoppen kann, kann dich so gut wie nichts mehr stoppen. Wenn du Angst begrüßt, kann dein Leben noch spannender und lebenswerter werden. Du fühlst dich lebendiger, deine Motivation bleibt hoch, deine Selbstdisziplin wächst weiter und dein Leben wird einfach immer besser. Alles nur, weil du dir von deiner Angst helfen lässt, anstatt gegen sie anzukämpfen.

15

Stimmung

Aufschieben ist ein Problem der Emotionsregulierung und kein Problem des Zeitmanagements.

Tim Pychyl

DIE MEISTEN BÜCHER, Videos und Vorträge zum Thema Selbstdisziplin ignorieren die große Bedeutung guter Stimmung. Eine ihrer Kernaussagen könnte folgendermaßen formuliert werden:

„Ist doch egal, wenn du dich schlecht fühlst und keine Motivation hast. So lange du starke Willenskraft besitzt, brauchst du weder Motivation noch gute Stimmung. So lange du starke Willenskraft besitzt, kannst du produktiv sein, wann immer du möchtest."

Die Wahrheit ist jedoch, dass Willenskraft alleine für die meisten Menschen nicht funktioniert. Die meisten Menschen haben nicht die Willenskraft eines Navy Seals oder Shaolin Mönchs und können sich diese nicht einfach Mal so aneignen. Wie anfangs bereits geschrieben, ist es deswegen für fast jeden besser, sich auf **Motivation anstatt auf Willenskraft** zu konzentrieren, um starke Selbstdisziplin aufzubauen.

Der Grund, warum manche sich lieber auf Willenskraft als auf Motivation konzentrieren, ist, dass sie Willenskraft für einen Muskel halten, den sie trainieren können, während ihre Motivation unbeständig ist. Ihre Motivation mag tatsächlich unbeständig sein, doch liegt das nur daran, weil sie nicht gelernt haben, sie zu lenken und zu steigern. Ihre Willenskraft mag tatsächlich wie ein Muskel sein, aber Muskeln wachsen leider nur langsam und nur mit großer Mühe. Den Willenskraft-Muskel zu trainieren bedeutet, sich freiwillig und regelmäßig unangenehmen Situationen auszusetzen. Die meisten Menschen sind dazu nicht in der Lage. Die meisten Menschen lehnen es zum Beispiel ab, jeden Tag für fünf Minuten eiskalt zu duschen, obwohl das langfristig ihren Willenskraft-Muskel deutlich steigern würde.

Zu lernen, die eigene Motivation zu kontrollieren ist hingegen viel weniger unangenehm. Es ist vergleichbar damit, eine simple Fremdsprache zu lernen. Jeder kann es, wenn er oder sie täglich ein bisschen Zeit zum Üben erübrigt. Davor müssen wir jedoch die Vorgehensweisen aus diesem Buch kennen. Und auf keinen Fall sollten wir dabei die Vorgehensweisen zur Optimierung unserer Stimmung vergessen. Unsere Stimmung steht in sehr engem Zusammenhang mit unserer Motivation. So gut wie immer sind folgende Aussagen wahr:

Je besser unsere Stimmung, desto höher ist unsere Motivation für unsere wertvollen Aktivitäten. Je besser unsere Stimmung, desto leichter fällt es uns, das Richtige zu tun.

Einige Studien deuten auf den engen Zusammenhang von Stimmung und Selbstdisziplin hin.[80] Andere deuten auf den engen Zusammenhang von Stimmung und Leistung hin.[81] Aber auch ohne wissenschaftliche Beweise finde ich, dass das intuitiv Sinn macht: Je besser wir uns fühlen, desto mehr sind wir normalerweise bestrebt, diesen inneren Erfolg durch Erfolge im Außen zu manifestieren. Denke zum Beispiel an die letzten Tage und Wochen zurück. Während du überdurchschnittlich hohe Selbstdisziplin und Produktivität an den Tag gelegt hast, wie gut war da deine Stimmung? In den Zeiten, in denen du deine wichtigen Aufgaben länger und konzentrierter nachgegangen bist als üblich, warst du da nicht auch überdurchschnittlich guter Stimmung? Umgekehrt, in Zeiten geringer Produktivität (*vielleicht warst du sogar am Aufschieben?*), war da deine Stimmung nicht auch schlechter als üblich?

Wenn eine Person häufig gut drauf ist, ist es normalerweise natürlich für sie, Fortschritte bei ihrer Vision von einem tollen Leben zu machen. Personen, die häufig guter Stimmung sind, besitzen in der Regel viel mehr mentale Ressourcen, um auch ihre anspruchsvollsten Ziele zu erreichen. Sie stellen häufig viel höhere Ansprüche an ihre Lebensqualität als Menschen, die sich mit schlechter Stimmung abgefunden haben. Das Innere spiegelt das Äußere wieder.

Wenn ein Mensch schlechter Stimmung ist, hat die Person kein Interesse daran, ihre Emotionen im Außen zu manifestieren. Stattdessen möchte sie einfach nur ihre schlechten Emotionen so schnell wie möglich vergessen. Häufig ist dafür jedes Mittel recht, auch wenn es schlecht für die Person ist. Videospiele, Fernsehen, Alkohol, Partys, Drogen und Ähnliches sind Aktivitäten, die häufig genutzt werden, um das schlechte Gefühl im Inneren zu betäuben. Immer geht das auf Kosten von Selbstdisziplin, Produktivität, Glück und Erfolg. Da Menschen dazu tendieren, bei schlechter Stimmung sie abzulenken, um die eigenen Emotionen zu überlagern, verschwenden sie viel Zeit und Energie ... Zeit und Energie, die sie dann nicht mehr in Aktivitäten stecken können, die ihr Leben wirklich bereichern würden.

Eine Studie[82] von Shira Pollack und Joanna Herres zeigt, dass wenn jemand heute wegen schlechter Stimmung am Aufschieben ist, dies die Wahrscheinlichkeit erhöht, dass er oder sie am nächsten Tag erneut aufschieben wird. Der Grund dafür ist, dass für die meisten Menschen Aufschieben nichts ist, was die eigene Stimmung verbessert. Viele Menschen, die am Aufschieben waren, fühlen sich danach wie ein Versager. „*Warum verschwende ich nur meine wertvolle Zeit, wenn ich so viel Wichtiges zu erledigen habe?*“, fragen sie sich dann vielleicht. Oft gilt:

- Je schlechter unsere Stimmung, desto weniger Motivation haben wir.
- Je weniger Motivation wir haben, desto weniger produktiv sind wir.
- Je weniger produktiv wir sind, desto schlechter ist unsere Stimmung.

Schlechte Stimmung kann also in einen Teufelskreis führen. Die eigene Stimmung kann alles schwerer oder leichter machen. Es ist sehr wichtig, sich dessen bewusst zu sein, weil wir so anfangen, gute Stimmung mehr wertzuschätzen. Betrachtest du nur den heutigen Tag, so mag deine Stimmung nur einen kleinen Unterschied in deinem Leben machen. Betrachtest du jedoch die nächsten 20 Jahre, so ist der Einfluss deiner Stimmung auf dein gesamtes Leben gigantisch.

Zum Glück gibt es hierfür ein paar simple und effektive Vorgehensweisen. Regelmäßig angewendet können sie einen großen Unterschied auf deine Stimmung machen. Es kann sich sehr für dich auszahlen, beim Anwenden der Vorgehensweisen strategisch zu sein. Sei bereit, heute

Schritte einzuleiten, die sich erst in ein paar Tagen auf deine Stimmung auswirken.

So gut wie kein Mensch macht das jedoch. Fast jeder unterschätzt den großen Einfluss guter Stimmung auf Motivation, Selbstdisziplin, Produktivität und Erfolg. Viele scheinen zu glauben, nur gute Stimmung in ihrer Freizeit haben zu können, während das Arbeiten an den eigenen Zielen fast automatisch mit schlechter Stimmung verbunden wird. Ihnen ist nicht bewusst, wie hilfreich gute Stimmung für die eigene Leistung sein kann und wie viel Einfluss sie auf ihre Stimmung haben können. Es gibt eine Reihe von Vorgehensweisen, die einen großen Einfluss auf die eigene Stimmung haben und dabei keine kontraproduktive Nebenwirkungen haben.

Wenn du diese Vorgehensweisen beherrscht, hast du einen großen Vorteil gegenüber fast allen Menschen. Die Stimmung der meisten Menschen wird nämlich fast vollständig durch äußere Einflüsse diktiert. Anstatt Verantwortung zu übernehmen ... anstatt dafür zu sorgen, dass die eigene Stimmung möglichst gut bleibt, ist ihre Stimmung wie ein Blättchen im Wind: Stau, schlechtes Wetter oder eine unfreundliche Geste einer anderen Person und schon ist es um ihre gute Stimmung geschehen. Wenn dann noch Zeitdruck, Müdigkeit, Hunger, ein Missgeschick bei der Arbeit oder ein Streit hinzukommt, ist ihre Stimmung meist ganz im Keller. Vollkommene Kleinigkeiten, wie sich am Supermarkt an die langsamere Kasse zu stellen oder an einer roten Ampel warten zu müssen, reichen oft schon aus, um die Stimmung vieler Menschen spürbar zu senken. Ihnen ist nicht bewusst, dass das sie es zulassen, dass ein völlig belangloses Ereignis ihre Stimmung, Motivation und Selbstdisziplin deutlich reduziert.

Schlechte Stimmung ist fast immer schlecht für die eigene Motivation, während gute Stimmung fast immer gut für die eigene Motivation ist. Wer also regelmäßig das eigene Potenzial ausleben möchte, muss gut darin werden, die eigene Stimmung hochzuhalten. Wir können so indirekt Motivation erzeugen, indem wir lernen, unsere Stimmung zu steigern.

Um das nachhaltige Steigern deiner Stimmung geht es in Teil 2 dieses Kapitels. Teil 1 handelt um etwas, das genauso wichtig ist. Es geht darum, deine gute Stimmung zu beschützen. Wenn wir gut darin sind, können uns negative äußere Einflüsse deutlich weniger anhaben.

Stimmung schützen

Nun folgen fünf Vorgehensweisen, welche dir erlauben, deine Stimmung zu beschützen. Gute Stimmung bleibt gut und schlechte Stimmung wird wenigsten nicht noch schlechter. Langfristig können die Vorgehensweisen einen großen Unterschied für deine Stimmung, Motivation, Selbstdisziplin und Produktivität machen.

Vorgehensweise 1 ist vielleicht die wichtigste Vorgehensweise zum Schützen der eigenen Stimmung. Wer sich diese Vorgehensweise angewöhnt hat, besitzt ein mentales Schutzschild. Egal was gerade im Begriff ist, deine Stimmung zu verschlechtern, du kannst dich mit ihr dagegen zur Wehr setzen. Wann immer ein vermeintlich schlechtes Ereignis eintrifft, das normal deine Stimmung herunterziehen würde, stelle dir einfach folgende Frage:

„Was kann ich hier lernen oder trainieren?"

Sobald du erkennst, dass in der vermeintlich negativen Situation eine Lernerfahrung steckt oder dass sie dir ermöglicht, eine wertvolle Fähigkeit zu trainieren, hast du die Vorgehensweise erfolgreich angewendet. Deine Aufmerksamkeit ist nun nicht mehr auf negative Aspekte gerichtet, sondern auf mindestens einen positiven Aspekt. Dieser kleine Wechsel in deiner Betrachtungsweise macht einen großen Unterschied. Das vermeintlich negative Ereignis fängt an, sich wertvoll, hilfreich und notwendig anzufühlen. Vielleicht entsteht sogar Dankbarkeit. Dankbarkeit dafür, dass wir etwas lernen oder trainieren können.

Ich bin davon überzeugt, dass es nichts gibt, das so schlecht ist, dass es nicht auch gute Seiten hat. Sicher, bei manchen Dingen überwiegen die negativen Aspekte bei Weitem. Doch selbst in Extremfällen kann man immer etwas lernen oder trainieren.

Wie bereits erwähnt, ist dem mächtigen Reptiliengehirn nichts wichtiger, als unser Überleben zu sichern. Es bringt uns deswegen ständig dazu, Ausschau nach Gefahren zu halten und potenziellen Bedrohungen viel Aufmerksamkeit zu schenken. Das Problem ist, dass das Reptiliengehirn viele unwichtige Kleinigkeiten und negative Ereignisse, die nicht relevant für unseren Alltag sind, als potenzielle Gefahr einstuft. Von Natur aus tendiert deswegen unser Gehirn dazu, allem Negativen viel mehr Aufmerksamkeit zu schenken, als allem Positiven. Natürlich ist das alles andere als gut für unsere Stimmung. Die Standardeinstellungen unseres Gehirns sind gegen uns. Schlechte Dinge verschlechtern unsere Stimmung sehr viel mehr, als gute Dinge, unsere Stimmung verbessern.

Um unsere Stimmung zu beschützen, müssen wir unser Gehirn updaten. Wir müssen die Standardeinstellungen unseres Gehirns optimieren und das gelingt uns, indem wir uns immer wieder in negativen Situationen auf deren positiven Aspekte konzentrieren. Die einfachste Art und Weise, dies zu bewerkstelligen ist die Frage: „*Was kann ich hier lernen oder trainieren?*" Indem wir diese Frage beantworten, **kurz bevor** etwas normalerweise unsere Stimmung beeinträchtigen würde, beschützen wir unsere Stimmung und unsere Motivation bleibt erhalten. Ich habe diese Vorgehensweise unter anderem angewendet bei:

- unfreundlichen Kommentaren,
- roten Ampeln,
- unverschämten Autofahrern,
- einem Motorschaden meines Autos,
- unerwarteten Absagen,
- nerviger Werbung,
- einer Verletzung,
- einer Krankheit,
- einem versuchten Betrug und
- schlechten Entscheidungen im Allgemeinen.

Immer konnte ich etwas lernen oder etwas trainieren. Ich konnte zum Beispiel lernen, wie ich besser auf unfreundliche Kommentare reagieren kann oder wie sich mit einem Motorschaden bei einem Auto umgehen lässt. Trainieren konnte ich zum Beispiel Gelassenheit, Resilienz, Kreativität und natürlich das Lenken und Steigern meiner Motivation.

Auch bei **Vorgehensweise 2** stellen wir uns im richtigen Moment eine Frage. Bei dieser Vorgehensweise geht es jedoch nicht um Ereignisse, die sich gerade erst ereignet haben, sondern große negative Ereignisse aus der Vergangenheit oder negative Lebensabschnitte. Es geht um negative

Dinge, die sich so sehr im eigenen Geist eingebrannt haben, dass sie noch immer deine Stimmung herunterziehen, wenn du dich an sie erinnerst. Es könnte eine schlimme Krankheit sein, ein Unfall, eine schlechte Beziehung oder Trennung, Mobbing, schlechte Lehrer, Eltern, Freunde, Verwandte oder Bekannte. Wenn es etwas in deiner Vergangenheit gibt, das dich noch heute belastet, ist diese Vorgehensweise Gold wert. Regelmäßig angewendet kannst du mit ihr nachhaltig die Interpretation der negativen Sache ändern. Das hilft dir von ihr loszulassen, wodurch deine Stimmung, Motivation und Selbstdisziplin nicht mehr durch sie angegriffen wird.

Um Vorgehensweise 2 richtig anwenden zu können, müssen wir ihr mindestens ein paar Minuten einräumen und an einen ungestörten Ort gehen. Denke dann an die negative Gegebenheit und stelle dir die Frage:

„Wie kann die Sache das Beste sein, was mir je passiert ist?"

Denke in Ruhe über deine Antwort nach. Hat die Sache dich vielleicht zu einem besseren Menschen gemacht? Hat es dich vielleicht auf einen Weg gebracht von dem du noch heute profitierst? Wärst du jetzt hier, wo du bist, mit all deinem Wissen, deinen Freunden und deinem Erfolg ohne dieses Lebensereignis?

Es geht hier nicht darum, dir etwas einzureden. Viel mehr solltest du dich hier für die Möglichkeit öffnen, dass die Sache tatsächlich das Beste ist, was dir je geschehen ist. Alternativ könntest du dich auch fragen: ***„Wenn es das Beste ist, was mir je passiert ist, warum?"*** Indem du langsam realisierst, dass die Sache tatsächlich viele positive Eigenschaften besitzt und es vielleicht sogar das Beste ist, was dir je geschehen ist, beginnt sich der schädliche Effekt auf deine Stimmung aufzulösen. Es fällt dir leichter, alles, was daran negativ ist, zu akzeptieren, weil du es gegen die vielen positiven Aspekte abwägen kannst. Wenn das nächste Mal Gedanken über das Lebensereignis hochkommen, kannst du dich einfach auf die herausgefundenen positiven Aspekte konzentrieren und so deine Stimmung beschützen.

Ich könnte traurig sein, dass ich in der Vergangenheit viel mit Disziplinlosigkeit zu kämpfen hatte und so viel zu wenig von meinem Potenzial auslebte. In gewisser Weise ist dies jedoch auch das Beste, was mir je geschehen ist. Ohne meine Disziplinlosigkeit wäre ich nie bereit gewesen, so viel Zeit und Energie in meine Weiterbildung und das Thema Selbstdisziplin zu stecken. Ohne meine Disziplinlosigkeit hätte ich nie dieses Buch geschrieben. Ohne meine Disziplinlosigkeit könntest du und andere jetzt nicht von meinem Wissen und meinen Erfahrungen profitieren.

Ich glaube, dass es vielen ähnlich geht, ohne es zu realisieren. Sie verteufeln einen Unfall, einen Fehler, eine Trennung, eine schlechte Entscheidung, eine Krankheit oder eine Phase ihres Lebens, ohne je die Möglichkeit in Betracht gezogen zu haben, dass diese Sache das Beste war, was ihnen je geschehen ist.

Vorgehensweise 3 ist kreative Wege zu finden, um weniger von den Dingen zu tun, die deine Stimmung schaden. Egal, welche Aktivität schlecht für deine Stimmung ist, frage dich:

- Kann ich sie einfach weglassen?
- Kann ich sie delegieren?
- Kann ich die Beschäftigungszeit reduzieren?
- Kann ich die Aktivität so verändern, dass sie meiner Stimmung weniger schadet?

Klar, manche Aktivitäten sind so wichtig, dass wir sie nicht einfach weglassen, delegieren, reduzieren oder verändern können. Die meisten Menschen gehen jedoch erstaunlich vielen Aktivitäten nach, welche unnötigerweise die eigene Stimmung verschlechtern. Vielleicht ist es bei dir auch so. Denke in Ruhe darüber nach: Gibt es eine Aktivität, welche deiner Stimmung schadet, ohne das es ihr Nutzen rechtfertig? Vielleicht gibt es Verhalten, dem du gewohnheitsgemäß nachgehst, ohne je darüber nachgedacht zu haben, ob du dieses vielleicht weglassen, delegieren, reduzieren oder verändern kannst? Um dich zu inspirieren, folgen nun ein paar Beispiele:

- Nachrichten im Fernsehen, Radio und Internet sind häufig ein Stimmungskiller. So gut wie immer beschäftigen sie sich mit Negativem. Nachrichtenagenturen machen das vor allem auch aus einem finanziellen Interesse. Sie wissen, dass der Überlebensinstinkt des menschlichen Gehirns enorm dazu beiträgt, dass viele Menschen von den negativen Berichten gefesselt werden. Dass als Nebeneffekt die Stimmung der Leser und Zuschauer leidet, ist ihnen egal. Es ist deswegen unsere Aufgabe, Verantwortung zu übernehmen und uns zu fragen, ob wir vielleicht mehr Nachrichten konsumieren, als es optimal für uns ist.

- Viele Menschen haben keine Lust darauf, regelmäßig zu staubsaugen und das zwingt sie in ein Dilemma: Wenn ihr Boden schmutzig wird, leidet darunter ihre Stimmung, doch wenn sie anfangen zu staubsaugen, verschlechtert das ihre Stimmung. Die Lösung ist ganz einfach. Staubsaugerroboter sind heutzutage erschwinglicher denn je und können einem viel unliebsame Putzarbeit abnehmen.
- Es gibt viele Menschen, die sich regelmäßig mit anderen vergleichen, die mehr haben, mehr können oder besser aussehen als sie selbst. Was wie eine harmlose Verhaltensweise klingt, ist häufig ein großer und dauerhafter Stimmungskiller. Besonders in sozialen Medien tendieren viele Menschen dazu, mit ihrem Besitz, ihren Fähigkeiten oder ihrem Aussehen anzugeben. Häufig trügt der Schein. Die meisten dieser Menschen sind nicht annähernd so reich, talentiert oder gut aussehend, wie sie sich darstellen. Aber selbst wenn doch, selbst wenn sie dir wirklich momentan überlegen sind, was bringt es dir, wenn deswegen deine Stimmung darunter leidet? Die Lösung ist simpel: Reduziere die Zeit, die du in sozialen Medien verbringst und vergleiche dich nicht mit anderen Menschen. Generell ist es ratsam, erfolgreiche Menschen nicht auf ein Podest zu stellen. Alles, was sie von weniger erfolgreichen Menschen trennt, ist nur Zeit, gute Strategien und Selbstdisziplin.
- Für viele Menschen ist das Einkaufen ihrer Lebensmittel ein Stimmungskiller. Trotzdem gehen sie einmal in der Woche oder sogar öfter einkaufen. Würden sie ihre kommenden Mahlzeiten besser planen, müssten sie wahrscheinlich weniger häufig einkaufen gehen. Eine weitere Möglichkeit, die Stimmung hier zu beschützen, ist das Einkaufen der Lebensmittel im Internet. Dies könnte in Form von Kochboxen oder über die Website eines Supermarkts mit Lieferdienst geschehen. Der Einkauf kann online gespeichert werden und beim nächsten Mal sind nur wenige Klicks nötig, um ihn erneut zu tätigen.

- Wenn du noch zur Schule gehst, wenn du studierst oder wenn du für eine berufliche Prüfung lernen musst, dann könnte „Lernen" ein Stimmungskiller für dich sein. Bei vielen ist der Glaube weit verbreitet, dass man einfach viel lernen muss, wenn man gute Noten will. Was viele Menschen dabei vergessen, ist, dass die Art und Weise, wie gelernt wird, einen großen Unterschied macht. Wer anfängt schneller zu lernen, reduziert nicht nur Lernzeit, sondern steigert auch den Spaß am Lernen. „Lernen" macht nämlich viel mehr Spaß, wenn wir schnelle Fortschritte machen und mit guten Noten belohnt werden. Je mehr Spaß etwas macht, desto weniger schadet es unserer Stimmung. Viele Menschen würden wahrscheinlich deutlich schneller lernen, wenn sie so früh wie möglich ihren wichtigsten Lernstoff mit Karteikarten-Apps auswendig lernen würden.
- Vielleicht gibt es Menschen in deinem Umfeld, die häufig schlechter Stimmung sind und dich mit ihr anstecken. Vielleicht gibt es auch Menschen in deinem Umfeld, die es einfach immer wieder schaffen, dass du dich auf die eine oder andere Art und Weise schlecht fühlst. Falls ja, dann vermeide solche Menschen so gut es geht. So gut wie nie sind sie es wert, dass du viel Zeit mit ihnen verbringst. Durchbreche die Gewohnheit, bei ihnen zu sein und halte dich (falls nötig) an ganz anderen Orten auf, als sie.

Kommen wir nun zu **Vorgehensweise 4**. Weißt du noch, wie ich am Anfang des Buchs geschrieben habe, dass eine Dopaminausschüttung deutlich stärker wird, wenn der Grund für die Dopaminausschüttung überraschend ist? Nun, es hat sich gezeigt, dass dies auch umgekehrt funktioniert: Wenn uns etwas Schlechtes geschieht und wir davon überrascht werden, fühlt sich dies deutlich schlechter an, als hätten wir das schlechte Ereignis vorher erwartet. Daraus lässt sich die vierte Vorgehensweise ableiten:

Erwarte und akzeptiere unangenehme Ereignisse.

Instinktiv verdrängen die meisten Menschen kommende Aufgaben, Aktivitäten und Szenarien, wenn diese unangenehm sind. Anfangs mag das so aussehen, als wäre das die richtige Strategie, um die eigene Stimmung zu beschützen. Jedoch spätestens, wenn das negative Ereignis eintrifft, zeigt sich, dass das Verdrängen der Stimmung erst recht schadet.

Wer zum Beispiel keine Lust auf eine Aufgabe bei der Arbeit hat, tut sich keinen Gefallen, wenn er oder sie so tut, als würde diese Aufgabe nicht existieren. Kaum ist es an der Zeit, der Aufgabe nachzugehen, reduziert das die Stimmung der Person viel mehr, als hätte sie diese erwartet und akzeptiert.

Nichts ist weder gut noch schlecht, erst unsere Gedanken machen es dazu. Erst indem wir Groll über zukünftige Aufgaben, Aktivitäten und potenzielle Ereignisse hegen, schaden sie unserer Stimmung. Indem wir jedoch der unangenehmen Sache direkt in die Augen schauen (indem wir es erwarten) und indem wir den Stimmungskiller unschädlich machen (indem wir es akzeptieren), bleibt unsere Stimmung unangetastet. Das gilt nicht nur für anstrengende Aufgaben, sondern auch für alle Ereignisse, die uns Angst machen. Durch das Erwarten und akzeptieren behalten wir die Kontrolle. Motivation, Selbstdisziplin und Produktivität bleiben hoch.

Ich habe diese Vorgehensweise in meine Arbeitsroutine integriert. Jeden Arbeitstag von 7:30 Uhr bis 7:40 Uhr schaue ich mir meine Wochen- und vor allem Tagesplanung an. Nicht nur optimiere ich in dieser Zeit meine Planung. Nicht nur stelle ich mir dabei vor, wie ich die kommenden Aufgaben mit hoher Motivation, Selbstdisziplin und Produktivität ausführe. Ich bereite mich auch darauf vor, dass die kommenden Aufgaben unangenehm und anspruchsvoll werden. Indem ich das erwarte und akzeptiere, bleibt meine Stimmung unberührt und das exakte Umsetzten meiner Planung wird deutlich leichter.

Vorgehensweise 5 hat große Ähnlichkeit mit der vorherigen Vorgehensweise. Anstatt ein zukünftiges unangenehmes Ereignis zu erwarten und zu akzeptieren, geht es hier jedoch ausschließlich um Aufschieben. Die fünfte Vorgehensweise lautet:

Akzeptiere es vollständig, wenn du am Aufschieben warst oder bist. Mache dir keine Selbstvorwürfe, sondern vergebe dir und habe Mitgefühl mit dir selbst.

Für manche mag diese Vorgehensweise keinen Sinn machen. „*Wer das eigene Aufschieben akzeptiert, wird doch ewig weiter aufschieben*", sagen sie vielleicht. Intuitiv glauben sie, dass Reue, Ärger und Bitterkeit viel besser sind, um Selbstdisziplin wiederherzustellen. „*Wenn ich mich schlecht fühle, weil ich am Aufschieben bin, höre ich auf aufzuschieben*", das ist ihre Logik. So funktioniert die menschliche Psyche jedoch nicht. Für starke Motivation, Selbstdisziplin und Produktivität ist gute Stimmung extrem hilfreich. Emotionen wie Reue, Ärger und Bitterkeit und ein verurteilendes Selbstgespräch sind genau das Gegenteil von dem, was eine Person, die am Aufschieben ist, braucht.[83] Der Grund dafür ist, dass durch all das die eigene Stimmung (und damit die eigene Selbstdisziplin) noch schlechter wird. Hohe Motivation und Produktivität wird viel eher wieder hergestellt, wenn wir anfangen, Aufschieben radikal zu akzeptieren. Ein hilfreiches Selbstgespräch wäre Folgendes:

„Ja, ich war am Aufschieben. Es hat Spaß gemacht. Ich habe die Pause wohl gebraucht und sicher auch verdient. Ich habe es jedoch auch verdient, erfolgreich zu werden. Deswegen akzeptiere ich jetzt völlig, dass ich aufgeschoben habe. Ich hake es ab und mache nun wieder weiter nach Plan."

Akzeptanz, Vergebung und Mitgefühl schneiden wie ein Messer durch jede Periode der Zeitverschwendung. Habe Empathie mit dir. Akzeptiere, wenn du am Aufschieben bist oder warst. Sei nicht traurig über die verschwendete Zeit, sondern fokussiere dich auf all die Zeit, die du noch nutzen kannst. Auch wenn es kitschig klingen mag: **Liebe dich selbst**. Auf diese Weise fällt es deutlich leichter, nach der Zeitverschwendung wieder produktiv weiterzumachen.

Ohne Akzeptanz tendieren viele Menschen dazu, in einem Strudel der Zeitverschwendung unterzugehen. Aufschieben führt zu schlechter Stimmung, was zu noch mehr Aufschieben führt. Lass nicht zu, dass dich dieser Teufelskreis in Gefangenschaft nimmt. Akzeptiere stattdessen Aufschieben, motiviere dich in Gedanken, bringe den Weg des geringsten Widerstands auf deine Seite und folge dann deiner klaren Planung. Wenn du diesem Muster immer wieder folgst, wird jegliches Aufschieben bald der Vergangenheit angehören. Du wirst immer disziplinierter, produktiver und langfristig immer erfolgreicher.

Stimmung verbessern

Nun folgen fünf Vorgehensweisen zur Verbesserung der eigenen Stimmung. Wie bereits erwähnt, kannst du so indirekt Motivation, Selbstdisziplin und Produktivität weiter steigern.

Die **1. Vorgehensweise** ist Sport. Viele Menschen greifen zu Schmerzmittel, Alkohol oder sogar Drogen, obwohl sie ihre Stimmung wahrscheinlich noch besser verbessern könnten, wenn sie einfach intensiv Sport machen würden. Genauso wie nach der Einnahme künstlicher Substanzen zur Stimmungsaufhellung ist unser Blut nach dem Sport voller Glückshormone.[84] Wir brauchen keine künstlichen Substanzen, in unserem Körper ist bereits alles vorhanden, um unsere Stimmung deutlich zu verbessern.[85] Doch im Gegensatz zu Schmerzmitteln, Alkohol oder Drogen gibt es kein wirkliches Stimmungstief nach dem Stimmungshoch durch Sport. Sport hat auch keine Nebenwirkungen, ganz im Gegenteil! Neben verbesserter Stimmung sorgt Sport für ein stärkeres Immunsystem, besseres Aussehen, Entspannung, Selbstvertrauen, Stärkung des Herz-Kreislauf-Systems und vieles mehr.[86] Es gibt nur wenig, das gleichzeitig so viele Vorteile hat wie Sport.

Oft ist der Effekt auf die eigene Stimmung einer einzigen Sporteinheit noch Tage danach zu spüren. Oder anders ausgedrückt: Wir wären etwas schlechter drauf, hätten wir nicht Tage zuvor Sport gemacht. Bei mir ist es fast wie ein Reflex. Wann immer ich längere Zeit schlecht drauf bin, frage ich mich: „*Wann habe ich zuletzt Sport gemacht?*“ und häufig stelle ich dann fest, dass ich mein Sportprogramm vernachlässigt habe. Natürlich weiß ich dann auch sofort, was zu tun ist, um wieder besserer Stimmung zu sein. Nach meiner Sportroutine braucht es meistens nur 10 bis 20 Minuten und ich merke deutlich, wie sehr sich meine Stimmung verbessert hat. Eine entspannte Zufriedenheit stellt sich ein. Optimismus macht sich breit und die Motivation für meine wichtigen Aufgaben wächst. Sport ist ein wahres Wundermittel, das noch nie versagt hat, meine Stimmung zu verbessern.

Es ist dabei nicht nötig, an die eigenen körperlichen Grenzen zu gehen, um von den großartigen Vorteilen zu profitieren. Klar, wir sollten beim Sport schon ins Schwitzen kommen und kürzer als 10 Minuten sollte die

Sporteinheit des Tages möglichst nicht sein. Viel wichtiger als Intensität ist jedoch **Regelmäßigkeit**. Manche Menschen gehen zwei Stunden am Stück joggen und machen die nächsten drei Wochen danach keinen Sport mehr. Andere gehen für eine Woche jeden Tag ins Fitnessstudio und trainieren dann für zwei Monate überhaupt nicht mehr. All das sollten wir unbedingt vermeiden. Es ist nicht nötig, sechs Mal die Woche zu trainieren, aber zwei Mal die Woche (dauerhaft!) sollten es mindestens sein.

Sport ist auch etwas für Menschen, die bisher nur sehr wenig Sport gemacht haben und sich selbst nicht als sportlich bezeichnen würden. Falls das auf dich zutrifft, nutze die Vorgehensweisen aus diesem Buch, um deine Motivation auf Sport zu lenken und deine Motivation für Sport zu steigern. Zum Beispiel könntest du an dem Ort, wo du sportlich sein möchtest, alle Ablenkungen entfernen und dein Sportprogramm fest in deinen Terminkalender einplanen. Du könntest dir auch wiederholt etwas in die folgende Richtung sagen:

- „Ich bin sportlich."
- „Ich habe großen Spaß am Sport."
- „Ich kann mit Leichtigkeit regelmäßig Sport machen."
- „Ich habe es verdient, einen durchtrainierten Körper zu haben."
- „Ich erwarte, dass es anstrengend ist, regelmäßig Sport zu machen und ich akzeptiere es."

Nehme dir dann am Anfang bewusst wenig vor, sodass es dir leicht fällt, eine starke Sport-Gewohnheit aufzubauen. Nach ein paar Wochen des regelmäßigen Trainings kannst du dann langsam dein Sportpensum steigern. Für einen totalen Anfänger wären 10 Kniebeugen, 10 Liegestützen und 10 Sit-ups ein guter Start. Mache dieses kleine Sportprogramm jeden Tag, bevor du sowieso duschen gehst. Auf diese Weise baust du mit minimalem Aufwand eine wirklich wertvolle Gewohnheit auf und dein durchschnittliches Stimmungsniveau wird immer besser und besser.

Die **2. Vorgehensweise** ist das Erzeugen von Dankbarkeit. Auch, indem wir regelmäßig Dankbarkeit erzeugen, können wir langfristig unsere durchschnittliches Stimmungsniveau enorm steigern. Wenn wir dankbar erzeugen, dann fühlt es sich so an, als wären andere Menschen, das Schicksal, der Zufall, äußere Umstände oder Ähnliches gut zu uns. Uns kommt es so vor, als hätten wir ein tolles Geschenk bekommen und natürlich fühlt sich das gut an, wir fühlen uns glücklich und unsere Stimmung verbessert sich.

Damit diese Vorgehensweise einen riesigen Effekt auf unser durchschnittliches Stimmungsniveau hat, müssen wir Dankbarkeit **immer wieder aktiv** erzeugen. Wenn wir regelmäßig Dankbarkeit erzeugen, wird unsere Stimmung immer wieder verbessert, wodurch sich indirekt unsere Motivation steigern lässt.

Das Problem ist, dass nur sehr wenige Menschen bereit sind, ihr Schicksal selbst in die Hand zu nehmen und anfangen Dankbarkeit aktiv zu erzeugen. Zum einen glauben sie, dass Dankbarkeit keinen praktischen Nutzen für ihre Ziele hat. Zum andern glauben sie, dass Dankbarkeit nichts ist, was sie aktiv herbeiführen können. Sie denken, dass Dankbarkeit von alleine kommen muss.

Die Wahrheit ist, dass Dankbarkeit einen großen Nutzen für unsere Selbstdisziplin und Produktivität haben kann und dass wir sehr wohl in der Lage sind, Dankbarkeit aktiv herbeizuführen.[87] Nichts ist gut oder schlecht, erst unsere Gedanken machen es dazu. Es könnte sein, dass jemand ein grandioses Geschenk bekommt, doch weil er oder sie das Geschenk als selbstverständlich ansieht, ist die Person nicht dankbar dafür. Auf der anderen Seite könnte eine Person tiefe Dankbarkeit für die (vermeintlich) kleinsten Dinge im Leben empfinden. Die Schönheit der Natur zum Beispiel. Oder dass die Sonne am Morgen aufgeht, dass ein Freund zu Besuch kommt, dass wir in Sicherheit leben, dass wir gesund sind, dass wir keinen Hunger leiden müssen oder schlicht dafür, dass wir am Leben sind. All das könnten Quellen tiefer Dankbarkeit sein, wenn wir aktiv darauf unsere Aufmerksamkeit lenken.

Die meisten Menschen tendieren hingegen dazu, nur dann Dankbarkeit zu empfinden, wenn sie etwas als nicht selbstverständlich betrachten. Da immer mehr großartige Dinge in unserer modernen Welt immer selbstverständlicher für viele Menschen werden, tendieren diese dazu, immer unglücklicher zu werden. Kaum etwas kann sie noch positiv überraschen, wodurch sie nur selten Dankbarkeit empfinden und viele Chancen verpassen, ihre Stimmung zu verbessern.

Ein weiteres Problem hängt Mal wieder mit unserem Reptiliengehirn zusammen. Da es extrem darauf bedacht ist, unser Überleben zu sichern, schenkt es möglichen Gefahren instinktiv sehr viel Aufmerksamkeit. Natürlich senkt der Fokus auf mögliche Gefahren unsere Stimmung. Das Reptiliengehirn würde niemals von alleine auf die Idee kommen, etwas Gutem Aufmerksamkeit zu schenken. Wenn das Reptiliengehirn sprechen könnte, würde es vielleicht sagen:

„Warum soll ich mich auf Gutes konzentrieren? Das Gute ist doch schon gut. Es muss nicht verändert werden und braucht deswegen keine Aufmerksamkeit."

Das Reptiliengehirn realisiert nicht, dass durch seinen Fokus auf vermeintliche Gefahren, unsere Stimmung immer weiter abnimmt und so unsere Selbstdisziplin und unser gesamtes Leben darunter leidet.

Da in unserer modernen Gesellschaft sehr viel Gutes als selbstverständlich wahrgenommen wird und da unser Reptiliengehirn dazu tendiert, unsere Aufmerksamkeit auf Schlechtes zu lenken, hat es unsere Dankbarkeit sehr schwer. Von alleine entsteht Dankbarkeit bei den meisten Menschen nur selten. Viel Potenzial geht auf diese Weise verloren.

Die Lösung ist, dass wir unser Gehirn updaten, sodass es von alleine viel mehr Positives wahrnimmt. Wir müssen uns angewöhnen, unsere Aufmerksamkeit immer wieder auf Dinge zu richten, für die wir dankbar sind. Mit der Zeit bauen wir so eine Gewohnheit auf und unser Gehirn wird immer öfters von alleine unsere Aufmerksamkeit auf Dinge lenken, für die wir dankbar sind. Wenn wir unser Gehirn auf diese Weise geupdatet haben, empfinden wir regelmäßig von alleine viel mehr Dankbarkeit. Doch was können wir konkret machen, um unser Gehirn zu updaten? Die Antwort ist eigentlich ziemlich simpel:

Gewöhne dir an, regelmäßig 10 Dinge in Gedanken aufzulisten, für die du dankbar bist.

„10" mag wie eine sehr hohe Zahl erscheinen, doch wahrscheinlich wird es mit etwas Übung leicht fallen, die „10" vollzumachen. Wenn es dir schwerfällt, 10 positive Dinge in etwa 90 Sekunden aufzulisten, so ist das ein eindeutiges Signal, dass dein Denken auf Negatives und nicht auf Positives gerichtet ist. Eine Kehrtwendung in deinem Fokus zahlt sich deswegen besonders hoch für dich aus.

Da ich jeden Morgen während meines Motivationstrainings innerhalb meiner drei Pausen und am Ende meiner Arbeitsroutine etwa 10 Dinge aufliste, für die ich dankbar bin, habe ich mir angewöhnt, jeden Tag an etwa 50 positive Dinge zu denken. Der Effekt auf mein Denken, meine Wahrnehmung und meine Stimmung durch diese einzige Angewohnheit ist riesig. Ich spüre viel mehr Dankbarkeit als früher und wo andere instinktiv an Schlechtes denken, geht meine Aufmerksamkeit von ganz alleine eher in eine positive Richtung.

Auch du könntest dir eine solche Gewohnheit aufbauen. Fange damit an, einmal täglich an 10 Dinge zu denken, für die du dankbar bist. Um dir das leichter zu machen, suche dir eine Aktivität aus, der du täglich nachgehst. Lege dann für dich fest, dass du nach oder während dieser Aktivität 10 Dinge auflistest, für die du dankbar bist. Kannst du dir vorstellen, welchen großen und nachhaltigen Effekt das auf deine Stimmung haben könnte? In einem Jahr hast du mit dieser Vorgehensweise dein Gehirn nachhaltig geupdatet. Quasi aus dem Nichts generiert dein Gehirn nun bessere Stimmung und bereichert so dein gesamtes Leben.

Die **3. Vorgehensweise** zum Verbessern der eigenen Stimmung ist simpel, nämlich sei häufiger am Lachen. Es ist kein Wunder, dass so viele Menschen sich zu witzigen Menschen hingezogen fühlen. Mit ihrem Humor verbessern sie oft die Stimmung aller Beteiligten. Es gibt viele Studien, die dafür sprechen, dass Lachen eine therapeutische Wirkung hat.[88] Die Empfehlung liegt deswegen nahe, häufiger zu lachen, um die eigene Stimmung zu verbessern. Eine gute Frage, die du dir hierfür häufiger stellen könntest, wäre:

„Was müsste ich sagen, damit diese Situation witzig wird?“

Denke dann deine Antwort oder sage sie zu anderen und versuche dich so zum Lachen zu bringen. Auch wenn du nur leicht schmunzelst, hat das einen Effekt auf deine Stimmung. Es ist nicht unbedingt nötig, den besten Humor zu haben. Vielmehr geht es darum, für witzige Situationen offen zu sein und bereit zu sein, über sie zu lachen. Indem du deinen „Lach-Standard“ senkst, steigerst du automatisch öfter deine Stimmung, weil du viel öfter lachen musst. Auch wenn sie unbedeutend erscheint, kann diese kleine Vorgehensweise deine Stimmung, damit deine Motivation und damit dein gesamtes Leben verbessern.

Manche Menschen denken vielleicht, dass viel lachen oder bei schlechten Witzen zu lachen, sie „uncool“ oder unprofessionell erscheinen lässt. In den meisten Fällen schadet eine solche Zurückhaltung jedoch viel mehr als sie bringt. Jede Gelegenheit zu lachen, ist eine Gelegenheit, um die eigene Stimmung ein wenig zu verbessern.

Es ist natürlich nicht nötig, dich immer selbst zum Lachen zu bringen. Andere Menschen und elektronische Medien können auch sehr dazu beitragen, deine Stimmung durch Humor zu verbessern. Doch sei hier sehr vorsichtig, denn sie können auch eine große Quelle der Ablenkung und der Zeitverschwendung sein. In deiner Freizeit spricht natürlich nichts dagegen, viel Zeit mit (gut gelaunten) Freunden zu verbringen. Aber auch Comedy-Serien können hier sehr dazu beitragen, deine eigene Stimmung zu verbessern. Für mich eignen sich dafür besonders gut „Friends“ und "The Office". Die beiden Fernsehserien mögen zwar schon etwas älter sein, erzeugen (bei mir) aber immer noch viel Freude beim Anschauen.

Die 4. **Vorgehensweise** ist sich öfter und stärker zu freuen, auch über sehr kleine Erfolge.[89] Bei vielen Menschen heutzutage scheint es verpönt zu sein, sich über kleine Erfolge zu freuen. Wenn sie etwas gut gemacht haben, spielen sie es häufig herunter. Wenn sie ihren Zielen ein bisschen näher kommen, ist das nichts Besonderes für sie. Es scheint „cool“ zu sein, jegliche Form von Fortschritt und Erfolg als selbstverständlich anzusehen.

Ich vermute, dass dies viel mit unserer modernen Medienkultur zu tun hat. Wir alle kennen den archetypischen Helden aus Actionfilmen. Wir können uns leicht vorstellen, wie er aus einem Haus rennt, kurz bevor es in die Luft fliegt. Wir können uns wahrscheinlich auch leicht vorstellen, wie er dabei auf seinen Schultern ein bewusstloses Kind trägt, das er eben vor der Explosion und dem sicheren Tod gerettet hat. Er übergibt dann das Kind dessen überglücklicher Mutter, welche vor Erleichterung in Tränen ausbricht. Der Actionheld jedoch verzieht bei all dem keine Mine. Seine gesamte Körpersprache drückt aus: *„Alles nichts Besonderes für mich.“* Der Held mag uns cool vorkommen, doch können solche und viele tausend vergleichbare Szenen dazu führen, dass sich immer weniger Menschen über ihre Erfolge freuen. Kleine Erfolge, wie morgens sofort aufzustehen, wenn der Wecker klingelt, gesund zu essen, konzentriert eine kleine Aufgabe zu erledigen, Sport zu machen, etwas Neues zu lernen und Ähnliches kommen uns nun im Vergleich zur Tat des Helden relativ unbedeutend vor. Unbewusst schwingt der folgende oder ein ähnlicher Gedanke mit:

„Wenn es für den coolen Actionhelden nichts Besonderes ist, ein Kind vor dem Tod zu retten, wie kann es dann etwas Besonderes für mich sein, wenn ich einen viel kleineren Erfolg habe?"

Genau diese Dynamik ist ein großes Problem für unsere Stimmung. Wenn wir uns nicht über unsere kleinen Erfolge freuen, verpassen wir viele Chancen, mit denen wir unsere Stimmung verbessern könnten. Wenn wir umgekehrt anfangen würden uns häufiger zu freuen, so würden wir öfters unsere Stimmung verbessern und so indirekt mehr Motivation und Selbstdisziplin haben.

Um das zu erreichen, müssen wir jedoch bewusst ein wenig mit gesellschaftlichen Normen brechen und anfangen, begeisterter von uns und unseren Fortschritten zu werden. Jeder kleinste Fortschritt ist eine Gelegenheit, sich zu freuen, sich zu loben, sich zu feiern und so in eine noch bessere Stimmung zu kommen.

Früher habe ich mich nur selten über etwas gefreut. Meine Erfolge habe ich mir selbst gerne kleingeredet und eigentlich habe ich sie häufig überhaupt nicht als Erfolg wahrgenommen. Dann wurde mir bewusst, dass ich eine riesige Chance liegen lies, meine Stimmung dauerhaft zu verbessern und so fing ich an, mich auch über die kleinsten Erfolge zu freuen:

- *Ich habe meine Morgenroutine pünktlich abgeschlossen?* **Super!**
- *Ich habe einen Punkt meiner To-do-Liste erledigt?* **Ausgezeichnet!**
- *Ich habe etwas Neues gelernt?* **Grandios!**
- *Ich habe meine Sportroutine für heute abgeschlossen?* **Klasse!**
- *Ich bin pünktlich kurz vor 22 Uhr im Bett?* **Gut gemacht!**

Ich kann dir nur empfehlen, ähnlich inflationär mit Selbstlob umzugehen. Meine es dabei wirklich so. Spüre das gute Gefühl der Wertschätzung, das du dir selbst gibst. Jedes Mal, wenn du einen Schritt in die richtige Richtung machst, ist das eine Gelegenheit, sich über deinen Fortschritt zu freuen. Nicht nur steigert diese Angewohnheit die eigene Stimmung, Motivation und Selbstdisziplin … sie verbessert auch dein Selbstwertgefühl.

Die 5. Vorgehensweise ist das Steigern deines durchschnittlichen Energielevels. Ist dir schon einmal aufgefallen, dass du bei sehr guter Stimmung meistens auch viel Energie hast? Und umgekehrt, wenn du schlechter Stimmung bist, du dich meistens auch müde und antriebslos fühlst? Energie und gute Stimmung gehen Hand in Hand. Ist das eine da, ist häufig auch das andere vorhanden. Wenn du also deine Stimmung steigern möchtest, kannst du das tun, indem du deine Energie steigerst. Die besten Vorgehensweisen, um dein durchschnittliches Energielevel zu steigern, findest du im nächsten Kapitel.

16

Energie

Ein Mann braucht keine Brillanz oder Genialität, alles, was er braucht ist, Energie.

Albert M. Greenfield

IST ES WIRKLICH nötig, zu erklären, warum ein hohes Energielevel unglaublich hilfreich ist? Wie oft hat deine Selbstdisziplin dich bereits verlassen, weil du schlicht zu müde warst, um weiterzumachen? Wie oft hättest du eine sehr viel bessere Leistung erbringen können, wenn du nur mehr Energie hättest? Fast jedem ist klar, dass unsere Energie einen großen Einfluss dauerhaft hat, ob (und wie schnell) wir unsere Ziele erreichen. Was wäre, wenn sich Ermüdung bei dir erst viel später einstellen würde? Wäre es dann nicht viel einfacher, deine Ziele zu erreichen? Wäre es dann nicht viel einfacher, gute Stimmung, Konzentration, Motivation, Selbstdisziplin und Produktivität beizubehalten?

Zum Glück gibt es wirklich einiges, was wir tun können, um dauerhaft viel mehr Energie zu haben. Meine 10 besten Vorgehensweisen dafür folgen nun.

Vorgehensweise 1 ist das Entwickeln und Verfolgen einer attraktiven Lebensvision. Sobald du eine Vision entwickelt hast, die du so toll findest, dass du sie unbedingt erreichen möchtest, führt das zu einem enormen Energiezuwachs. Das eigene Unbewusste scheint uns immer die Energie zur Verfügung zu stellen, die wir brauchen, um das zu erreichen, was wir unbedingt erreichen wollen.

Falls nötig, lasse dir beim Entwickeln deiner Vision viel Zeit. Es kann auch manchmal nötig sein, deine Vision von Zeit zu Zeit weiterzuentwickeln. Doch obwohl deine Vision attraktiv (und möglichst detailliert) sein sollte, schwelge nicht für lange Zeit in ihr, denn das wäre eine demotivierende Dopamin-Falle.

Daneben sollte deine Vision realistisch sein. Langfristig betrachtet ist sehr vieles möglich, sei also ehrgeizig bei deiner Vision, wenn du magst, doch übertreibe es nicht. Wenn du nämlich insgeheim glaubst, dass du sie nicht erreichen kannst, wird viel weniger Energie freigesetzt.

Je klarer du vor Augen hast, was du tun musst, um deine Lebensvision zu verwirklichen, desto besser. Unklarheit ist Gift für deine Energie und Motivation. Wenn du nicht genau weißt, wie du deine Vision erreichst, dann schreibe dir eine Liste mit verschiedenen Strategien. Schreibe dir dabei die Vorteile und die Nachteile von jeder einzelnen Strategie auf. Schlafe dann mehrere Nächte darüber, bevor du eine bewusste Entscheidung triffst. Halte dich dann unbedingt an diese Strategie für die kommenden Monate, Jahre und vielleicht sogar Jahrzehnte. Ändere die Strategie nur, wenn es wirklich sehr gute Gründe dafür gibt. Eine attraktive Lebensvision und eine gute Strategie hin zu der Lebensvision werden dir unglaublich viel Energie über einen langen Zeitraum geben.

Der Weg hin zum Erreichen deiner Lebensvision ist mit deinen wichtigen Aufgaben gepflastert. Im Optimalfall sollten deine wichtigen Aufgaben etwas sein, das dir Spaß macht und gleichzeitig Erfüllung bereitet. Es ist außerdem sehr empfehlenswert, wenn du beim Erreichen deiner Vision deine Stärken ausleben kannst und wenn deine Vision die Welt zu einem besseren Ort macht. Falls all das der Fall ist, du im tiefsten Inneren daran glaubst, eine faszinierenden Vision erreichen zu können und du dich für eine klare Strategie entschieden hast, so wird das einen riesigen Unterschied für dich machen. Du wirst viel mehr Energie und dadurch letztlich viel größere Erfolge in deinem Leben haben.

Vorgehensweise 2 ist Mal wieder Sport, denn Sport ist einfach eine Universalwaffe für bessere Selbstdisziplin. Nicht nur verbessert es unsere Willenskraft und unsere Stimmung, Sport sorgt auch dafür, dass sich unser durchschnittliches Energielevel erhöht.

Paradoxerweise fühlen wir uns direkt, nachdem wir uns sportlich verausgabt haben, alles andere als energiegeladen. Wir mögen uns gut und entspannt fühlen, doch wahrscheinlich nicht energiegeladen. Kurzfristig kostet uns Sport tatsächlich Energie. Langfristig ist es jedoch genau umgekehrt. Wer regelmäßig Sport gemacht hat, wird belohnt mit einem dauerhaft viel höheren Energielevel. Der Grund dafür ist, dass sich unser Körper anpasst. Er realisiert, dass wir mehr Energie brauchen, um unser wöchentliches Sportpensum gut bewältigen zu können, also wird unser Körper stärker und leistungsfähiger. Wir bauen Muskeln auf, werden widerstandsfähiger gegen Krankheiten und unser Herz-Kreislauf-System verbessert sich. Den so entstehenden Zuwachs an Energie können wir nicht nur nutzen, um bessere Leistungen bei körperlichen Aktivitäten zu zeigen. Er hilft uns auch bei unseren mentalen Aufgaben. Körperliche Ausdauer wird zu mentaler Ausdauer.[90]

Da wir jedoch direkt nach einer intensiven Sporteinheit nur wenig Energie haben, ist es empfehlenswert, erst nach getaner Arbeit richtig sportlich zu sein. Wir wollen schließlich nicht, dass uns Energie bei unseren wichtigen Aufgaben fehlt. Eine intensive Sporteinheit am Morgen ist also nicht unbedingt empfehlenswert. Umgekehrt ist ein bisschen Sport am Morgen sehr gut für unser Energielevel. Unser Kreislaufsystem kommt so in Schwung, Blut wird durch unsere Muskeln gepumpt und wir fühlen uns deutlich wacher in den ersten Stunden des Tages. Aus diesem Grund habe ich zwei Minuten Seilspringen in meine Morgenroutine integriert.

Vorgehensweise 3 für ein dauerhaft höheres Energielevel ist das Optimieren der eigenen Atmung. Für mich ist es immer noch erstaunlich, wie sehr unsere Atmung dazu beitragen kann, unsere Energie (und unseren mentalen Fokus) in die Höhe zu treiben.

Wenn wir uns die optimale Atmung angewöhnen, dann führt das dazu, dass wir **effizienter** atmen. Wenn wir effizienter atmen, brauchen wir weniger Atemzüge **und** nehmen dennoch mehr Sauerstoff auf, als würden wir ineffizient atmen. Vor allem aus zwei Gründen führt effizienteres Atmen zu mehr Energie:

1. Indem wir weniger Atemzüge machen, sparen wir Energie, denn durch Muskelbewegungen kostet jeder Atemzug erst mal Energie.

2. Indem wir generell mehr Sauerstoff mit jedem Atemzug aufnehmen, kann mehr Sauerstoff in Energie verwandelt werden.

Der Unterschied eines einzigen, optimalen Atemzugs mag zwar klein sein, doch da wir viele Atemzüge jeden Tag und noch viel mehr jede Woche und jeden Monat machen, kann auch eine kleine Verbesserung in unserer Atmung einen großen Unterschied machen.

James Nestor ist einer der führenden Experten auf dem Gebiet der optimalen Atmung. In seinem Buch[91] *„Breath – Atem: Neues Wissen über die vergessene Kunst des Atmens"* schreibt er, dass optimale Atmung drei Eigenschaften besitzt:

1. Optimale Atmung muss **durch die Nase** geschehen.
2. Optimale Atmung muss **tief** sein.
3. Optimale Atmung muss **langsam** sein.

Seit etwa einem halben Jahr achte ich verstärkt darauf, diese drei Eigenschaften beim Atmen an den Tag zu legen. Um mir das leichter zu machen fing ich an, kleine Zettel an mehren Orten innerhalb meiner Wohnung aufzuhängen, auf denen diese drei Eigenschaften stehen. Ich habe zum Beispiel einen Zettel an meinem Computerbildschirm, meinen Badezimmerspiegel und meinen Kühlschrank gehängt. Auch wenn ich es manchmal vergesse und ich in alte Muster zurückfalle, erinnere ich mich durch die Zettel andauernd daran, was optimales Atmen ist. Langsam, aber sicher stelle ich nun fest, dass ich mir optimales Atmen angewöhnt habe und ich merke deutlich, wie sehr dies dazu beiträgt, mehr Energie zu haben. Wenn ich während des Tages müde oder träge wurde, so stellte ich oft fest, dass ich schnell und flach am Atmen war. Wenn ich dann jedoch bewusst meine Atmung ändere und für längere Zeit langsam und tief durch die Nase atme, wird die Veränderung in meinem Energielevel besonders gut spürbar. Ich fühle mich wieder deutlich lebendiger und kann mich wieder deutlich besser konzentrieren.

Vorgehensweise 4 ist ganz einfach viel und regelmäßig Wasser zu trinken. Wenn es uns an Wasser mangelt, brauchen Stoffwechselreaktionen in unserem Körper länger, wir werden müde und Konzentrieren fällt schwerer. Eigentlich hätten wir viel mehr Energie, wenn wir nur mehr Wasser intus hätten. Würden wir doch nur zwei Gläser Wasser trinken, unsere Energie würde schnell wieder zurückkehren.

Viele Menschen haben sich angewöhnt, ihr anfängliches Durstgefühl zu ignorieren oder sie verwechseln es mit Hunger.[92] Außerdem macht sich unser Durstgefühl erst bemerkbar, wenn es eigentlich schon zu spät ist ... wenn wir eigentlich bereits dehydriert sind. Um stets so viel Energie wie möglich zu haben, sollten wir uns daher nicht auf unser Durstgefühl verlassen. Stattdessen ist es deutlich besser, klare Trinkgewohnheiten aufzubauen, sodass du Wasser trinkst, **bevor** du Durst bekommst.

Besonders morgens, direkt nach dem Aufstehen, lohnt es sich, eine feste Trinkgewohnheit aufzustellen. Unser Körper ist von der Nacht dehydriert und braucht jetzt besonders dringend Flüssigkeit.

Auch kann es eine sehr gute Gewohnheit sein, in den Pausen mindestens ein Glas Wasser zu trinken oder während der Arbeitszeit eine große Flasche Wasser. Menschen, die regelmäßig zu wenig trinken, könnten durch diese Gewohnheit von einem enormen Energiezuwachs überrascht werden. Die optimale tägliche Wasserzufuhr kann stark variieren, zum Beispiel von folgenden Rahmenbedingungen:

- Wie viel Sport du gemacht hast.
- Wie viel Salziges du gegessen hast.
- Wie warm es ist.

Am besten ist es, jeden Tag lieber etwas mehr zu trinken, als unbedingt nötig erscheint. Täglich mehr als drei Liter Wasser (gut über den Tag verteilt) zu trinken, ist eine gute Faustregel. Wenn man es mit der Wasserzufuhr nicht extrem übertreibt, dann ist das Schlimmste, was passieren kann, dass man häufiger auf die Toilette gehen muss. Wer jedoch regelmäßig viel sitzt, hat von solchen kleinen Bewegungspausen wahrscheinlich viel mehr Nutzen als Schaden.

Vorgehensweise 5 ist sich häufiger mit energiegeladenen Menschen zu umgeben. Wir Menschen sind von Natur aus sehr soziale Wesen. Ganz automatisch nehmen wir die Eigenschaften einer Gruppe an, mit der wir uns stark identifizieren.[93] Wenn die Gruppe, mit der wir uns beginnen zu identifizieren, viele negative Eigenschaften besitzt, ist das schlecht für uns. Umgekehrt besitzt die Gruppe viele gute Eigenschaften, so ist das sehr gut für uns. Je stärker wir uns mit der Gruppe identifizieren, desto leichter wird es uns fallen, ihre guten Eigenschaften anzunehmen. Wenn du zum Beispiel neue Freunde findest, die nur so vor Energie strotzen, wenn sie sehr selbstdiszipliniert, wissbegierig und erfolgreich sind, so wird es dir viel leichter fallen, all diese Eigenschaften selbst an den Tag zu legen. Es wird dir **sehr viel** leichter fallen, als wären deine neuen Freunde antriebslos, faul, schnell von Wissen gelangweilt und erfolglos.

Ich empfehle dir also sehr, energiegeladene Menschen zu finden, viel Zeit mit ihnen zu verbringen und dich als Teil ihrer Gruppe zu betrachten. Das gilt im beruflichen Kontext genauso wie im privaten. Nutze deine bestehenden Kontakte, nutze Apps wie „MeetUp" oder „Bumble", oder trete bereits existierenden Gruppen bei, um solche Menschen zu finden.

Es ist nicht unbedingt nötig, mit den jeweiligen Personen zu reden, um dich als Teil von ihrer Gruppe zu betrachten. Viele Menschen trainieren zum Beispiel im Fitnessstudio vor allem auch deswegen intensiver als zu Hause, weil sie von energiegeladenen Menschen umgeben sind. Wir können diese Vorgehensweise auch anwenden, indem wir passende Videos im Internet anschauen. Zum Beispiel lasse ich auf meinem Laptop während meiner Sportroutine Videos von Profisportlern beim Trainieren laufen. Wenn ich sehe und höre, wie diese an ihre Grenzen gehen, spüre ich deutlich, wie allein dadurch meine Energie und Motivation steigt.

Vorgehensweise 6 ist das bessere Verteilen der Nahrungsaufnahme über den Tag. Fast jeder kennt es: Das Essen war lecker, aber es war auch sehr viel auf einmal. Wir haben uns den Magen vollgeschlagen und deswegen fühlen wir uns hinterher völlig antriebslos und schwerfällig. Unser Energielevel ist so niedrig, weil unser Körper noch nicht die Kalorien der Nahrung in Energie umgewandelt hat und sehr viel Energie für die Verdauung braucht.

Die Lösung ist genauso simpel wie naheliegend: Mehr Snacks und Zwischenmahlzeiten über den Tag verteilt, sodass die Hauptmahlzeit weniger üppig ausfallen muss. Wie mein Ernährungsmodell aussieht, habe ich bereits erwähnt: Fünf kleine Mahlzeiten in Form von Huel Shakes halten mein Energielevel über den Tag konstant hoch.[42] Nie entsteht Hunger. Nie entsteht ein Völlegefühl. Am Abend kann ich es mir dann erlauben, etwas mehr zu essen, denn es gibt keine anspruchsvollen Aufgaben mehr, die ich danach noch erledigen muss. Trotzdem versuche ich, mindestens zwei Stunden vor dem Schlafengehen mit dem Essen fertig zu sein.

Vorgehensweise 7 ist der Fokus auf langkettige Kohlenhydrate bei der Nahrungsaufnahme. Man muss sich nur die Ernährung der meisten Profisportler anschauen, um zu erkennen, dass diese langkettige Kohlenhydrate als Hauptenergiequelle nutzen. Langkettige Kohlenhydrate werfen viel mehr Energie über einen langen Zeitraum ab als andere Makronährstoffe. Langkettige Kohlenhydrate sind wie eine Kerze; die Flamme brennt langsam. Kurzkettige Kohlenhydrate (häufig auch als Zucker, Fruktose oder Glukose bezeichnet) sind dagegen vergleichbar mit einem Feuerwerkskörper. Sie geben schnell viel Energie ab, doch dann war es das und das eigene Energielevel sinkt schnell ab.

Nudeln, Reis, Quinoa, Haferflocken, Kartoffeln und Vollkornbrot gelten für viele als Kalorienbomben, die sie unbedingt vermeiden müssen, um abzunehmen. In gleichen Mengen an Kalorien eingenommen führen diese jedoch nicht zu einer höheren oder niedrigeren Gewichtszunahme als andere Makronährstoffe. Der Hauptunterschied ist nur, dass langkettige Kohlenhydrate deutlich mehr Energie über die nächsten 24 Stunden abwerfen als Fette, Proteine und vor allem Zucker.

Wenn du dein durchschnittliches Energielevel maximieren möchtest, dann nehme täglich nicht mehr (aber auch nicht weniger) Proteine und (möglichst gesunde) Fette zu dir, als du brauchst und konzentriere dich bei deiner sonstigen Nahrungsaufnahme auf langkettige Kohlenhydrate.

Vorgehensweise 8 ist die strategisch kluge Einnahme von Zucker. Das klingt widersprüchlich oder? Habe ich nicht gerade geschrieben, dass es am besten ist, auf Zucker zu verzichten? Nun, in den meisten Fällen stimmt es, es gibt jedoch auch eine Ausnahme.

Solange du nicht Diabetes hast oder unbedingt abnehmen möchtest, könntest du die Einnahme von ein paar wenigen Süßigkeiten in Betracht ziehen, um dein Energielevel sehr schnell und verlässlich zu steigern. Vor allem, wenn du anfängst, mental zu ermüden, weil du vielleicht bereits seit vielen Stunden am Arbeiten bist, ist Zucker eine echte Wunderwaffe.

Zucker hat eine ganz besondere Spezialfähigkeit. Er ist in der Lage, die Blut-Hirn-Schranke schnell zu durchschreiten, was bedeutet, dass Süßigkeiten nur wenige Minuten nach ihrer Einnahme das Gehirn mit Energie versorgen.[94] Das kann ein Segen sein für alle, die geistige Arbeit vollbringen müssen. Bei ihnen kommt oft in der zweiten Hälfte ihrer Arbeitszeit ein Moment, in dem die Geschwindigkeit ihres Denkens deutlich nachzulassen beginnt. Konzentration, Kreativität und die Fähigkeit, gute Entscheidungen zu treffen … all das fällt plötzlich deutlich schwerer als am

Morgen. Wer in solchen Momenten gezielt etwas Zucker zu sich führt, kann die eigene mentale Energie effektiv erhöhen und so länger hohe Konzentration, Motivation und Selbstdisziplin an den Tag legen. Fast jeden Tag esse ich deswegen in der letzten Stunde meiner Arbeitszeit fünf Gummibärchen.

Wenn es dir schwerfällt, aufzuhören, sobald du einmal mit Süßigkeiten angefangen hast, dann verändere den Weg des geringsten Widerstands zu deinem Vorteil, indem du nur eine sehr begrenzte Anzahl an Süßigkeiten bei dir in der Nähe hast.

Falls du im richtigen Moment ein paar Süßigkeiten zu dir führst, wirst du vielleicht überrascht von ihrer Wirkung sein. Ich bin jedenfalls immer wieder erstaunt, wie ich nach nur einer Minute deutlich mehr geistige Klarheit besitze als zuvor. Es mag sein, dass der Zucker nicht so viel mentale Energie herstellen kann, wie ich in den ersten Stunden meiner Arbeitsroutine hatte, dennoch merke ich deutlich, wie ich durch die Einnahme von Zucker viel mehr mentale Energie habe als ohne Zucker.

Vorgehensweise 9 ist die moderate Zufuhr von Koffein. Ähnlich wie bei Zucker ist die Einnahme von Koffein etwas, das sowohl gut als auch schlecht für unser durchschnittliches Energielevel sein kann.

Es scheint so, als wäre Koffein sehr mächtig, wenn es darum geht, unser Energielevel zu steigern. Im Gegensatz zu den anderen Vorgehensweisen gibt uns Koffein aber nicht wirklich Energie. Es täuscht stattdessen unserem Gehirn vor, dass wir nicht müde sind, wenn wir es eigentlich doch ein bisschen sind. Koffein ist quasi ein Schmerzmittel gegen unsere Ermüdung.

Der große Vorteil von Koffein ist, dass es uns erlaubt, ein selbstbestimmteres Leben zu führen. Wenn wir ausnahmsweise einmal sehr müde sind oder wenn es uns sehr wichtig ist, gute Leistungen zu zeigen, kann die Einnahme von Koffein enorm helfen. Wie auf Knopfdruck hilft uns Koffein, unsere Müdigkeit zu unterdrücken und so unser gefühltes Energielevel zu steigern.

Der große Nachteil von Koffein ist, dass der Nutzen nachzulassen beginnt, wenn wir täglich viel Koffein zu uns führen. Mit der Zeit gewöhnt sich nämlich unser Körper an Koffein. Ein gewisses Koffein-Level im Blutkreislauf wird zum neuen Standard für unseren Körper und wir müssen immer mehr Koffein zu uns führen, um unsere Energie zu steigern. Sollten wir tatsächlich unsere Koffeinzufuhr immer weiter steigern, so schaffen wir uns mit der Zeit ein großes Problem. Der große Vorteil von Koffein invertiert sich ins Gegenteil. Ohne Koffein fühlen wir uns müde und schlapp, obwohl wir das eigentlich gar nicht sind. Es kommt uns nur so vor, weil sich unser Körper an viel Koffein gewöhnt hat. Wir brauchen Koffein, um uns normal zu fühlen und sehr viel Koffein, um wieder unsere Energie zu steigern.[95] Damit uns dies nicht geschieht, damit wir keine Koffeintoleranz entwickeln, habe ich drei Regeln aufgestellt:

1. Nehme täglich maximal das Koffein aus nur einer großen Tasse Kaffee zu dir (etwa 100 mg).

2. Verzichte mindestens ein Tag pro Woche ganz auf Koffein.

3. Pausiere spätestens nach zwei Monaten die Koffeineinnahme vollständig für mindestens eine Woche.

Solltest du das Gefühl haben, bereits eine große Koffeintoleranz entwickelt zu haben, dann würde es dein durchschnittliches Energielevel deutlich steigern, wenn du für mindestens einen Monat ganz auf Koffein verzichten würdest und danach zurückhaltender bei deiner Koffein-Einnahme bist. Das Wichtigste ist hier, spätestens alle zwei Monate vollständig auf Koffein für mindestens eine Woche zu verzichten.

Vorgehensweise 10 ist das Optimieren der eigenen Regeneration. Natürlich ist Regeneration ein extrem wichtiges Thema, wenn es um die eigene Energie geht. Je besser unsere Regeneration ist, desto mehr Energie haben wir jeden Tag. Entgegen dem Instinkt vieler Menschen sind wir nicht am produktivsten, wenn wir nur am Arbeiten sind. Stattdessen sind wir langfristig am produktivsten, wenn wir uns von Zeit zu Zeit eine Pause gönnen. Allgemein gilt dabei folgende Regel:

Mache absichtlich eine Pause zur Regeneration, bevor du eine Pause zur Regeneration einlegen musst.

Unter dem Vorwand, möglichst produktiv sein zu wollen, befolgen viele Menschen diese simple Regel nicht. Wenn man ihre tägliche Arbeitsroutine betrachtet, so arbeiten sie so lange am Stück wie möglich. Abgesehen von der Mittagspause legen sie oft keine weitere Pause in ihrer Arbeitszeit ein. Sie arbeiten, bis sie müde sind und dann arbeiten sie kräftezehrend in einem wenig produktiven Zustand weiter. Manchmal legen sie freiwillig eine Pause ein, doch oft tun sie das viel zu spät. Würden sie doch nur öfter kleine Pausen einlegen, sie würden letztlich viel mehr erledigt bekommen, weil sie viel länger, viel mehr Energie (und damit auch Selbstdisziplin) hätten. Aus diesem Grund habe ich mir angewöhnt, nach 100 Minuten Arbeit 20 Minuten Pause einzulegen und diesen Zyklus an jedem Arbeitstag vier Mal zu wiederholen.

Neben der Dauer von Arbeit und Pause ist auch die Gestaltung der Pause von großer Wichtigkeit. Eine Pause, die sitzend mit dem Handy verbracht wird, ist nicht besonders regenerativ. Eine Pause mit Bewegung, Sonnenlicht, frischer Luft und einem gesunden Snack jedoch schon. Zur Optimierung meiner Regeneration habe ich mir außerdem drei Regeln angewöhnt:

- Genieße jeden Abend mindestens eine Stunde Freizeit.
- Nehme jede Woche mindestens einen Tag komplett frei.
- Verreise etwa alle drei Monate für mindestens vier Tage.

Und zuletzt kommt das mit Abstand Wichtigste für optimale Regeneration, für Energie und vielleicht auch für gute Stimmung: **Schlaf**. Möglichst jeden Tag genug Schlaf mit einer möglichst hohen Schlafqualität zu haben ist extrem wichtig und hilfreich. Sich hier zu verbessern, kann einen riesigen positiven Effekt auf unsere Motivation, Selbstdisziplin und Produktivität haben.[96] Viele Menschen schlafen leider viel zu wenig und haben keine gute Schlafqualität. Kurzfristig, aber vor allem auch langfristig kann das sehr schlecht für einfach alles in ihrem Leben sein. Aber ganz egal, wie gut dein Schlaf ist, mit hoher Wahrscheinlichkeit kannst du sehr davon profitieren, deinen Schlaf noch weiter zu verbessern.

Im Folgenden kommen meine besten Empfehlungen, um deinen Schlaf noch besser zu machen. Jeden Tag (bis auf sehr wenige Ausnahmen) folge ich all diese Empfehlungen im Detail. Dadurch, dass ich genau weiß, wie mein Schlaf tief, fest und regenerativ wird, hat sich mein gesamtes Leben deutlich verbessert:

- Habe eine klare Licht-aus-Uhrzeit. Überlege dir sorgfältig, wann für dich der beste Zeitpunkt ist, an dem du ins Bett gehst. Denke am Abend öfter an diese Uhrzeit, sodass du spätestens dann mit ausgeschaltetem Licht im Bett liegst. Lenke und steigere deine Motivation, falls nötig, um zu dieser Uhrzeit im Bett zu sein.
- Habe eine klare tägliche Aufstehuhrzeit.
- Zwischen Aufstehuhrzeit und Licht-aus-Uhrzeit sollten 8 bis 9 Stunden liegen. Nur wenn du absolut sicher bist, dass du weniger Schlaf brauchst, sollte diese Zeitspanne verkürzt werden.
- Für die besten Resultate halte dich jeden Tag an die zwei Uhrzeiten, auch am Wochenende.
- Investiere in Gegenstände, die einen guten Schlaf fördern. Damit ist vor allem ein gutes Kissen, eine gute Matratze, eventuell ein Seitenschläferkissen und ein guter Lattenrost gemeint. Allein der Umstieg von einem Balkenlattenrost zu einem Tellerlattenrost hat meine Schlafqualität spürbar verbessert.
- Experimentiere mit Ohrenstöpsel aus Schaumstoff und einer Augenmaske aus Seide. Beide können deinen Schlafen enorm verbessern, indem sie für zusätzliche Ruhe und Dunkelheit sorgen. An beide gewöhnt man sich schnell, wenn man sie für ein paar Nächte in Folge trägt.
- Lüfte vor dem Schlafengehen das Schlafzimmer für mindestens 20 Minuten. Die kühle, unverbrauchte Luft kann deinen Schlaf sehr verbessern. Halte aus dem gleichen Grund deine Schlafzimmertür offen.[97]
- Schaue mindestens eine Stunde vor dem Schlafengehen auf keine elektronischen Bildschirme mehr. Das künstliche Licht aus den Bildschirmen würde ansonsten deinem Gehirn suggerieren, dass es helllichter Tag ist.[98] Generell ist es gut, sich eine halbe Stunde vor dem Schlafengehen, keinem hellen Licht auszusetzen.[99]
- Wechsle deine Bettwäsche mindestens alle zwei Wochen.[100]

- Trinke 60 bis 90 Minuten vor dem Schlafengehen zwei bis drei Gläser Wasser. Trinke in der letzten Stunde vor dem Schlafengehen nichts mehr oder nur noch wenig.[101]

- Esse mindestens zwei Stunden vor dem Schlafengehen keine größere Mahlzeit mehr und esse 30 Minuten vor dem Schlafengehen gar nichts mehr.[102]

- Nehme nach 15 Uhr kein Koffein zu dir.[103]

- „Tanke" jeden Tag mindestens 20 Minuten direktes Sonnenlicht. Falls das nicht möglich ist, kann eine Tageslichtlampe ein passabler Ersatz sein.[104]

- Nehme den Druck von dir beim Einschlafen. Versuche nicht direkt einzuschlafen, sondern versuche dich zu entspannen und dich einfach nur gut zu fühlen. Indem du den optimalen kommenden Tag visualisierst, nutzt du deine Einschlafzeit sehr sinnvoll. Es gibt keinen Grund, schnell einschlafen zu müssen und das führt paradoxerweise oft dazu, dass wir schnell einschlafen.

- Nachdem du das Licht ausgemacht hast, drehe und bewege dich ein bisschen, bis du eine bequeme Position gefunden hast. Stelle dir nun vor, dass dein gesamter Körper in Gips gefasst wäre. Stelle dir vor, dass es unmöglich ist, dich zu bewegen. Durch das bewegungslose Daliegen signalisierst du deinem Gehirn deutlich, dass du schlafen möchtest. Umgekehrt signalisiert jede Bewegung deinem Gehirn, dass du wach sein möchtest. Liege also vollkommen unbewegt, bis du eingeschlafen bist oder bis du fast eingeschlafen bist. Wenn du fast eingeschlafen bist, ist es okay, dich noch einmal zu bewegen. Liege ansonsten etwa 20 Minuten vollkommen bewegungslos da. Visualisiere und meditiere in dieser Zeit. Falls du nach 20 Minuten immer noch nicht in die Nähe des Einschlafens gekommen bist, stehe auf, trinke etwas, lese in einem Buch und probiere den gleichen Ablauf nach ein paar Minuten noch einmal.

17

Motivationstraining

Gewohnheiten sind wie Finanzkapital - sich heute eine anzueignen ist eine Investition, die automatisch über Jahre hinweg Rendite abwirft.

Shawn Achor

LANGFRISTIG KÖNNTE SICH dies als die mit Abstand wertvollste Vorgehensweise für dich herausstellen. Sicher, die ersten zwei Vorgehensweisen zum Lenken deiner Motivation, das Begrüßen deiner Angst und das Optimieren von Stimmung und Energie ... all das kann auch extrem wertvoll für dich sein. Ohne diese grundlegenden Vorgehensweisen wird alles deutlich schwerer. Verlasse dich jedoch nicht nur auf die Grundlagen, denn wenn du besonders viel erreichen möchtest, brauchst du zusätzlich auch fortgeschrittene Vorgehensweisen wie Visualisieren, das Entkräften von Ausreden, das motivierende Selbstgespräch und das aktive Erzeugen von Dankbarkeit.

Im Optimalfall wendest du also nicht nur grundlegende Vorgehensweisen, sondern auch fortgeschrittene Vorgehensweisen regelmäßig an. Auf diese Weise wird deine Motivation mit der Zeit zu einer unaufhaltsamen Naturgewalt. Wenn du dann deine nun sehr starke Motivation mit cleveren Strategien zur Zielerreichung kombinierst, kannst du langfristig so gut wie alles erreichen!

Nur die wenigsten sind von Natur aus sehr gut in fortgeschrittenen Vorgehensweisen. Fast jeder muss erst einmal viel üben, bevor die ersten großen Verbesserungen wahrzunehmen sind. Doch sobald das geschehen ist, kann es praktisch immer so weiter gehen. Wir können deswegen mit fortgeschrittenen Vorgehensweisen extrem große Motivation generieren.

Viele Menschen lernen in ihrer Freizeit ein Musikinstrument oder eine Fremdsprache. Dagegen ist nichts einzuwenden. Es wäre jedoch wahrscheinlich deutlich hilfreicher für sie, wenn sie erst einmal lernen würden, ihre Motivation zu steigern. Danach können sie sich immer noch daran machen, ein Musikinstrument oder eine Fremdsprache zu lernen, nur hätten sie es dann deutlich leichter, weil starke Motivation sie bei ihrem Vorhaben unterstützt.

Die beste Art und Weise, sich die Fähigkeit des Motivationssteigerns anzueignen, ist durch das gewohnheitsgemäße und absichtliche Üben dieser Fähigkeit. Genau hier kommt das Motivationstraining ins Spiel. Jeden Tag spüre ich, wie mächtig sie ist. Jeden Tag um 7 Uhr setze ich mich auf meine Coach, stecke mir die Kopfhörer meines Tablets in die Ohren und starte mein Motivationstraining. 10 Minuten lang sitze ich nun mit geschlossenen Augen und gebe ich mir große Mühe, meinen zuvor aufgenommenen Anweisungen zu folgen. Hinterher fühle ich mich dann ruhig, fokussiert und motiviert. Ich spüre, wie mich das starke Verlangen durchströmt, meine heutigen Aufgaben entschlossen anzugehen und abzuschließen.

Ich kann dir wärmstens empfehlen, dem Motivationstraining zumindest eine Chance zu geben. Die Fähigkeit, welche du dir so mit der Zeit aneignest, ist extrem wertvoll. Sie kann einen riesigen Unterschied im Leben eines Menschen machen. Sie kann den Unterschieden zwischen einem erfüllten Leben voller Erfolg und einem traurigen Leben voller Reue machen. Folge dem Motivationstraining für ein paar Wochen und du wirst erleben, was ich meine. Relativ schnell wirst du zwei größere Veränderungen feststellen können und du fängst vielleicht an, dir etwas in die folgende Richtung zu sagen:

1. *„Ich besitze deutlich mehr Motivation für meine wichtigen Aufgaben als früher. Ich bin besser gelaunt, mein Geisteszustand ist ruhiger und fokussierter. Ich spüre mehr Dinglichkeit, denn ich will unbedingt meine Ziele erreichen."*

2. *„Ich werde besser darin, Motivation durch Gedanken zu erzeugen. Wann immer ich mehr Motivation gebrauchen könnten, führe ich mein motivierendes Selbstgespräch durch. Eigentlich logisch: Je häufiger ich übe, mich zu motivieren, desto leichter fällt es mir, mich zu motivieren."*

Das Motivationstraining dauert 10 Minuten, denn ich glaube, dass jeder Mensch 10 Minuten täglich erbringen kann, um sich diese wertvolle Fähigkeit anzueignen. Deutlich wichtiger als die Dauer des Motivationstrainings sind die Erfolgsfaktoren „**Regelmäßigkeit**" und „**Konzentration**". Gewöhne dir am besten an deine Motivation, täglich zu trainieren. Mach sie zu einem Teil deiner täglichen Routine. Gehe dem Motivationstraining konzentriert nach. Es bringt so gut wie nichts, wenn du dir das Motivationstraining nur passiv anhörst. Du musst mit hoher Konzentration zu hören und den Übungen entschlossen folgen, wenn du die beschriebenen Resultate haben möchtest.

Das Motivationstraining besteht aus fünf Teilen, man könnte auch sagen fünf Stufen. Eine Stufe führt zur nächsten. Doch nicht jede Stufe dauert gleich lange. Während die erste Stufe 3 Minuten dauert, dauert die zweite Stufe 90 Sekunden, die dritte auch 90 Sekunden, die vierte dann wieder 3 Minuten und die fünfte 60 Sekunden. Du brauchst dir nicht allzu viele Gedanken über die Dauer der Stufen zu machen, da die Hörversion dich durch das gesamte Training leitet. Du kannst dir die Hörversion kostenlos unter **danielhanke.com/extras** herunterladen oder direkt im Browser streamen. Du kannst dich gerne zum Selbstdisziplin 2.0 Newsletter anmelden, eine Anmeldung ist jedoch nicht nötig, um das Motivationstraining downloaden zu können.

Früher habe ich das Motivationstraining ohne die Hörversion durchgeführt. Heute nutze ich nur noch die Hörversion. Der Grund ist, dass ich mich deutlich besser auf das exakte Ausführen des Trainings konzentrieren kann, wenn mich meine Stimme leitet.

Obwohl die Hörversion eine große Unterstützung ist, solltest du bereits vorher gut über die fünf Stufen Bescheid wissen. Nur wenn du genau weißt, was in jeder Stufe getan wird, können wir sicherstellen, dass deine Motivation erfolgreich durch das Training gesteigert wird.

Stufe 1 - **Meditation (drei Minuten):**

Meditation hilft enorm, deine Gedanken zu beruhigen, sodass du in einen sehr offenen, aufnahmefähigen Geisteszustand eintrittst. Nach den drei Minuten wirst du wahrscheinlich sehr ruhig, entspannt und gleichzeitig konzentriert sein, was eine hervorragende Ausgangssituation für die folgenden Stufen ist.

Hinzu kommt, dass Meditation mindestens 20 wissenschaftlich belegte Vorteile[105] hat. Zum Beispiel führt Meditation zu einem Rückgang sozialer Phobien[106], einer bessere Konzentrationsfähigkeit[107] und zu mehr Lebensfreude. Wer anfängt, viel zu meditieren, realisiert schnell, dass es eigentlich nur sehr wenig braucht, um glücklich zu sein. Je mehr wir meditieren, desto mehr erkennen wir, dass großes Glück bereits in uns vorhanden ist. Es wird lediglich durch Gedanken, Emotionen und anderen Sinneseindrücke überlagert. Für mich ist „glücklich sein“ das Gleiche wie "in guter Stimmung sein“ und das ist natürlich äußerst hilfreich für hohe Motivation und Selbstdisziplin.

Das Problem der meisten Menschen beim Meditieren ist, dass sie glauben, es nicht zu können. Sie haben die irrsinnige Vorstellung, dass sie nur dann meditieren würden, wenn sie vollkommen gedankenlos sind und die perfekte innere Ruhe besitzen. Das verlangt jedoch niemand, vor allem nicht, wenn sie wenig Übung beim Meditieren haben. Es wäre so, als würde man verlangen, dass eine Person, die zum ersten Mal in einen Turnverein geht, sofort einen doppelten Rückwärtssalto machen kann. Zum Glück ist die vollkommene Gedankenlosigkeit und die perfekte innere Ruhe überhaupt nicht nötig, um von den großartigen Vorteilen des Meditierens zu profitieren.

Meditation ist wirklich simpel. Es ist tatsächlich derartig simpel, dass viele Menschen dazu tendieren, es komplizierter zu machen, als es eigentlich ist. Am meisten bringt uns Meditation jedoch, wenn wir es so simpel lassen, wie es in seiner reinsten Form ist. Alles, was es beim Meditieren zu tun gibt, ist zu beobachten und dann das, was du beobachtest, zu akzeptieren. In der reinsten Form beobachten wir beim Meditieren alles, was unsere Sinnesorgane wahrnehmen können. Vor allem konzentrieren wir uns auf unsere innere Welt: unsere Gedanken und Emotionen.

Durch das Beobachten der eigenen Gedanken gewinnen wir einen sehr wertvollen Abstand zu ihnen. Dieser Abstand ist so wertvoll, weil er uns enorm dabei hilft, unbeeinflusst von schlechten Gedanken zu bleiben. Außerdem hilft er uns sehr dabei, Ausreden früh zu erkennen, was es deutlich leichter macht, diese zu entkräften.

Auch der entstehende Abstand zu schlechten Emotionen ist oft sehr wertvoll für uns. Schlechte Emotionen stören und beeinflussen uns nicht mehr annähernd so stark, wenn wir Abstand zu ihnen geschaffen haben. Durch Meditation hören wir auf, uns mit schlechten Emotionen zu identifizieren. Wir nehmen sie zwar wahr, doch wir lassen nicht zu, dass sie uns beeinflussen. Stattdessen werden wir rational mit ihnen. Wir überlegen uns in Ruhe, wie wir auf sie am besten reagieren.

Doch Beobachten ist, wie gesagt, nicht alles. Es geht auch darum, unsere Sinneswahrnehmungen, Gedanken und Emotionen zu akzeptieren. Ein Gedanke mag vielleicht hochkommen, der dir nicht gefällt. Vielleicht etwas Negatives, etwas, das du nicht wahrhaben möchtest. Verurteile den Gedanken nicht und verdränge ihn nicht. Heiße ihn stattdessen willkommen. Akzeptiere den Gedanken und warte, bis er dich von alleine wieder verlässt.

Noch etwas schwieriger als Gedanken zu akzeptieren, ist es oft, Emotionen zu akzeptieren. Die meisten Menschen haben in ihrem Inneren viele unangenehme Emotionen, die sie in ihrer Vergangenheit verdrängt haben. Diese Emotionen schlummern im Unbewussten und kommen in den ungünstigsten Augenblicken wieder zutage, was das eigene Leben sehr erschweren kann.

Häufig kommen diese unangenehmen Emotionen aus der Vergangenheit auch beim Meditieren zum Vorschein. Es ist jetzt sehr wichtig, dem Reflex zu widerstehen, sie wegzuschieben. Nur indem wir sie spüren und gleichzeitig akzeptieren, verarbeiten wir sie. Nur indem wir sie für eine Weile aushalten, bis sie von alleine verschwinden, stören sie uns in der Zukunft nicht mehr. Nach einer solchen Meditationssitzung fühlen wir uns meistens richtig gut. Schlechte Emotionen haben uns nämlich verlassen und gute Emotionen haben ihren Platz eingenommen.

Jeden Morgen von 7:00 Uhr bis 7:03 Uhr sitze ich also mit geschlossenen Augen auf meiner Coach und meditiere. Ich versuche mich dabei möglichst nicht zu bewegen. Wenn ich mich doch bewegen muss, so bewege ich mich kurz und mache keine große Sache daraus. Ich werde dann wieder vollkommen unbewegt und konzentriere mich erneut auf die Meditation. Für drei Minuten bin ich wie eine Katze am Mauseloch. Mit höchster Aufmerksamkeit warte ich darauf, dass sich etwas bemerkbar macht. Ich beobachte und akzeptiere alles, ohne eine unangenehme Emotion wegzuschieben und ohne mich in einem Gedanken zu verstricken.

Manchmal könnte es jedoch sein, dass es einem Gedanken gelingt, deine Aufmerksamkeit zu entführen. Dies könnte beim Meditieren oder während einer anderen Stufe des Motivationstrainings geschehen. Ohne dass es deine Absicht war, hast du aufgehört, dem Motivationstraining zu folgen und bist in Gedanken abgedriftet. Auch das gehört dazu und ist überhaupt nicht schlimm. Verurteile dich nicht, sondern akzeptiere das und sehe es als Feedback. Feedback dafür, dass deine Konzentration zu niedrig war. Gehe einfach wieder zurück in den Beobachtermodus, diesmal mit möglichst noch mehr Konzentration.

Stufe 2 - **Stimmung (90 Sekunden):**

In dieser Stufe übernehmen wir die Führung über unsere innere Welt. Waren wir in der ersten Stufe noch relativ passiv am Beobachten und am Akzeptieren, so geht es nun darum, aktiv positive Gedanken und Emotionen zu erschaffen.

Allein die tägliche Meditation trägt bereits sehr dazu bei, dass deine Stimmung verbessert wird. Doch wenn der meditative Zustand mit einer Dankbarkeitsübung kombiniert wird, so werden die eigenen Emotionen noch viel stärker verbessert. Wer täglich meditiert und danach aktiv gute Stimmung erzeugt, verändert die Struktur des eigenen Gehirns nachhaltig. Verbindungen zwischen Neuronen, die für positive Emotionen zuständig sind, werden dauerhaft gestärkt. In der Folge ist es für dich immer normaler, gut drauf zu sein. Und es wird immer leichter für dich, deine gute Stimmung sogar noch weiter zu verbessern. Jeder kleinste Grund löst plötzlich viel Freude und Dankbarkeit aus. Wir fangen an, uns auch sehr für den Erfolg von Menschen zu freuen, die wenig mit uns zu tun haben. Das ist das, was der Philosoph Friedrich Nietzsche als „Mitfreude" bezeichnet hat.[108] Und Mitfreude ist eine Art Gegengift zu toxischen Emotionen wie Neid und Missgunst.

Es lohnt sich also, das willentliche Verbessern der eigenen Stimmung häufig zu üben. Dazu nutzen wir eine bereits vorgestellte Vorgehensweise. Wir verbessern unsere Stimmung, indem wir uns wiederholt folgende Frage stellen:

„Für was bin ich dankbar?"

Liste in dieser Stufe etwa 10 Dinge auf, für die du dankbar bist. Das können Dinge aus der Vergangenheit, Gegenwart oder Zukunft sein. Es können große Dinge sein, es können aber auch kleine Dinge sein. Es können konkrete Dinge, es können aber auch vage Dinge sein. Jede Sache, die du als positiv wahrnimmst, ist die richtige.

Ich habe mir angewöhnt, nach jedem Punkt eine kurze Pause zu machen und mich auf das entstehende Gefühl der Dankbarkeit zu konzentrieren. Durch das kurze Innehalten und spüren der Dankbarkeit wird die positive Emotion deutlich stärker.

Neben dem direkten Erzeugen von guter Stimmung geht es in dieser Stufe auch darum, das eigene Denken zu schulen. Wenn wir es uns antrainieren, in einer Minute etwa 10 Dinge aufzulisten, für die wir dankbar sind, so „primen" wir unser Gehirn darauf, positive Dinge wahrzunehmen.[109] In jedem Moment haben wir eine fast unendliche Auswahl an Möglichkeiten, worauf unsere Aufmerksamkeit fallen könnte. Wenn wir jedoch geübt haben, Positives wahrzunehmen, wird unser Gehirn von alleine unsere Aufmerksamkeit auf Positives richten. Durch diese zweite Stufe „updaten" wir sozusagen unser Gehirn und wirken so der schädlichen Tendenz des Reptiliengehirns entgegen, vor allem schlechtes wahrzunehmen. Auf diese Weise wird unsere Stimmung immer besser und unsere Selbstdisziplin hat es immer leichter.

Stufe 3 - **Extrinsische Motivation (90 Sekunden):**

In Stufe 3 steigern wir unsere extrinsische Motivation. Wir machen das, indem wir uns eines unserer attraktiven Ziele aussuchen und dann dieses Ziel mit der zum Erreichen notwendigen Handlung verknüpfen.

Die meisten Menschen haben zumindest eine vage Vorstellung von dem, was sie erreichen wollen. Doch weil ihnen nicht völlig klar ist, was sie tun müssen, um ihre Ziele zu erreichen, ist ihre Motivation nicht auf das notwendige Verhalten gelenkt. Dieses Problem wird behoben, indem ein enormes Maß an Klarheit für die eigenen wichtigen Aufgaben geschaffen wird. Dies ist die zweite Vorgehensweise zum Lenken der eigenen Motivation.

Die Vorgehensweise, um die es in Stufe 3 des Motivationstrainings geht, erscheint ähnlich und ist doch ganz anders. Es geht hier nicht darum, Motivation zu lenken, sondern sie zu steigern. Wir schaffen keine Klarheit darüber, **was** getan werden muss. Stattdessen schaffen wir Klarheit darüber, **warum** etwas getan werden muss. Viele Menschen sind sich nur sehr verschwommen bewusst, **warum** sie das tun, was sie sich vorgenommen haben zu tun und deswegen ist ihre Motivation so schlecht. Sie denken etwas in die folgende Richtung:

> *„Okay, ich verstehe, dass das wichtig ist, aber ich fühle mich nicht danach. Es mag sinnvoll sein, aber ich habe keine Lust darauf."*

Motivation ist nichts anderes als eine Emotion. Motivation ist immer emotional. Mit Rationalität haben Emotionen nichts zu tun. Wenn wir auf einer rein rationalen Ebene begreifen, dass eine Handlung hilfreich ist, stellt dies keine Motivation her. Es kann sehr gut sein, Entscheidungen auf einer rationalen Ebene zu treffen. Doch nachdem wir die Entscheidung getroffen haben, müssen wir uns daran machen, das Feuer unserer Motivation zu entflammen.

Wir schaffen das, indem wir klare Bilder davon erzeugen, wie toll unser Leben in der Zukunft wäre, wenn wir der wertvollen Handlung regelmäßig folgen. Auf diese Weise werden motivierende Emotionen geweckt. Wir bauen eine starke Verbindung zwischen dem zukünftigen Nutzen einer Aufgabe und der Aufgabe selbst her. Wir erzeugen extrinsische Motivation.

Konkret suchen wir uns in dieser Stufe des Motivationstrainings eines unserer attraktiven Ziele heraus und visualisieren, wie wir jenem Verhalten nachgehen, welches notwendig für die Zielerreichung ist. Dann visualisieren wir den kurzfristigen, mittelfristigen und langfristigen Nutzen der Handlung. Stelle dir dein zukünftiges Leben aus der Ich-Perspektive vor. Versuche, die Bilder, die du siehst, hell, groß und bunt zu sehen. Mache deine Vorstellungen so attraktiv und detailliert wie möglich. Und denke dann daran, dass du all das nur erreicht hast, weil du konstant der notwendigen Handlung nachgegangen bist.

Der „kurzfristige Nutzen" umfasst den Zeitraum von **0 bis 7 Tage** nach der Aktivität. Beim „mittelfristigen Nutzen" kannst du dir einen Vorteil vorstellen, der sich irgendwann zwischen **2 und 12 Monate** von heute einstellt. Und der „langfristige Nutzen" umfasst den Zeitraum **1 bis 20 Jahren** ab heute. Die Zeiträume müssen nicht perfekt getroffen werden. Es geht einfach darum, dass du ein klares Verständnis davon gewinnst, wie sich dein Leben entwickeln wird, wenn du der wertvollen Handlung regelmäßig folgst.

Stufe 4 - **Intrinsische Motivation (3 Minuten):**

In Stufe 4 wird die mächtige intrinsische Motivation gesteigert. Es geht darum, den Spaß und die Freude an wertvollen Aufgaben zu wecken und gleichzeitig mentale Blockaden abzubauen, welche dem Spaß und der Freude im Wege stehen. Wie im Kapitel „Das motivierende Selbstgespräch" beschrieben, werden hier Sätze mit den fünf motivierenden Gedankenkategorien gebildet. Jeder Gedankenkategorie gehen wir dabei 30 Sekunden lang nach, indem wir Sätze bilden, welche folgende Satzanfänge besitzen:

- **Ich bin ...**
- **Ich habe großen Spaß an ... [oder] Ich liebe ...**
- **Ich kann mit Leichtigkeit ...**
- **Ich habe es verdient, dass ...**
- **Ich erwarte ... und ich akzeptiere es.**

Danach sind zweieinhalb Minuten vergangen. Somit verbleiben noch 30 Sekunden in Stufe 4. In dieser sagen wir uns geschlossene Motivationssätze, wie zum Beispiel:

In jedem Moment mache ich entweder Fortschritte oder Rückschritte. Es gibt kein dazwischen.

Nach dieser Stufe wirst du dich wahrscheinlich deutlich motivierter fühlen als zuvor. Auch wenn die Motivation nur leicht spürbar ist, so hast du dennoch den Samen für große Motivation in den nächsten Stunden, Tagen und Wochen gepflanzt. Dein Geisteszustand ist jetzt nicht nur entspannt, aufmerksam und gut gelaunt, sondern auch noch voller extrinsischer und intrinsischer Motivation. Was könnte es jetzt noch geben, das deine Motivation sogar noch weiter steigert? Nun, es ist vielleicht die ultimative Waffe hin zu extrem starker Motivation.

Stufe 5 - **Tod (60 Sekunden):**

Es mag vielleicht etwas morbide klingen, aber in der letzten Stufe denken wir eine Minute über unseren eigenen Tod nach. Wir stellen uns dazu folgende Frage:

Wie würde ich mich fühlen und verhalten, wenn heute mein letzter Tag wäre?

Die regelmäßige Beantwortung dieser Frage erzeugt sehr viel Motivation. Indem wir uns die Endlichkeit unseres Lebens vor Augen halten und indem wir diese Endlichkeit voll akzeptieren, erscheint uns unsere verbleibende Lebenszeit wie ein kostbares Geschenk, das wir unbedingt sinnvoll nutzen wollen. Mehr zu diesem Thema im nächsten Kapitel.

Davor möchte ich noch einmal auf die **Hörversion** des Motivationstrainings hinweisen. Da du bis hier her gelesen hast, besitzt du offensichtlich genug Grundmotivation, um starke Selbstdisziplin 2.0 aufzubauen. Ich gratuliere dir dafür! Nutze deine Chance und werde richtig gut darin, deine Motivation zu steigern, indem du das Motivationstraining regelmäßig absolvierst. Trainiere täglich mit einem hohen Level an Konzentration und du wirst bald große Fortschritte machen, sowohl in deinem durchschnittlichen Motivationslevel, als auch in deiner Fähigkeit Motivation zu steigern.

Obwohl es sicher eine Herausforderung ist, konsistent mit dem Motivationstraining zu bleiben, musst du es dir nicht schwerer machen als nötig. Indem du dir die Hörversion herunterlädst, machst du es dir leicht, das Motivationstraining auf die richtige Art und Weise durchzuführen. Die Hörversion kannst du kostenlos unter **danielhanke.com/extras** herunterladen.

18

Tod

Sich zu erinnern, dass du sterben wirst, ist der beste Weg, den ich kenne, um der Falle zu entgehen, zu denken, du hättest etwas zu verlieren. Du bist bereits nackt. Es gibt keinen Grund, deinem Herzen nicht zu folgen.

Steve Jobs

DENKE REGELMÄßIG ÜBER den eigenen Tod nach! Das scheint eine sehr seltsame Empfehlung zu sein, oder? In Wahrheit ist dies jedoch eine der größten Abkürzungen hin zu mehr Motivation und Selbstdisziplin. Die meisten Menschen glauben wahrscheinlich, dass es sie unglücklich oder traurig machen würde, wenn sie anfangen, über ihren Tod nachzudenken. Sie würden vielleicht sagen:

„Ich habe keine Lust, mich daran zu erinnern, dass ich einmal sterben werde, weil ich Angst vor dem Tod habe.“

Angst kann jedoch zu etwas Gutem werden, wenn wir sie bereitwillig spüren, akzeptieren und willkommen zu heißen. Die starke Energie der Angst steigert dann nicht nur unsere Motivation, sondern hilft uns allgemein unsere Leistung in jeder Situation zu verbessern.

Leider wird der Tod in unserer Gesellschaft häufig versteckt, ignoriert und tabuisiert. Oder er wird ins Lächerliche gezogen, indem er in Filmen und Serien auf eine sehr übertriebene und absurde Art und Weise dargestellt wird. All das ist eine Form von Verdrängung. Es wird die Wahrheit verdrängt, dass wir eines Tages sterben werden. Kurzfristig betrachtet mag sich dieses Verdrängen gut anfühlen. Langfristig betrachtet kostet uns dieses bisschen mehr an Komfort einen hohen Preis.

Durch Durch das ständige Verdrängen des Todes entsteht die Illusion, dass wir unsterblich sind. Rational weiß jeder erwachsene Mensch, dass er oder sie einmal sterben wird. Emotional sieht es jedoch ganz anders aus. Durch das Verdrängen des Todes entsteht ein Gefühl von unendlichen Zeitreserven. Da menschliches Verhalten enorm durch Emotionen beeinflusst wird, hat dies zwei große Nachteile:

1. Die Illusion, unsterblich zu sein und das damit einhergehende Gefühl führt dazu, dass viele Menschen unnötige Risiken eingehen. „*Was soll schon passieren? Ich kann machen, was ich will. Nichts kann mir geschehen*", ist das dahinterliegende Motto. Viel weniger Menschen würden im Straßenverkehr rasen, exzessiv Alkohol trinken, rauchen, Drogen nehmen, sich häufig ungesund ernähren oder andere unnötige Risiken eingehen, wenn sie wirklich verinnerlicht hätten, wie wertvoll und gleichzeitig vergänglich ihr Leben ist.

2. Das Gefühl, unendliche Zeitreserven zu haben, vernichtet fast jede Dringlichkeit (und damit Motivation). „Warum soll ich mich anstrengen? Warum soll ich mich weiterbilden, Sport machen und konzentriert arbeiten, wenn ich das Ganze auch noch morgen oder in einem Jahr machen kann?", ist hier das Motto. Es wird leicht, wichtige Dinge aufzuschieben, wenn es sich so anfühlt, als könnte man sich dies leisten. Wenn man das Gefühl hat, noch sehr viel Zeit für Wichtiges in der Zukunft zu haben, werden Versuchungen nicht weiter schlimm.

Mache stattdessen genau das Gegenteil. Verdänge nicht die Endlichkeit deines Lebens, sondern begrüße regelmäßig die Wahrheit, dass du einmal sterben wirst und deine Lebenszeit begrenzt ist. Akzeptiere das völlig. Das Resultat ist, dass sich die zwei oben genannten Nachteile ins Gegenteil verwandeln. Eine enorme Wertschätzung für deine verbleibende Lebenszeit entsteht. Diese Wertschätzung macht dich glücklicher und schenkt dir gleichzeitig viel Dringlichkeit. Von ganz alleine wächst starke Motivation heran, das Beste aus deiner verbleibenden Lebenszeit zu machen.

Wenn wir etwas darüber nachdenken, so haben wir tatsächlich nur noch wenig Zeit. Verglichen mit dem Alter des Universums ist unsere verbleibende Lebenszeit weniger als ein Wimpernschlag. Das ist wahr, ganz egal, ob wir noch 100 Jahre zu leben haben oder nur noch einen Tag. Unsere verbleibende Lebenszeit ist kurz, also sollten wir sie weise nutzen.

Kein Mensch weiß mit Sicherheit, wie lange er oder sie noch leben wird. Es könnte tatsächlich dein letzter Monat, dein letzter Tag oder sogar deine letzte Minute angebrochen sein ... Laufe nicht weg von diesem Gedanken, sondern akzeptiere ihn völlig. Habe keine Angst vor ihm, verdränge ihn nicht, sondern nehme die starke Motivation wahr, die bei diesem Gedanken entsteht. Wenn du das machst, wird dies deine Motivation vielleicht stärker steigern als alle anderen Vorgehensweisen. Vor allem, wenn du bereits relativ starke Motivation besitzt, kann der Gedanke über deinen kommenden Tod das Einzige sein, das in der Lage noch deutlich mehr Motivation zu erzeugen. Wenn du täglich mindestens eine Minute über die Endlichkeit deines Lebens nachdenkst, wird das langfristig deine Motivation in undenkbare Höhe katapultieren. Das gilt vor allem, wenn du alle anderen Vorgehensweisen aus diesem Buch auch anwendest.

Theoretisch sind die Tage bis zu deinem Tod zählbar. Es könnten 100 Tage, es könnten aber auch 30 Tausend Tage sein. Ganz egal, wie lange es noch ist, willst du deine verbliebene Lebenszeit halb glücklich, halb produktiv, halb selbstdiszipliniert verbringen? Oder willst du sie voller Motivation, Selbstdisziplin, Glück und Erfolg verbringen?

Wie würdest du dich verhalten, wenn heute dein letzter Tag wäre? Würdest du Katzenvideos und Ähnliches auf YouTube anschauen? Würdest du dich über Kleinigkeiten aufregen, Videospiele spielen und viel fernsehen? Oder würdest du dich nur auf die Dinge konzentrieren, die wirklich wichtig sind? Liebe, Wertschätzung, Selbstdisziplin und Dankbarkeit? Dankbarkeit dafür, dass du am Leben bist, Dankbarkeit für deine Eltern, deine Verwandten, deine Freunde, vielleicht auch für deine Kinder oder deinen Partner? Dankbarkeit für das, was du in deinem Leben erreicht hast? Dankbarkeit dafür, dass du an deinen Zielen arbeiten kannst?

Würde dich Angst zurückhalten an deinem letzten Tag oder würdest du sagen und tun, was du schon immer sagen und tun wolltest? Vielleicht würdest du einer Leidenschaft nachgehen, die du ständig aufgeschoben hast? Vielleicht fängst du zu zeichnen an, ein Buch zu schreiben oder ein Lied zu komponieren? Generell würdest du wahrscheinlich jeden Sinneseindruck aufsaugen und ganz genießen wollen. Eine tiefe Wertschätzung würde sich in dir breitmachen. Und du beginnst wirklich alles auszukosten, was das Leben zu bieten hat, bevor es zu spät ist.

Da so viele Menschen so tun, als wären sie unsterblich, regen sie sich über Kleinigkeiten auf. Ein unbedachter Kommentar einer Arbeitskollegin, schlechtes Wetter oder eine rote Ampel und es ist um ihre gute Stimmung geschehen. Warum tun sie es dann? Warum regen sie sich über solche Kleinigkeiten auf? Der Grund ist, dass auch ein unbedachter Kommentar, schlechtes Wetter oder eine rote Ampel schlimm sind, wenn diese Kleinigkeiten jeden Tag bis in die Unendlichkeit vorhanden sind. Da sie insgeheim glauben, ewig zu leben, regen sie sich auch über Kleinigkeiten auf und verschlechtern so ihr Leben deutlich. Ein Mensch, der die Endlichkeit des eigenen Lebens voll und ganz akzeptiert, hat keine Zeit für Kleinigkeiten. Stattdessen wird die Person von den wirklich wichtigen Dingen angezogen. „*Weil meine Zeit begrenzt ist, nutze ich sie so gut ich kann,*“ dies ist der Gedanke, der starke Motivation erzeugt, wenn wir uns regelmäßig an die Endlichkeit unseres Lebens erinnern.

Dadurch, dass die meisten Menschen so tun, als würden sie ewig leben, ist Zeitverschwendung für sie kein großes Problem. Jedes Gut verliert nämlich an Wert, wenn es im Überfluss vorhanden ist. Wenn sie Videospiele spielen, anstatt wichtigen Aufgaben nachzugehen, haltet sie dies wahrscheinlich für nicht weiter schlimm. „*Warum sollte ich jetzt nicht spielen?*“, denken sie vielleicht: „*Ich habe ja noch genug Zeit für Wichtiges in der Zukunft.*“ Mit diesem und ähnlichen Gedanken fällt es leicht, Wochen, Monate und Jahre sinnlos zu verschwenden. Irgendwann blicken sie dann auf ihr Leben zurück und fragen sich, wo ihre ganze Zeit geblieben ist. Sie blicken zurück und fragen sich, warum erfolgreiche Menschen so viel erfolgreicher geworden sind als sie selbst. Die Antwort ist dabei natürlich ganz einfach: Die erfolgreichen Menschen haben ihre Zeit einfach viel sinnvoller genutzt.

Paradoxerweise ist es für die meisten Menschen kein großes Problem, wenn sie viel Lebenszeit verschwenden, während es ein sehr großes Problem für sie ist, wenn sie Geld verlieren. Wenn jemand 500 Stunden im letzten Jahr vollkommen sinnlos verbracht hat, so ist das für sie oft nicht weiter schlimm. Wenn ihnen jedoch ein wertvoller Gegenstand gestohlen wird oder jemand eine Schramme in ihr Auto macht, so ist das meistens ein großes Ärgernis für sie. Paradox oder? Geld kann leicht wieder beschafft werden, während ihre Lebenszeit, wenn sie einmal verloren gegangen ist, für immer verloren ist. Viele Menschen leben genau entgegen dieser simplen Wahrheit. Sie sind besessen von Geld, Status und Besitz, während die Frage, wie sie ihre Lebenszeit verbringen, keine große Rolle spielt. Ich empfehle dir deswegen, dieser Tendenz – ganz bewusst – entgegenzuwirken. Nehme die Art und Weise, **wie** du deine Lebenszeit verbringst, sehr ernst. Versuche natürlich auch Geldverschwendung zu vermeiden, doch sei noch mehr darauf bedacht, Zeitverschwendung zu vermeiden.

Wenn Menschen am Ende ihres Lebens sind, so haben sie keine andere Wahl, als die Endlichkeit ihres Lebens anzuerkennen. Sie werden in die Denkweise gezwungen, die ich dir hier vermitteln will. Sie realisieren auf einer emotionalen Basis, dass ihre letzten Tage angebrochen sind und sind deswegen unglaublich motiviert, ihre verbleibende Zeit bestmöglich zu nutzen. Leider fehlt ihnen dann meistens die nötige Zeit, Energie und Gesundheit, um einen echten Unterschied zu machen. Sie haben die nötige Motivation und Selbstdisziplin, doch leider nicht die nötigen Grundvoraussetzungen. Das ist ein schreckliches Schicksal und ich hoffe, dass du es nicht erleiden musst. Im hohen Alter blicken sie voller Reue zurück und sagen sich:

„Hätte ich doch nur damals, als ich noch all die Zeit, Energie und Gesundheit hatte, mein Leben genutzt. Hätte ich doch nur nicht all das Wichtige aufgeschoben. Hätte ich mir doch nur nicht eingeredet, ich hätte später noch viel Zeit."

Realisiere, dass du jetzt noch alle Möglichkeiten hast, dir ein großartiges Leben zu schaffen. Es ist noch nicht zu spät. Nutze als Treibstoff für deine Motivation die Erkenntnis, dass dein Tod bevorstehen könnte. Regelmäßig so tun, als wäre der heutige Tag dein letzter Tag, ist eine wahre Abkürzung, hin zu extrem starker Selbstdisziplin und Produktivität.

Falls du es noch nicht getan hast, dann teste es doch einfach Mal aus. Nehme dir eine Minute Zeit und frage dich, wie du dich fühlen und verhalten würdest, wenn heute dein letzter Tag wäre. Wie am Ende des letzten Kapitels erwähnt, empfehle ich dir, diese Frage jeden Tag zu stellen. Achte dabei auf die Emotionen, welche beim Beantworten der Frage entstehen. Sei nicht traurig, dass du einmal sterben wirst. Es ist ein Schicksal, dem wir wohl alle erliegen müssen. Doch indem wir dieses Schicksal akzeptieren und uns häufig daran erinnern, können wir für den Rest unseres Lebens enorm davon profitieren.

Spüre, wie durch das Stellen dieser Frage eine tiefe Verachtung für jede Zeitverschwendung entsteht. Spüre das starke Verlangen, deine wichtigen Aufgaben schnell und entschlossen zu erledigen. Nehme wahr, wie der Tod deinen Fokus auf das wirklich Wichtige in deinem Leben lenkt und wie starke Motivation für ein glückliches und erfolgreiches Leben entsteht.

19

Die fünf Fragen

Gute Fragen informieren, großartige Fragen transformieren.

Ken Coleman

Fragen haben etwas Magisches an sich. Wann immer jemand dir eine Frage stellt oder wann immer du dir selbst eine Frage stellst, werden mentale Prozesse in Gang gesetzt, die man nur schwer stoppen kann. Es ist so, als würde ein Teil unseres Geists nicht anders können, als zu versuchen, die Frage zu beantworten. Durch jede Frage wird Aufmerksamkeit in eine ganz bestimmte Richtung gelenkt und je nach Frage kann das äußerst nützlich sein.

In jeder Arbeitspause und wann immer ich noch Zeit für sie finde, stelle ich mir deswegen dieselben fünf Fragen. Mit den Fragen führe ich ständig eine Art Miniversion des Motivationstrainings durch. Das Steigern meiner Motivation und Selbstdisziplin geschieht so (fast) automatisch. Alles, was wir wirklich tun müssen, ist uns anzugewöhnen, diese Fragen regelmäßig zu stellen. Und das ist ein enormer Vorteil. Der Fluch von persönlicher Weiterbildung war schon immer, dass Wissen alleine nur wenig bringt. Wir müssen der Wahrheit ins Auge schauen: Erst wenn gute Vorgehensweisen regelmäßig umgesetzt werden, kannst du große Veränderungen in deiner Selbstdisziplin erwarten. Erst wer viel Übung im Lenken und Steigern der eigenen Motivation hat, besitzt bärenstarke Selbstdisziplin 2.0. Nur, wer regelmäßig die Vorgehensweisen **umsetzt**, wird in der Lage sein, konstant das eigene Potenzial auszuleben.

Zum Glück gibt es einen Trick, der es uns deutlich leichter macht, regelmäßig am Anwenden zu sein. Dieser Trick ist das Auswendiglernen und regelmäßige Stellen der kommenden fünf Fragen. Wenn es dir zur Gewohnheit geworden ist, dir häufig diese fünf Fragen zu stellen, so bleibt dein durchschnittliches Motivationslevel hoch. Jedes Mal, wenn du eine der Fragen beantwortest, steigerst das deine Motivation und du wirst immer besser in der Fähigkeit, deine Motivation zu steigern.

Unser Denken macht den Unterschied zwischen Motivation und Trägheit, zwischen Selbstdisziplin und Faulheit, zwischen Erfolg und Misserfolg. Indem wir es uns angewöhnt haben, uns diese Fragen zu stellen, haben wir Weichen in unser Leben integriert, die uns andauernd in Richtung Motivation, Selbstdisziplin und Erfolg führen.

Frage 1: **Was ist mein nächster Gedanke?**

Dass wir beim Motivationstraining mit „Meditation" anfangen, ist kein Zufall. Genauso ist es auch hier kein Zufall, dass die erste Frage einen meditativen Zustand erschaffen soll. Entspannte Aufmerksamkeit ist die perfekte Ausgangslage für einfach **jede Aufgabe**. Ohne diesen Zustand wird einfach alles schwerer und mit diesem Zustand wird einfach alles deutlich leichter. Das gilt natürlich auch für das Steigern unserer Motivation und für das Erbringen von Topleistungen bei unseren wertvollen Aktivitäten.

Wie bereits erwähnt, wird der meditative Zustand erreicht, indem wir unsere Gedanken und Emotionen beobachten und akzeptieren. Dafür ist es zwar hilfreich, wenn wir vollkommen ruhig und mit geschlossenen Augen sitzen, es ist jedoch nicht unbedingt nötig. Wir können in den meditativen Zustand in jeder Situation unseres Lebens eintreten. Und die beste Art und Weise dafür ist sich regelmäßig diese Frage zu stellen.

Sobald ich mich frage, was mein nächster Gedanke ist, stellt sich immer erst einmal Stille ein. Das ist genau das, was ich möchte. Ich warte gespannt darauf, welcher Gedanke sich bemerkbar macht. Je länger wir diese aufmerksame Stille aufrechterhalten, desto besser. Je länger wir wachsam auf Gedanken warten und diese dann beobachten, desto stärker wird der meditative Zustand.

Wann immer ich merke, dass mir entspannte Aufmerksamkeit fehlt, beginne ich mich zu fragen, was mein nächster Gedanke ist. Auf diese Weise entspanne ich mich sehr effektiv. Ich beruhige meine Gedanken und Emotionen und schaffe so die perfekte Ausgangslage für Topleistungen und für das weitere Steigern meiner Motivation.

Frage 2: **Für was bin ich dankbar?**

Dankbarkeit haben wir schon mehrfach in diesem Buch angesprochen. Dankbarkeit ist der direkteste mentale Weg hin zu dauerhaft besserer Stimmung. Regelmäßig Dankbarkeit zu erzeugen macht langfristig glücklich. Glück und gute Stimmung machen Motivation, Selbstdisziplin, Produktivität und das Erbringen von Topleistungen um einiges leichter.

Menschen, die den großen Wert von Dankbarkeit realisieren, fangen häufig an, ein Dankbarkeitstagebuch zu schreiben. Auch wenn das deutlich besser ist als nichts, so ist es lange nicht so gut wie die Gewohnheit, sich regelmäßig zu fragen, wofür er oder sie dankbar ist. Wer sich regelmäßig diese Frage stellt, verändert das eigene Denken dauerhaft. Es hat einen viel größeren Effekt auf deine Stimmung als ein kurzer täglicher Eintrag in ein Dankbarkeitstagebuch.

Während meiner Pausen und wann immer ich sonst noch Zeit dafür finde, beantworte ich die Frage relativ ausführlich. Ich liste etwa 10 Dinge auf, für die ich dankbar bin. Wie bereits erwähnt, können dies kleine, aber auch sehr große Dinge sein. Es können Dinge sein, die in der Vergangenheit geschehen sind, in der Gegenwart gerade geschehen oder in der Zukunft voraussichtlich geschehen werden. Was immer du als positiv wahrnimmst, könnte eine potenzielle Quelle deiner Dankbarkeit sein und deine Stimmung so verbessern. Häufig bin ich dankbar dafür, dass ich in einer Situation bin, in der ich an meinen Zielen arbeiten darf. Ich bin auch häufig dankbar dafür, dass ich die Chance habe, anderen Menschen zu helfen und dass ich dabei mein Bestes geben darf.

Unterschätze nicht den Wert dieser Frage. Der langfristige Nutzen dauerhaft guter Stimmung ist extrem hoch. Und ganz vom „langfristigen Nutzen" abgesehen, fühlt es sich natürlich auch einfach gut an, guter Stimmung zu sein :-)

Frage 3: **Warum sind meine wichtigen Aufgaben so wichtig?**

Genauso wie beim Motivationstraining die <u>dritte</u> Stufe extrinsische Motivation erzeugt, zielt auch die <u>dritte</u> Frage auf diese Form der Motivation ab. Extrinsische Motivation ist, wie gesagt, vorhanden, wenn wir ein attraktives Ziel mit einer klaren Handlung in Verbindung bringen. Wenn wir unbedingt etwas erreichen wollen und wenn wir genau wissen, was wir dafür zu tun haben, so sind wir auch sehr motiviert, der notwendigen Handlung zu folgen. Das Problem ist, dass wir nicht vollkommen verinnerlicht haben, wie die Handlung unser leben verbessert. Die Verbindung zwischen unserem Ziel und der notwendigen Handlung ist schwach.

Genau hier kommt diese Frage ins Spiel. Indem wir uns all die Gründe sagen, weshalb unsere wichtigen Aufgaben so wichtig sind, bauen wir eine starke Verbindung zwischen diesen Aufgaben und unserer attraktiven Vision auf.

Es ist wie das Trainieren eines Muskels. Indem wir uns immer wieder klarmachen, warum unsere wichtigen Aufgaben so wichtig sind, trainieren wir den Muskel unserer extrinsischen Motivation. Wenn wir es schaffen, dass wir sofort mindestens ein klares Bild von unserem attraktiven Ziel sehen, wenn wir an eine wichtige Aufgabe denken, so haben wir es geschafft: Extrinsische Motivation treibt uns nun an der Aufgabe zu folgen, weil die Verbindung zwischen dem attraktiven Ziel und der Handlung stark geworden ist.

Frage 4: **Bin ich bereit, mich stark anzustrengen?**

Für mich ist diese Frage wie ein Test meiner Motivation. Wenn ich feststelle, dass ich zu wenig Motivation besitze, um mich in den nächsten Stunden bei meinen wichtigen Aufgaben anzustrengen, so ist das ein sicheres Zeichen für mich, dass meine Motivation zu niedrig ist und ich mehr Motivation brauche.

Klar, manchmal steht der Feierabend direkt vor der Tür oder eine kommende Aufgabe ist so leicht, dass ich sie auch ohne ein hohes Maß an Motivation gut und schnell erledigen kann. Sollte das jedoch nicht der Fall sein ... sollte ich vor einigen Stunden anspruchsvoller Arbeit stehen und sollte ich dabei nicht bereit sein, mich stark anzustrengen, so ist der Fall eindeutig: Ich brauche mehr Motivation.

Es ist sehr wertvoll, diese Erkenntnis frühzeitig zu haben. Je früher man erkennt, dass man mehr Motivation gebrauchen könnte, desto leichter fällt es, das Ruder herumzureißen.

Falls ich also realisiere, dass mir die Motivation fehlt, mich stark anzustrengen, so wende ich mindestens eine der Vorgehensweise aus diesem Buch an. Meistens spüre ich intuitiv, welche Vorgehensweisen mir am besten weiterhelfen. Manchmal optimiere ich den Weg des geringsten Widerstands, manchmal sorge ich für mehr Klarheit, manchmal entkräfte ich Ausreden, manchmal akzeptiere ich meine Angst, manchmal beschütze ich meine Stimmung, manchmal sorge ich für mehr Energie. In den meisten Fällen gehe ich jedoch die fünf motivierenden Gedankenkategorien mehrmals durch und sage mir andere motivierende Sätze.

Gewöhne dir an, die fünf Gedankenkategorien nach dieser Frage mindestens einmal durchzugehen. Motiviere dich mit ihnen, selbst wenn deine Motivation bereits so hoch ist, dass du bereit bist, dich stark anzustrengen.

Frage 5: **Wie würde ich mich fühlen und verhalten, wenn heute mein letzter Tag wäre?**

Natürlich zielt diese Frage auf die letzte Stufe des Motivationstrainings ab. Durch das Denken an den eigenen Tod können wir sehr schnell sehr viel Motivation erzeugen. Die Frage ist besonders gut darin, ein bereits hohes Motivationslevel noch weiter zu steigern.

Damit das gelingt, muss man ein bisschen schauspielern. Der Schlüssel besteht darin, dich selbst zu überzeugen, dass heute tatsächlich dein letzter Tag ist. Gleichzeitig ist es notwendig, keinen Groll gegen dieses Schicksal zu hegen, sondern es voll und ganz zu akzeptieren.

Je stärker wir uns der nahenden Endlichkeit unseres Lebens bewusst sind, desto mehr erscheint uns unsere verbleibende Lebenszeit wie ein kostbares Geschenk. Durch das regelmäßige Stellen dieser Frage, wird die Motivation, das Beste aus unserer verbleibenden Lebenszeit zu machen extrem stark. Indem du dich mehrmals täglich fragst, wie du dich fühlen und verhalten würdest, wenn heute dein letzter Tag wäre, steigerst du jedes Mal deine Motivation deutlich. Ganz bewusst geht es in der Frage nicht nur um Emotionen, sondern auch um das eigene Verhalten. Auch das soll bewirken, dass starke Motivation mit dem eigenen sinnvollen Verhalten verknüpft wird.

Damit du mich nicht falsch verstehst … diese Frage soll einzig und alleine Motivation und Selbstdisziplin steigern. Diese Frage soll keine Einladung sein, kurzfristig zu denken. Das wäre kontraproduktiv. **Verfolge stets langfristige Ziele und eine langfristige Vision.**

Das sind also die fünf Fragen, mit denen ich meine Aufmerksamkeit immer wieder in die richtige Richtung lenke. Ich empfehle dir sehr, sie auswendig zu lernen und sie dir mindestens einmal täglich selbst zu stellen. Es ist sehr einfach, sich diese Fragen anzugewöhnen. Gleichzeitig sind sie extrem effektiv darin, dein Denken und damit dein gesamtes Leben zu verbessern.

Ich vermute, dass die meisten Leser und Leserinnen nicht bereit sind, diese Fragen auswendig zu lernen und sie sich regelmäßig selbst zu stellen. Das ist okay. Jeder hat schließlich die Wahl, wie erfolgreich er oder sie sein möchte und welchen Weg jemand hin zum eigenen Erfolg wählt. Doch wenn du die Person bist, die den harten Weg am Anfang geht, hast du es langfristig deutlich leichter. Schnell ziehst du an all jenen Menschen vorbei, die dieses Buch nicht gelesen haben oder welche die Vorgehensweisen nicht umgesetzt haben.

Ich weiß, es kann nervig sein, diese Fragen und anderes aus diesem Buch auswendig zu lernen. Um es dir so leicht wie möglich zu machen, das grundsätzlichste Wissen zu verinnerlichen, habe ich ein kleines Quiz geschrieben, das du ganz am Ende des Buches finden kannst.

Neben dem Quiz als kleines Geschenk möchte ich dir noch mein Wort geben. Mein Wort, dass sich der anfängliche Mehraufwand langfristig extrem für dich lohnen wird. Aber eigentlich brauchst du mein Wort nicht, es sollte auch so ziemlich eindeutig sein: Wenn du täglich dein Denken in die richtige Richtung lenkst, generierst du ständig neue Motivation, um all deine Ziele noch besser zu erreichen. Je mehr du aus diesem Buch anwendest, desto besser wirst du in den Fähigkeiten, deine Motivation zu lenken und zu steigern. Je mehr du aus diesem Buch anwendest, desto mehr gehst du den leichten Weg hin zu starker Selbstdisziplin und Produktivität.

20

Ende

Wissen hat keinen Wert, wenn man es nicht in die Praxis umsetzt.

Anton Tschechow

Ich muss zugeben, dass es mir Sorgen macht, dass viele Menschen dieses Buch zwar lesen, nichts oder nur wenig davon umsetzen und so nicht von dem immensen Nutzen profitieren. Nur wer viele Vorgehensweisen befolgt und regelmäßig in der Praxis anwendet, kann jedoch die beschriebenen Fortschritte erleben. Regelmäßiges Anwenden mag sich anstrengend und zeitaufwendig anhören, doch einen schnelleren, angenehmeren und sicheren Weg gibt es nicht.

Also sei ein Anwender oder eine Anwenderin. Denke dabei langfristig. Betrachte die nächsten drei, fünf und zehn Jahre. Wie viel besser wäre deine Zukunft mit der Fähigkeit, Motivation lenken und steigern zu können? Wie viel leichter würde dir einfach alles fallen, wenn du extrem starke Selbstdisziplin 2.0 hättest? Ab jetzt trennen dich nur noch vier Schritte davon:

1. Verinnerliche alle Vorgehensweisen.

2. Erinnere dich an die Vorgehensweisen im richtigen Moment.

3. Wende sie an.

4. Wiederhole Schritt 2 und 3 immer wieder! Je mehr Übung du hast, desto leichter fällt es dir, deine Motivation zu lenken und zu steigern. Je mehr du die Vorgehensweisen anwendest, desto mehr profitierst du von bärenstarker Selbstdisziplin 2.0.

Um dir den ersten Schritt (das Verinnerlichen) so leicht wie möglich zu machen, habe ich (wie bereits erwähnt) ein kleines Quiz erstellt, welches du auf den letzten Seiten des Buchs finden kannst. Durch die 20 Fragen kannst du dich das grundsätzliche Wissen von Selbstdisziplin 2.0 abfragen und so sehr leicht verinnerlichen. Neben dem Quiz gibt es noch mehr Bonus-Material unter **danielhanke.com/extras**.

Dort kannst dich auch zum **Selbstdisziplin 2.0 Newsletter** anmelden, der exklusiv für Leser und Leserinnen dieses Buch ist. Ich schreibe dort über neue Erkenntnisse, kläre Fragen, berichte von persönlichen Erfahrungen und zeige, wie „Selbstdisziplin 2.0" zum Erreichen konkreter Ziele eingesetzt werden kann.

Abgesehen von der extrem wichtigen Empfehlung, eine Anwenderin oder ein Anwender zu sein, möchte ich dir noch drei weitere abschließende Empfehlungen geben:

1. Denke langfristig. Das kann kaum oft genug wiederholt werden. Indem du dir vorstellst, wie dein Leben in ein paar Jahren aussehen wird, wenn du die Vorgehensweisen regelmäßig anwendest, wird dir das regelmäßige Anwenden viel leichter fallen.

2. Freue dich riesig über jeden Fortschritt, sei er auch noch so klein. Wenn wir aktiv unsere Aufmerksamkeit auf all unsere Fortschritte richten und wenn wir uns sehr über diese freuen, steigert das nicht nur unsere Stimmung, es führt auch dazu, dass wir motiviert sind, immer wieder zu den Vorgehensweisen zurückzukommen. Am Anfang mag der Nutzen mancher Vorgehensweisen nur klein sein. Je mehr Übung wir jedoch in ihnen haben, desto mehr nimmt ihr Nutzen zu. Es ist deswegen extrem wichtig, die harte anfängliche Phase zu überbrücken, indem wir uns auch über kleine Fortschritte freuen.

3. Entwickle deine Strategie! Schreibe eine Liste mit konkreten Verbesserungsabsichten und integriere sie der Reihe nach in dein Leben. Zur Entwicklung deiner Strategie kann es dir helfen, folgende Fragen zu beantworten: Was kann ich täglich machen, um den Weg des gerings-

ten Widerstands zu meinem Vorteil zu verändern? Was kann ich tun, um die Klarheit für meine wichtigsten Aufgaben zu maximieren? Welche Gewohnheiten kann ich aufbauen, um meine Stimmung, Energie und Motivation regelmäßig weiter zu steigern?

In diesem Zusammenhang möchte ich dir noch einmal wärmstens empfehlen, das Motivationstraining regelmäßig anzuwenden. Ich weiß, du hast bestimmt auch ohne diese neue Gewohnheit bereits viel zu tun. Trotzdem bin ich mir sicher, dass sich das Motivationstraining extrem für dich lohnen wird. Wenn du jeden Tag 10 Minuten investierst, um deine Motivation zu trainieren, wird dein durchschnittliches Motivationslevel langfristig sehr viel höher sein. Es wird dir dann leicht fallen, starke Selbstdisziplin und Produktivität an den Tag zu legen.

Die meisten Menschen sind keine Anwender. Auch wenn sie sich neues Wissen angeeignet haben, setzen sie es nicht in die Praxis um. Oder wenn sie es doch tun, so bleiben sie nicht konsistent damit. Das bedeutet umgekehrt, dass du sehr schnell positiv aus der Masse herausstechen kannst, wenn du konsistent mit diesen Vorgehensweisen bleibst.

Stelle dir vor, du würdest beispielsweise das Motivationstraining täglich durchgehen. Dies würde einen riesigen positiven Schneeballeffekt in Gang setzten. Deine Motivation und Selbstdisziplin würde immer stärker werden. Du würdest immer größere Fortschritte bei deinen Zielen machen, während das Leben der meisten anderen Menschen stagniert. Früher oder später wird dein Leben im Vergleich zu fast allen anderen Menschen phänomenal sein. Du hast dir ein Leben voller Erfüllung und Erfolg erschaffen, weil du bereit warst, den Preis dafür zu zahlen.

Nun möchte ich dir gratulieren! Indem du dieses Buch zu Ende gelesen hast, hast du Großes geleistet. Du hast dir in „Selbstdisziplin 2.0“ das grundlegende Wissen angeeignet, um dir das Leben zu schaffen, das du gerne hättest. Also nutze das Geschenk, das dir bei deiner Geburt gegeben wurde und erschaffe dir ein phänomenales Leben!

Für Feedback zu „Selbstdisziplin 2.0“, welches du nicht in eine Amazon-Rezension packen möchtest oder für Fragen, kannst du mir gerne eine E-Mail an mail@danielhanke.com schreiben. Ich freue mich, von dir zu hören. Ich wünsche dir viel Spaß und Erfolg beim Erreichen deiner Ziele!

Endnoten

1 Duckworth, A. L., & Seligman, M. E. (2005). Self-Discipline Outdoes IQ in Predicting Academic Performance of Adolescents. In Psychological Science 16, 939-944.

2 Baumeister, R. F., & Vohs, K. D. (2003). Willpower, choice, and self-control. In: Loewenstein, G., Read, D., & Baumeister R., (Hrsg.), Time and decision: Economic and psychological perspectives on intertemporal choice (201–216). Russell Sage Foundation. Siehe auch Baumeister, R. F., Heatherton, T. F., & Tice, D. M. (1994). Losing control: How and why people fail at self-regulation. Academic Press.

3 Clanton Harpine, E. (2015). Is Intrinsic Motivation Better Than Extrinsic Motivation? Group-Centered Prevention in Mental Health. Springer. Siehe auch Bandura, A., & Schunk, D. H. (1981). Cultivating competence, self-efficacy, and intrinsic interest through proximal self-motivation. Journal of Personality and Social Personality, 41, 586–598. Siehe auch Cerasoli, C. P., Nicklin, J. M., & Ford, M. T. (2014). Intrinsic motivation and extrinsic incentives jointly predict performance: A 40 year meta-analysis. Psychological Bulletin, 140, 980-1008. Siehe auch Deci, E. L., Koestner, R., & Ryan, R. M. (1999). A meta-analytic review of experiments examining the effects of extrinsic rewards on intrinsic motivation. Psychological Bulletin, 125, 627-668.

4 Phillips, A. G., Vacca, G., & Ahn, S. (2008). A top-down perspective on dopamine, motivation and memory. Pharmacology Biochemistry and Behavior, 90(2), 236-249. Siehe auch Malenka, R. C., Nestler, E. J., & Hyman, S. E. (2009). Sydor, A., & Brown, R. Y. (Hrsg.), Molecular Neuropharmacology: A Foundation for Clinical Neuroscience (2. Aufl., 147–48, 366–67, 375–76). McGraw-Hill Medical.

5 Berridge, K. C. (2007). The debate over dopamine's role in reward: the case for incentive salience. Psychopharmacology, 191(3), 391–431.

6 Baliki, M. N., Mansour, A., Baria, A. T., Huang, L., Berger, S. E., Fields, H. L., & Apkarian, A. V. (2013). Parceling human accumbens into putative core and shell dissociates encoding of values for reward and pain. The Journal of neuroscience, 33(41), 16383–16393.

7 Wenzel, J. M., Rauscher, N. A., Cheer, J. F., & Oleson, E. B. (2015). A role for phasic dopamine release within the nucleus accumbens in encoding aversion: a review of the neurochemical literature. ACS Chemical Neuroscience, 6(1), 16–26.

8 Corgnet, B., Gächter, S., & González, R. H. (2020). Working Too Much for Too Little: Stochastic Rewards Cause Work Addiction. IZA Discussion Papers, 12992, Institute of Labor Economics. Siehe auch Laskowski, C. S, Dorchak, D. L., Ward, K. M., Christensen, D. R., & Euston, D. R. (2019). Can Slot-Machine Reward Schedules Induce Gambling Addiction in Rats? Journal of Gambling Studies, 35(3), 887-914.

9 Moura, F. T. (2020, 2. April). Dopamine: More Than Pleasure, The Secret is the Anticipation of a Reward. Live Innovation. https://liveinnovation.org/dopamine-more-than-pleasure-the-secret-is-the-anticipation-of-a-reward/

10 Lieberman, D. Z., & Long, M. E. (2018). The Molecule of More: How a Single Chemical in Your Brain Drives Love, Sex, and Creativity--and Will Determine the Fate of the Human Race. BenBella Books.

11 Olds, J., & Milner, P. (1954). Positive reinforcement produced by electrical stimulation of septal area and other regions of rat brain. Journal of Comparative and Physiological Psychology, 47(6), 419–427.

12 Gerrits, M. A., & Van Ree, J. M. (1996). Effect of nucleus accumbens dopamine depletion on motivational aspects involved in initiation of cocaine and heroin self-administration in rats. Brain Research, 713, 114–124. Siehe auch Blum, K., Thanos, P. K., Oscar-Berman, M., Febo, M., Baron, D., Badgaiyan, R. D., Gardner, E., Demetrovics, Z., Fahlke, C., Haberstick, B. C., Dushaj, K., & Gold, M. S. (2015). Dopamine in the brain: hypothesizing surfeit or deficit links to reward and addiction. Journal of Reward Deficiency Syndrome, 1, 95–104. Siehe auch Johnson, S. W., & North, R. A. (1992). Opioids excite dopamine neurons by hyperpolarization of local interneurons. The Journal of Neuroscience, 12, 483–488.

13 Ikemoto, S. (2007). Dopamine reward circuitry: two projection systems from the ventral midbrain to the nucleus accumbens-olfactory tubercle complex. Brain Research Reviews, 56(1), 27–78.

14 Burhan, R., & Moradzadeh, J. (2020). Neurotransmitter Dopamine (DA) and its Role in the Development of Social Media Addiction. Journal of Neurology & Neurophysiology, 11(7), 01-02.

15 Han, D. H., Lee, Y. S., Yang, K. C., Kim, E. Y., Lyoo, I. K., Renshaw, P. F. (2007) Dopamine Genes and Reward Dependence in Adolescents with Excessive Internet Video Game Play, Journal of Addiction Medicine, 1(3), 133-138.

16 Haynes, T., & Clements, R. (2018, 1. Mai) Dopamine, Smartphones & You: A battle for your time. Harvard University. https://sitn.hms.harvard.edu/flash/2018/dopamine-smartphones-battle-time/

17 Griffiths, M. D. (2018) Adolescent social networking: how do social media operators facilitate habitual use? Education and Health, 36(3), 66-69.

18 Koepp, M. J., Gunn, R. N., Lawrence, A. D., Cunningham, V. J., Dagher, A., Jones, T., Brooks, D. J., Bench, C. J., & Grasby, P. M. (1998). Evidence for striatal dopamine release during a video game. Nature, 393(6682), 266–268.

19 Troncale, J. (2014, 22. April). Your Lizard Brain. Psychology Today. https://www.psychologytoday.com/us/blog/where-addiction-meets-your-brain/201404/your-lizard-brain

20 Newell, B. R., & Shanks, D. R. (2014). Unconscious influences on decision making: A critical review. Behavioral And Brain Sciences, 37(1), 1-19.

21 MacLean, P. D. (1990.). The Triune Brain in Evolution: Role in Paleocerebral Functions. Springer. Siehe auch: The Albert Team (2020, 23. Juli). The Ultimate Guide to the Brain for AP® Psychology. AP® Psychology. https://www.albert.io/blog/ultimate-brain-guide-for-ap-psychology/

22 Haskell, H. (2015). 7 Ways to Engage Your Customer's Reptilian Brain. Neuroscience Marketing. https://www.neurosciencemarketing.com/blog/articles/reptilian-brain-2.htm Siehe auch Boudinet, J. (2017, 2. März) How Appealing to the Reptilian Brain Can Strengthen Any Sales Strategy. Ambition. https://ambition.com/blog/entry/2017-02-03-how-appealing-reptilian-brain-can-strengthen-any-sales-strategy/

23 Di-Poï, N., & Milinkovitch, M. C. (2016) The anatomical placode in reptile scale morphogenesis indicates shared ancestry among skin appendages in amniotes. Science Advances, 2 (6), 1-8. Siehe auch Naumann, R. K., Ondracek, J. M., Reiter, S., Shein-Idelson, M., Tosches, M. A., Yamawaki, T. M., & Laurent, G. (2015). The reptilian brain. Current Biology, 25(8), 317-321.

24 Newlin D. B. (2002). The self-perceived survival ability and reproductive fitness (SPFit) theory of substance use disorders. Addiction, 97(4), 427–445. Siehe auch Hamilton, J. (2017, 23. November). Human Brains Have Evolved Unique 'Feel-Good' Circuits. NPR. https://

www.npr.org/sections/health-shots/2017/11/23/566034172/human-brains-have-evolved-unique-feel-good-circuits

25 Kurzweil, R. (2012). How to Create a Mind: The Secret of Human Thought Revealed. Viking Penguin.

26 Semendeferi, K., Lu, A., Schenker, N., & Damasio, H. (March 2002). Humans and great apes share a large frontal cortex. Nature Neuroscience, 5(3), 272–276.

27 Noback, C. R., Strominger, N. L., Demarest, R. J. & Ruggiero, D. A. (2005). The Human Nervous System: Structure and Function (6. Aufl.). Humana Press.

28 Das emotionale Gehirn wird häufig auch Limbisches System genannt.

29 Dalgleish, T. (2004). The emotional brain. Nature Reviews Neuroscience, 5, 583–589.

30 Tumanako, P. (2018). The Nature of the Human Brain and a Study of Its Parts. Psychology and Behavioral Science International Journal, 8(3), 555738.

31 Marich, J. (2021, 20. Juli) Post-Traumatic Stress Disorder: Reptilian Brain of Survival and Mammalian Brain Disorder. Gulf Bend Center. https://www.gulfbend.org/poc/view_doc.php?type=doc&id=55760&cn=109%5C%22 Siehe auch MacLean PD (1970): The triune brain, emotion, and scientific bias. The Neurosciences Second Study Program, 336-349. Siehe auch McLean, P.D. & Kral, V.A. (1973). A triune concept of the brain and behaviour. Ontario Mental Health Foundation.

32 Naumann, R. K., Ondracek, J. M., Reiter, S., Shein-Idelson, M., Tosches, M. A., Yamawaki, T. M., & Laurent, G. (2015). The reptilian brain. Current biology, 25(8), 317-321.

33 Boehm, C. (2017). Prehistoric Capital Punishment and Parallel Evolutionary Effects. Minding Nature, 10(2), 23-29.

34 Forbes, E. E. (2009). Where's the fun in that? Broadening the focus on reward function in depression. Biological psychiatry, 66(3), 199–200.

35 Jewett, M. E., Wyatt, J. K., Ritz-De Cecco, A., Khalsa, S. B., Dijk, D. J., & Czeisler, C. A. (1999). Time course of sleep inertia dissipation in human performance and alertness. Journal of Sleep Research, 8(1), 1-8. Siehe auch Tassi, P., & Muzet, A. (2000). Sleep inertia. Sleep Medicine Reviews, 4(4), 341-353. Siehe auch Wertz, A. T., Ronda, J. M., Czeisler, C. A., & Wright, K. P. (2006). Effects of Sleep Inertia on Cognition. JAMA, 295(2), 159-164. Siehe auch Bruck, D. and Pisani, D. L. (1999). The effects of sleep inertia on decision-making performance. Journal of Sleep Research, 8, 95-103.

36 Boehm, C. (2017). Prehistoric Capital Punishment and Parallel Evolutionary Effects. Minding Nature, 10(2), 23-29.

37 NHS (2021, 28. April) The energy „diet". https://www.nhs.uk/live-well/sleep-and-tiredness/the-energy-diet/ Siehe auch Harvard Health (2019, 14. Dezember) 4 ways to boost your energy naturally with breakfast. https://www.health.harvard.edu/staying-healthy/4-ways-to-boost-your-energy-naturally-with-breakfast

38 Spencer, J. (2008). Food for thought: The role of dietary flavonoids in enhancing human memory, learning and neuro-cognitive performance: Symposium on 'Diet and mental health'. Proceedings of the Nutrition Society, 67(2), 238-252. Siehe auch Yakimchuk, K. (2018, 12. Oktober). Your brain on food: Studies show the links between a healthy diet and cognitive function. Ideafit. https://www.ideafit.com/personal-training/your-brain-on-food/

39 Gleeson, M. (2016). Immunological aspects of sport nutrition. Immunology and Cell Biology, 94, 117-123.

40 Soldati, L., Di Renzo, L., Jirillo, E., Ascierto, P. A., Marincola, F. M., & De Lorenzo, A. (2018). The influence of diet on anti-cancer immune responsiveness. Journal of Translational Medicine, 16(1), 75.

41 Greger, M., & Stone, G. (2016). How Not To Die. Macmillan.

42 Huel ist ein Pulver, bestehend u. a. aus Erbsenprotein, gemahlene Leinsamen, Protein aus braunem Reis, Tapioka und Sonnenblumenölpulver. Es ist reich an Protein und niedrig in Zucker und Fett. Wenn du über diesen Link https://huel.mention-me.com/m/ol/cj1vm-daniel-hanke deine erste Bestellung tätigst bekommst du eine Gutschrift von 10 €. Ich dann übrigens auch ;-) Ich würde Huel aber auch ohne die Gutschrift voll und ganz empfehlen. Ich spare extrem viel Zeit, mir schmeckt es sehr gut (mit meiner Zubereitungstechnik), ich fühle mich nicht voll, habe viel Energie und ich ernähre mich so ziemlich gesund.

43 Hillman, C. H., Erickson, K. I., Kramer, A. F. (2008). Be Smart, Exercise Your Heart. Exercise Effects on Brain on Cognition. Nature Review Neuroscience, 9, 58-65.

44 Loo, L.-M., Prince, J. B., & Correia, H. M. (2020). Exploring mindfulness attentional skills acquisition, psychological and physiological functioning and well-being: Using mindful breathing or mindful listening in a nonclinical sample. Psychomusicology: Music, Mind, and Brain, 30(3), 103–118. Siehe auch Ellwood, B. (2021, 20. Januar). Using music and nature sounds in mindfulness practice may help students transfer attentional skills to everyday life. PsyPost. https://www.psypost.org/2021/01/using-music-and-nature-sounds-in-mindfulness-practice-may-help-students-transfer-attentional-skills-to-everyday-life-59181

45 Lieberman, D. Z., Long, M. E. (2018). The Molecule of More: How a Single Chemical in Your Brain Drives Love, Sex, and Creativity--and Will Determine the Fate of the Human Race. BenBella Books.

46 Suenner, R. (2010). Der Turm am See. https://web.archive.org/web/20101028134214/http://www.ruedigersuenner.de/bollingen7.html

47 h2g2 (2002, 28. Januar) Carl Gustav Jung - His Life. https://h2g2.com/edited_entry/A653410

48 The Rowling Library (2016, 1. Juni) The Balmoral Hotel, where J.K. Rowling finished Harry Potter and the Deathly Hallows. https://www.therowlinglibrary.com/2016/06/01/the-balmoral-hotel-where-j-k-rowling-finished-harry-potter-and-the-deathly-hallows/ Siehe auch J. K. Rowling Suite. https://www.roccofortehotels.com/hotels-and-resorts/the-balmoral-hotel/rooms-and-suites/jkrowling-suite/

49 Rich, B. (2016, 29. Februar). Warren Buffett Explains Why Over Time Stocks Go Up. Forbes. https://www.forbes.com/sites/bryanrich/2016/02/29/warren-buffett-explains-why-over-time-stocks-go-up/?sh=34723afb1393

50 Keller, G. W., & Papasan, J. (2012). The one thing: the surprisingly simple truth behind extraordinary results. Bard Press.

51 Persson, E., Barrafrem, K., Meunier, A., & Tinghög, G. (2019) The effect of decision fatigue on surgeons' clinical decision making. Health Economics, 28, 1194-1203.

52 Vohs, K. D., Baumeister, R. F., Schmeichel, B. J., Twenge, J. M., Nelson, N. M., & Tice, D. M. (2008). Making Choices Impairs Subsequent Self-Control. A Limited-Resource Account of Decision Making, Self-Regulation, and Active Initiative. Journal of Personality and Social Psychology, 94, 883-898.

53 Mutch, V., Evans, S. & Wyka, K. (2020). The role of acceptance in mood improvement during Mindfulness-Based Stress Reduction. Journal of Clinical Psychology, 77(1), 7-19.

54 Kavanagh, D. J. (1987). Mood, persistence, and success. Australian Journal of Psychology, 39(3), 307-318.

55 Gollwitzer, P. M. & Oettingen, G. (2011). Planning Promotes Goal Striving. Vohs, K. D., & Baumeister, R. F. (Hrsg.), Handbook of self-regulation. Research, theory, and applications (2. Aufl., 162-185). The Guilford Press.

56 Apolzan, J. W., Bray, G. A., Hamilton, M. T., Zderic, T. W., Han, H., Champagne, C. M., Shepard, D., & Martin, C. K. (2014). Short-term overeating results in incomplete energy intake compensation regardless of energy density or macronutrient composition. Obesity, 22(1), 119–130. Siehe auch Radcliffe, S. (2021, 22. Juli). Binge Eating Decreases Productivity at Work. Men's Journal. https://www.mensjournal.com/food-drink/binge-eating-decreases-productivity-work/

57 Baumeister, R. F., Heatherton, T. F., & Tice, D. M. (1994). Losing control: How and why people fail at self-regulation. Academic Press.

58 Oaten, M., & Cheng, K. (2006). Longitudinal Gains in Self-Regulation from Regular Physical Exercise. British Journal of Health Psychology, 11(4), 717-733.

59 Colcombe, S. J., Erickson, K. I., Raz, N., Webb, A. G., Cohen, N. J., McAuley, E., & Kramer, A. F. (2003). Aerobic fitness reduces brain tissue loss in aging humans. The journals of gerontology. Series A, Biological sciences and medical sciences, 58(2), 176-180.

60 Strauss, N. (2017, 15. November). Elon Musk: The Architect of Tomorrow. Rolling Stone. https://www.rollingstone.com/culture/culture-features/elon-musk-the-architect-of-tomorrow-120850/

61 GatesNotes. The Blog of Bill Gates. https://www.gatesnotes.com/Search?search=reading

62 Stone, B. (2013). The Everything Store: Jeff Bezos and the Age of Amazon. Little, Brown and Company.

63 Oppong, T. (2021, 4. Mai). Warren Buffett's 80% Rule: The Most Successful People Spend a Great Deal of Time Reading And Thinking. https://thomas-oppong.medium.com/warren-buffetts-80-rule-will-help-you-accelerate-your-learning-and-career-afaff5519bf2

64 Drew, C. (2019, 10. November). 11 Examples Of Passive Learning. Helpful Professor. https://helpfulprofessor.com/passive-learning/

65 Baepler, P., Walker, J. D., & Driessen, M. (2014). It's not about seat time: Blending, flipping, and efficiency in active learning classrooms. Computers & Education, 78, 227-236. Siehe auch Kornell, N. (2009). Optimising Learning Using Flashcards: Spacing Is More Effective Than Cramming. Applied Cognitive Psychology, 23, 1297-1317.

66 Reddan, M. C., Wager, T. D., & Schiller, D. (2018). Attenuating Neural Threat Expression with Imagination. Neuron, 100(4), 994-1005. Siehe auch Hamilton, D. R. (2014, 30. Oktober). Does your brain distinguish real from imaginary? https://drdavidhamilton.com/does-your-brain-distinguish-real-from-imaginary/

67 Gallo, C. (2016, 24. Mai). 3 Daily Habits Of Peak Performers, According To Michael Phelps' Coach. Forbes. https://www.forbes.com/sites/carminegallo/2016/05/24/3-daily-habits-of-peak-performers-according-to-michael-phelps-coach/?sh=79d16795102c Siehe auch Byers, T. (2019, 7. Februar). The Power of the Mind Through Visualization. Swimming World. https://www.swimmingworldmagazine.com/news/the-power-of-the-mind-through-visualization/

68 Shakespeare, W. (1996). Hamlet. In T. J. Spencer (Hrsg.), The new Penguin Shakespeare. Penguin Books.

69 Clanton Harpine, E. (2015). Is Intrinsic Motivation Better Than Extrinsic Motivation? Group-Centered Prevention in Mental Health. Springer. Siehe auch Bandura, A., & Schunk, D. H. (1981). Cultivating competence, self-efficacy, and intrinsic interest through proximal self-motivation. Journal of Personality and Social Personality, 41, 586–598. Siehe auch Cerasoli, C. P., Nicklin, J. M., & Ford, M. T. (2014). Intrinsic motivation and extrinsic incentives jointly predict performance: A 40 year meta-analysis. Psychological Bulletin, 140, 980–1008. Siehe auch Deci, E. L., Koestner, R., & Ryan, R. M. (1999). A meta-analytic review of experiments examining the effects of extrinsic rewards on intrinsic motivation. Psychological Bulletin, 125, 627–668.

70 Phillips, A. G., Vacca, G., & Ahn, S. (2008). A top-down perspective on dopamine, motivation and memory. Pharmacology Biochemistry and Behavior, 90(2), 236-249.

71 Gollwitzer, P. M., Sheeran, P., Michalski, V., & Seifert, A. E. (2009). When Intentions Go Public: Does Social Reality Widen the Intention-Behavior Gap? Psychological Science, 20(5), 612–618.

72 Wiswede, G. (2007). Einführung in die Wirtschaftspsychologie. UTB

73 Brooks, A. W. (2014). Get excited. Reappraising pre-performance anxiety as excitement. Journal of Experimental Psychology: General, 143(3), 1144-1158. Siehe auch Jamieson, J. P., Mendes, W. B., Blackstock, E., & Schmader, T. (2010) Turning the knots in your stomach into bows: Reappraising arousal improves performance on the GRE. Journal of Experimental Social Psychology, 46(1), 208-212.

74 McGonigal, K. (2015) The Upside of Stress. Why Stress is Good for You (and How to Get Good at It). Penguin Random House. Siehe auch Keller, A., Litzelman, K., Wisk, L. E., Maddox, T., Cheng, E. R., Creswell, P. D., & Witt, W. P. (2012). Does the perception that stress affects health matter? The association with health and mortality. Health psychology, 31(5), 677-684.

75 Jamieson, J. P., Nock, M. K., & Mendes, W. B. (2012). Mind over matter: Reappraising arousal improves cardiovascular and cognitive responses to stress. Journal of Experimental Psychology: General, 141(3), 417-422. Siehe auch: Jamieson, J. P., Nock, M. K., & Mendes, W. B. (2013). Changing the conceptualization of stress in social anxiety disorder affective physiological consequences. Clinical Psychological Science, 1(4), 363-374. Siehe auch Beltzer, M., Nock, M., Peters, B., & Jamieson, J. (2014). Rethinking Butterflies: The Affective, Physiological, and Performance Effects of Reappraising Arousal During Social Evaluation. Emotion, 14.

76 Boudarene, M., Legros, J. J., & Timsit-Berthier, M. (2002). Etude de la réponse de stress: rôle de l'anxiété, du cortisol et du DHEAs [Study of the stress response: role of anxiety, cortisol and DHEAs]. L'Encephale, 28(2), 139–146.

77 Wemm, S., Koone, T., Blough, E. R., Mewaldt, S., & Bardi, M. (2010). The role of DHEA in relation to problem solving and academic performance. Biological psychology, 85(1), 53–61.

78 Chandola, T., Brunner, E., & Marmot, M. (2006). Chronic stress at work and the metabolic syndrome: prospective study. BMJ (Clinical research ed.), 332(7540), 521–525. Siehe auch Premier Health (2017, 5. Februar). Beware High Levels of Cortisol, the Stress Hormone. https://www.premierhealth.com/your-health/articles/women-wisdom-wellness-/beware-high-levels-of-cortisol-the-stress-hormone Siehe auch Endocrine Web (2021, 12. Juli). What Is Adrenaline? https://www.endocrineweb.com/adrenaline

79 Morgan, C. A., 3rd, Southwick, S., Hazlett, G., Rasmusson, A., Hoyt, G., Zimolo, Z., & Charney, D. (2004). Relationships among plasma dehydroepiandrosterone sulfate and cortisol levels, symptoms of dissociation, and objective performance in humans exposed to acute stress. Archives of general psychiatry, 61(8), 819-825. Siehe auch Cicchetti, D., & Rogosch, F. A. (2009). Adaptive coping under conditions of extreme stress: Multilevel influences on the determinants of resilience in maltreated children. New directions for child and adolescent development, 2009(124), 47-59. Siehe auch Seery, M.D. (2013). The biopsychosocial model of challenge and threat: Using the heart to measure the mind. Social and Personality Psychology Compass, 7(9),

637-653. Siehe auch Peifer C. (2012). Psychophysiological Correlates of Flow-Experience. Engeser S. (Hrsg.) Advances in Flow Research. Springer.

80 Fishbach, A., & Labroo, A. A. (2007). Be better or be merry: How mood affects self-control. Journal of Personality and Social Psychology, 93(2), 158–173. Siehe auch Egan, P. M., Clarkson, J. J., & Hirt, E. R. (2015). Revisiting the restorative effects of positive mood: An expectancy-based approach to self-control restoration. Journal of Experimental Social Psychology, Volume 57, 87-99.

81 Hsieh, S., & Lin, S. J. (2019). The Dissociable Effects of Induced Positive and Negative Moods on Cognitive Flexibility. Scientific Reports, 9, 1126. Siehe auch Kavanagh, D. J. (1987). Mood, persistence, and success. Australian Journal of Psychology, 39(3), 307-318. Siehe auch Lin, W.-L., Tsai, P.-H., Lin, H.-Y. & Chen, H.-C. (2014). How does emotion influence different creative performances? The mediating role of cognitive flexibility. Cognition and Emotion, 28(5), 834-844. Siehe auch Hirt, E. R., Melton, R. J., McDonald, H. E., & Harackiewicz, J. M. (1996). Processing goals, task interest, and the mood–performance relationship: A mediational analysis. Journal of Personality and Social Psychology, 71(2), 245–261. Siehe auch Oswald, A. J. , Proto, E. & Sgroi, D. (2015). Happiness and productivity. Journal of Labor Economics, 33(4), 789-822.

82 Pollack, S. & Herres, J. (2020). Prior Day Negative Affect Influences Current Day Procrastination: A Lagged Daily Diary Analysis. Anxiety Stress & Coping, 33.

83 Adams, C. E. & Leary M. R. (2007). Promoting Self-Compassion Attitudes toward Eating among Restrictive and Guilty Eaters. Journal of Social and Clinical Psychology, 26(10), 1120-1144. Siehe auch Mutch, V., Evans, S., & Wyka, K. (2020). The role of acceptance in mood improvement during Mindfulness-Based Stress Reduction. Journal of Clinical Psychology, 77(1), 7-19. Siehe auch Wohl, M. J. A., Pychyl, T. A., & Bennett, S. H. (2010). I Forgive Myself, Now I Can Study: How Self-Forgiveness for Procrastinating Can Reduce Future Procrastination. Personality and Individual Differences, 48(7), 803-808.

84 Gatab, T. A. & Pirhayti, S. (2012). The Effect of the Selected Exercise on Male Students' Happiness and Mental Health. Procedia - Social and Behavioral Sciences, 46, 2702-2705.

85 Nabkasorn, C., Miyai, N., Sootmongkol, A., Junprasert, S., Yamamoto, H., Arita, M., & Miyashita, K. (2006). Effects of Physical Exercise on Depression, Neuroendocrine Stress Hormones and Physiological Fitness in Adolescent Females with Depressive Symptoms. The European Journal of Public Health, 16(2), 179-184.

86 World Health Organization (2020, 26. November). Physical Activity. http://www.who.int/mediacentre/factsheets/fs385/en/ Siehe auch MedlinePlus (2021, 27. August). Benefits of Exercise. https://medlineplus.gov/benefitsofexercise.html Siehe auch Mayo Clinic (2019, 11. Mai). Exercise: 7 benefits of regular physical activity. https://www.mayoclinic.org/healthy-lifestyle/fitness/in-depth/exercise/art-20048389

87 World Health Organization (2020, 26. November). Physical Activity. http://www.who.int/mediacentre/factsheets/fs385/en/ Siehe auch MedlinePlus (2021, 27. August). Benefits of Exercise. https://medlineplus.gov/benefitsofexercise.html Siehe auch Mayo Clinic (2019, 11. Mai). Exercise: 7 benefits of regular physical activity. https://www.mayoclinic.org/healthy-lifestyle/fitness/in-depth/exercise/art-20048389

88 Ko, H. J., & Youn, C. H. (2011). Effects of laughter therapy on depression, cognition and sleep among the community-dwelling elderly. Geriatrics & gerontology international, 11(3), 267–274. Siehe auch Erdman, L. (1993). Laughter Therapy for Patients with Cancer. Journal of Psychosocial Oncology, 11(4), 55-67. Siehe auch Mallett J. (1995). Humour and laughter therapy. Complementary therapies in nursing & midwifery, 1(3), 73–76. Siehe auch Yim J. (2016). Therapeutic Benefits of Laughter in Mental Health: A Theoretical Review. The Tohoku journal of experimental medicine, 239(3), 243–249.

89 Segalowitz, S. J., Santesso, D. L., Willoughby, T., Reker, D. L., Campbell, K., Chalmers, H., & Rose-Krasnor, L. (2012). Adolescent peer interaction and trait surgency weaken medial prefrontal cortex responses to failure. Social Cognitive and Affective Neuroscience, 7(1), 115–124.

90 Crust, L. & Clough, P. (2005). Relationship between Mental Toughness and Physical Endurance. Perceptual and motor skills. 100, 192-4.

91 Nestor, J. (2020). Breath - Atem: Neues Wissen über die vergessene Kunst des Atmens. Penguin Life.

92 Klein, S. (2014, 23. Januar). Dehydration Myths: 7 Things You Should Know About Staying Hydrated. Huffpost. https://www.huffpost.com/entry/dehydration-myths_n_3498380 Siehe auch Mayo Clinic (2019, 19. September) Dehydration. https://www.mayoclinic.org/diseases-conditions/dehydration/symptoms-causes/syc-20354086

93 Groth, A. (2012, 24. Juli). You're The Average Of The Five People You Spend The Most Time With. Businessinsider. https://www.businessinsider.com/jim-rohn-youre-the-average-of-the-five-people-you-spend-the-most-time-with-2012-7

94 Crew, B. (2016, 16. August). Sugar Has a Stronger Effect on Our Brains Than We Even Realised, Study Finds. Science Alert. https://www.sciencealert.com/sugar-is-controlling-our-brains-more-than-we-even-realised-study-finds Siehe auch Havard Medical School (2016). Sugar and the Brain. https://hms.harvard.edu/news-events/publications-archive/brain/sugar-brain

95 Walle, G. V. D. & Warwick, K. W. (2020, 8. Mai). Caffeine Tolerance: Fact or Fiction? Healthline. https://www.healthline.com/nutrition/caffeine-tolerance#how-to-overcome-it Siehe auch Chou, D. T., Khan, S., Forde, J., & Hirsh, K. R. (1985). Caffeine tolerance: behavioral, electrophysiological and neurochemical evidence. Life sciences, 36(24), 2347-2358. Siehe auch Evans, S. M., & Griffiths, R. R. (1992). Caffeine tolerance and choice in humans. Psychopharmacology, 108(1-2), 51-59.

96 Killgore, W. D. S. (2010). Effects of sleep deprivation on cognition. In Kerkhof, G. A. & van Dongen, H. P. A. (Hrsg.), Progress in Brain Research (185, 105-129). Elsevier. Siehe auch Schocker, L. (2017, 6. Dezember). Here's A Horrifying Picture Of What Sleep Loss Will Do To You. Huffpost. https://www.huffpost.com/entry/sleep-deprivation_n_4557142 Siehe auch Newsom, R. & Wright, H. (2021, 24. Juni). The Link Between Sleep and Job Performance. Sleep Foundation. https://www.sleepfoundation.org/sleep-hygiene/good-sleep-and-job-performance

97 Holmes, L. (2017, 23 Juni). Sleep is just a cool spring breeze away. CNN Health. https://edition.cnn.com/2015/04/07/health/sleep-better-fresh-air/index.html

98 Pacheco, D. & Truong, K. (2020, 6. November). How Electronics Affect Sleep. Sleep Foundation. https://www.sleepfoundation.org/how-sleep-works/how-electronics-affect-sleep Siehe auch Shechter, A., Kim, E. W., St-Onge, M., & Westwood, A. J. (2018). Blocking nocturnal blue light for insomnia: A randomized controlled trial. Journal of Psychiatric Research, 96, 196-202.

99 Gooley, J. J., Chamberlain, K., Smith, K. A., Khalsa, S. B. S., Rajaratnam, S. M. W., Van Reen, E., Zeitzer, J. M., Czeisler, C. A., & Lockley, S. W. (2011). Exposure to Room Light before Bedtime Suppresses Melatonin Onset and Shortens Melatonin Duration in Humans. The Journal of Clinical Endocrinology & Metabolism, 96(3), 463-472.

100 Parkinson, H. J. (2019, 9. Februar). Clean, crisp bedding brings comfort like nothing else. The Guardian. https://www.theguardian.com/lifeandstyle/2019/feb/09/clean-crisp-bedding-brings-comfort-like-nothing-else

101 Suni, E. & Singh, A. (2021, 15. Januar). Hydration and Sleep. Sleep Foundation. https://www.sleepfoundation.org/nutrition/hydration-and-sleep

102 Suni, E. & DeBanto, J. (2020, 20. November). Sleep and Overeating. Sleep Foundation. https://www.sleepfoundation.org/physical-health/sleep-and-overeating

103 Roehrs, T. & Roth, T. (2008). Caffeine: Sleep and daytime sleepiness. Sleep Medicine Reviews, 12(2), 153-162. Siehe auch Chaudhary, N. S., Grandner, M. A., Jackson, N. J. & Chakravorty, S. (2016). Caffeine consumption, insomnia, and sleep duration: Results from a nationally representative sample. Nutrition, 32(11–12), 1193-1199.

104 Peters, B. & Jelic, S. (2020, 23. Juli). Get Morning Sunlight and You'll Sleep Better. Verywell Health. https://www.verywellhealth.com/morning-sunlight-exposure-3973908

105 Seppälä, E. & Sills, D. (2013, 11. September). 20 Scientific Reasons to Start Meditating Today. Psychology Today. https://www.psychologytoday.com/us/blog/feeling-it/201309/20-scientific-reasons-start-meditating-today Siehe auch Belyh, A. (2019, 25. September). 20 Scientific Reasons to Start Meditating Today: New Research Shows Meditation Boosts Your Health, Happiness, and Success! Cleverism. https://www.cleverism.com/20-scientific-reasons-to-start-meditating-today-new-research-shows-meditation-boosts-your-health-happiness-and-success/ Siehe auch Smith, K. (2021, 30. April). 20 Reasons To Take Up Meditation. Essential Millennial. https://www.essentialmillennial.com/2021/04/30/20-reasons-to-take-up-meditation-in-2020/

106 Goldin, P., Ramel, W., & Gross, J. (2009). Mindfulness Meditation Training and Self-Referential Processing in Social Anxiety Disorder: Behavioral and Neural Effects. Journal of cognitive psychotherapy, 23(3), 242–257. Siehe auch Goldin, P. R., & Gross, J. J. (2010). Effects of mindfulness-based stress reduction (MBSR) on emotion regulation in social anxiety disorder. Emotion, 10(1), 83–91.

107 Przyrembel, M., & Singer, T. (2018). Experiencing meditation - Evidence for differential effects of three contemplative mental practices in micro-phenomenological interviews. Consciousness and cognition, 62, 82–101.

108 Nietzsche, F. W. (1886) Menschliches, Allzumenschliches - Ein Buch für freie Geister. E.W. Fritzsch.

109 Cherry, K. & Swaim, E. (2021, 18. Juni). Priming and the Psychology of Memory. Verywell Mind. https://www.verywellmind.com/priming-and-the-psychology-of-memory-4173092v

21

Bonus-Kapitel: Quiz

Übe nicht, bis du es richtig machst. Übe so lange, bis du es nicht mehr falsch machen kannst.

Anonym

Das einprägen des wichtigsten Wissens ist essenziell, um den maximalen Nutzen aus diesem Buch herauszuziehen. Nur, wer die Vorgehensweisen verinnerlicht hat, kann sie regelmäßig umsetzen. Nur, wer sie regelmäßig umsetzt, kann starke Selbstdisziplin 2.0 erlangen. Die effizienteste Art, dir das wichtigste Wissen einzuprägen, ist aktives Lernen.

Beim aktiven Lernen fragst du dich selbst das Wissen ab und versuchst nur aus deiner Erinnerung auf die richtige Antwort zu kommen. Wenn du nicht auf die richtige Antwort kommst oder wenn du nur teilweise auf sie kommst, dann präge dir die richtige Antwort ein und versuche es gleich noch mal. Verdecke die Antwort mit einem Papier, stelle dir dieselbe Frage noch einmal und versuche dann (ohne zu spicken), auf die richtige Antwort zu kommen.

Wenn du häufig auf diese Weise lernst, weißt du die Antworten bald ohne sie dir vorher einprägen zu müssen. Wenn dir das bei all den folgenden 20 Fragen gelingt, so hast du dir eine extrem gute Ausgangsbasis geschaffen. Es wird dir dann sehr viel leichter fallen, die wertvollen Vorgehensweisen in der Praxis umzusetzen und von bärenstarker Selbstdisziplin 2.0 zu profitieren.

Denke daran ... Lese dir erst die Frage durch und versuche auf die richtige Antwort zu kommen, möglichst ohne sie vorher anzuschauen.

Frage 1: **Was ist der Unterschied zwischen regulärer Selbstdisziplin und Selbstdisziplin 2.0?**

Reguläre Selbstdisziplin wird häufig als Synonym für Willenskraft und Selbstkontrolle benutzt. Wer sie nutzen möchte, um die eigenen Ziele zu erreichen, versucht so starke Willenskraft zu haben, dass diese stärker als die eigenen Versuchungen ist. Man könnte auch sagen: stärker als der innere Schweinehund oder stärker als die Motivation für Versuchungen. Früher oder später schwinden jedoch die eigenen Willenskraftreserven, denn Willenskraft ist begrenzt. Willenskraft allein hat auf Dauer nie eine Chance gegen starke Motivation.

Bei Selbstdisziplin 2.0 verlassen wir uns deswegen nicht auf unsere Willenskraft. Stattdessen nutzen wir viele Vorgehensweisen, um unsere Motivation zu lenken und zu steigern. Sobald unsere Willenskraft **und** unsere Motivation zusammenarbeiten, wird hohe Produktivität und das konsistente Ausleben unseres Potenzials ganz leicht.

Frage 2: **Wie funktioniert die erste Vorgehensweise zum Lenken der eigenen Motivation?**

Bei der ersten Vorgehensweise wird die eigene Motivation gelenkt, indem eine Situation geschaffen wird, in der es leichter ist, das Richtige zu tun, als das Falsche. Wir verändern den Weg des geringsten Widerstands weg von unseren Versuchungen und hin zu unseren wichtigen Aufgaben, indem wir mindestens eine der drei folgenden **Stellschrauben** optimieren:

- Die Stellschraube „**Entfernung**“ zu optimieren bedeutet, den Zugang zu unseren Versuchungen zu erschweren und gleichzeitig unsere wichtigen Aufgaben leichter zugänglich zu machen.

- Die Stellschraube „**Überlebensinstinkt**“ zu verändern, bedeutet, eine Situation zu erschaffen, in der das Reptiliengehirn eine schlechte Handlungsoption als lebensbedrohlich einstuft. Unser Reptiliengehirn wird dann unsere Motivation auf das richtige Verhalten lenken. Das gilt auch, wenn das schlechte Verhalten nicht wirklich unser Überleben bedroht, sondern lediglich Peinlichkeit bedeuten würde.

- Die Stellschraube „**Spaß**“ zu optimieren bedeutet, unsere Versuchungen so zu verändern, dass sie uns weniger Spaß machen und unsere wichtigen Aufgaben so zu verändern, dass sie uns mehr Spaß machen.

Frage 3: Was ist der wichtigste Erfolgsfaktor der ersten Vorgehensweise?

Der wichtigste Erfolgsfaktor der ersten Vorgehensweise ist „**Konsequenz**". Damit die erste Vorgehensweise verlässlich funktioniert, muss der Weg des geringsten Widerstands **so konsequent wie nötig** auf das richtige Verhalten gelenkt werden. Zum Beispiel könnte es bei manchen Menschen ausreichen, wenn sie ihr Handy ausschalten und in ihre Tasche legen. Viele andere müssen konsequenter sein, um den Weg des geringsten Widerstands erfolgreich zu verändern. Vielleicht müssen sie ihren Internet-Router ausschalten und ihr Handy sowie die Fernbedienung ihres Fernsehers einschließen.

Frage 4: Was sind Kontext-Anker und warum sind diese so wichtig?

Kontext-Anker sind Merkmale in unserer Umgebung, die unser unbewusster Geist registriert und damit ein bestimmtes Verhalten in Verbindung bringt. Wenn wir uns am selben Ort immer gleich verhalten, entsteht eine Gewohnheit mit fast magischer Anziehungskraft. Wenn der Kontext gegen uns ist, kann das sehr problematisch sein. Wenn wir uns angewöhnt haben, an einem bestimmten Ort wenig produktiv zu sein, kann es die Rettung sein, den Kontext zu wechseln. Generell kann ein neuer Kontext die eigene Selbstdisziplin enorm steigern. Beispiele hierfür wären das Arbeiten in einem externen Büro, in einem Coworking Space, in einer Bibliothek, im eigenen Auto, in einem Café oder in einem Ruhebereich. Mit der Zeit lösen sich problematische Kontext-Anker auf. Wer zum Beispiel seit Langem keine Videospiele mehr am eigenen Schreibtisch gespielt hat und dort regelmäßig konzentriert arbeitet, dem wird es deutlich immer leichter fallen, in diesem Kontext „Ja" zum konzentrierten Arbeiten und „Nein" zum Spielen zu sagen.

Frage 5: Was ist die Wahl, die du für starke Selbstdisziplin bewusst treffen solltest?

Es geht um die Wahl, wie viel Zeit und Energie du für deine Ziele und wie viel du für deine Freizeit investieren möchtest. Wenn du dich zum Beispiel bewusst dafür entschieden hast, 80 % deiner verfügbaren Zeit für das Erreichen deiner Ziele einzusetzen, wird es dir deutlich leichter fallen, die dafür nötige Selbstdisziplin an den Tag zu legen. Deine Selbstdisziplin kannst du noch zusätzlich steigern, indem du dich bewusst dafür entscheidest, auf Dopamin-Aktivitäten zu verzichten. Auch würde es deine Erfolgswahrscheinlichkeit enorm erhöhen, wenn du auf das gleichzeitige Verfolgen mehrerer großer Ziele sowie auf das Wohlwollen mancher Menschen verzichten würdest.

Frage 6: **Wie funktioniert die zweite Vorgehensweise zum Lenken der eigenen Motivation?**

In dieser Vorgehensweise machen wir uns die Tatsache zunutze, dass wir bereits von Natur aus sehr motiviert sind, unsere attraktiven Ziele zu erreichen. Wäre das nicht der Fall, wären die Ziele nicht attraktiv für uns. Das Problem ist, dass wir diese Motivation normalerweise nicht besonders gut auf unsere Aufgaben übertragen. Den meisten Menschen ist **nicht vollkommen klar**, was sie tun müssen, um ihre Ziele zu erreichen. Das Problem wird behoben, indem wir viel Klarheit für unser optimales Verhalten erschaffen. Indem wir sehr klar definieren, was wir wann im Optimalfall machen, lenken wir unsere Motivation effektiv auf dieses Verhalten.

Die kommende Woche (und vor allem den kommenden Tag) sehr klar zu planen, ist die beste Möglichkeit, um mit Klarheit unsere Motivation zu lenken. Versuche, so gut es geht, der Planung zu folgen, doch sei nicht traurig, wenn dir dies nicht perfekt gelingt. Neben klaren Tageszielen empfiehlt es sich, **klare Termine mit dir selbst** auszumachen. Daneben sind **Routinen** eine ausgezeichnete Möglichkeit, um mit dieser Vorgehensweise unsere Motivation zu lenken. Indem wir klar festlegen, welche Aufgaben standardmäßig auf die nächste folgen, wird es mit etwas Übung selbstverständlich, jedes Mal uns genau so zu verhalten.

Frage 7: **Warum ist „Visualisieren“ eine so hilfreiche Vorgehensweise und wie wendet man sie am besten an?**

Wer das eigene optimale Verhalten regelmäßig visualisiert, gewöhnt sich daran, genau dieses Verhalten in der Zukunft zu zeigen. Mentale Blockaden werden abgebaut und wir erinnern uns später an das visualisierte Verhalten. Wenn wir zukünftige Bestleistungen visualisieren, werden diese später sehr viel wahrscheinlicher. Ganz allgemein wird es deutlich leichter, Dinge zu tun oder Dinge nicht zu tun, wenn man sich dies regelmäßig vorgestellt hat. Man kann die Zeit vor dem Einschlafen sehr gut zum Visualisieren nutzen. Wenn du mit ausgeschaltetem Licht im Bett liegst, bist du völlig ungestört und du befindest dich in einem entspannten Zustand. Beides ist perfekt zum Visualisieren.

Frage 8: Wie lautet die optimale Vorgehensweise für das Entkräften von Ausreden?

1. Erkenne die Ausrede so früh wie möglich.
2. Antworte mit: „*Na und?!*“ auf die Ausrede.
3. Liste die langfristigen Vorteile der wichtigen Aufgabe auf. Nutze dabei folgendes Sprachmuster: „*Wenn ich jetzt [die wichtige Aufgabe mache], ist das doch viel besser, weil …*“.
4. Liste die Nachteile der Versuchung auf. Nutze dabei folgendes Sprachmuster: „*[Die Versuchung] ist blöd, weil …*“
5. Denke motivierende Gedanken, bis deine Motivation spürbar gestiegen ist.

Frage 9: Was sind die fünf Gedankenkategorien zur Steigerung deiner Motivation?

1. Ich bin …
2. Ich habe großen Spaß am … [oder] Ich liebe …
3. Ich kann mit Leichtigkeit …
4. Ich habe es verdient, dass ich …
5. Ich erwarte, dass … und ich akzeptiere das.

Frage 10: Welche geschlossenen Sätze können auch sehr motivierend sein?

1. In jedem Moment mache ich entweder Fortschritte oder Rückschritte. Es gibt kein dazwischen.
2. Erst wenn es anstrengend wird, beginnt die Arbeit. Alles davor ist nur das Warm-up.
3. Ich bin für all diese Herausforderungen gemacht. Es ist mein Schicksal und meine Bestimmung, daran zu arbeiten und erfolgreich zu werden.
4. Das Einzige, was ich tun muss, ist die beste Version meiner Selbst zu sein. Glück und Erfolg kommen dann von ganz alleine.
5. Wenn andere Menschen es können, warum sollte ich es nicht auch können?

6. Kleine Verbesserungen heute sorgen für gigantische Verbesserungen in der fernen Zukunft.
7. Ich werde niemals die Menschen, die ich liebe, hängen lassen, deswegen strenge ich mich an.
8. Um erfolgreich zu werden, muss ich mich wie eine Person verhalten, die Erfolg verdient hat.
9. Alles, was momentan schwierig ist, ist nichts anderes als ein Test meiner Selbstdisziplin.
10. In der Zukunft werde ich auf diese Zeit zurückblicken und ich werde sehr stolz auf mich sein, dass ich so hart an meinen Zielen gearbeitet habe.

Frage 11: **Wie sollte deine innere Stimme beim Entkräften von Ausreden und beim motivierenden Selbstgespräch sein?**

Sie sollte auf gar keinen Fall leise, hoch und weinerlich klingen, sondern sich **laut, tief und entschlossen** anhören.

Frage 12: **Was sind die drei Dopamin-Fallen und warum sollte man sie vermeiden?**

Dopamin-Fallen sind Aktivitäten, die ohne dass es uns bewusst ist, viel Dopamin ausschütten:

1. Das Reden über die eigenen Ziele und die eigene Vision.
2. Das Fantasieren über das Erreichen eines großen Ziels.
3. Das Setzen viel zu ehrgeiziger Ziele.

Dopamin-Fallen sollten vermieden werden, weil sie das Verlangen unseres Reptiliengehirns nach Dopamin stillen und so unserer Motivation schaden.

Frage 13: **Was ist generell die beste Art, mit Stress, Angst und Aufregung umzugehen?**

Für maximale Selbstdisziplin und Leistung ist es generell das Beste, jede Art von Stress, Angst und Aufregung zu akzeptieren, willkommen zu heißen und im Körper zu spüren, wenn sie da sind. Dahinter steckt die Erkenntnis, dass Stress, Angst und Aufregung in Wirklichkeit gut sind. Wenn wir diese Emotionen begrüßen, wirken sie nicht länger lähmend, sondern beflügelnd. Wir können deutlich mehr Energie, Motivation, Konzentration und Lebensfreude haben, wenn wir sie zum Freund machen. Durch die Neuinterpretation von Stress, Angst und Aufregung wird auch „Aufschieben" enorm reduziert. Die Emotionen müssen nämlich nicht mehr durch Versuchungen überlagert werden, wenn wir sie als gut interpretieren. Wenn wir unsere Angst willkommen heißen, wird es viel leichter, das zu tun, was uns Angst macht. Wenn wir unsere Angst verdrängen, wird es umgekehrt sehr viel schwieriger. Die Angst wird durch das Verdrängen extrem unangenehm und Aufschieben fühlt sich im Vergleich dazu wie ein Segen an.

Frage 14: **Warum ist gute Stimmung so wichtig für unsere Selbstdisziplin?**

Wenn wir guter Stimmung sind, ist die Motivation, unser bestes Selbst zu werden und unser bestes Leben zu erschaffen, nur natürlich. Wenn wir gut drauf sind, ist es ganz normal, dass wir unseren inneren Erfolg im Außen manifestieren wollen. Unsere Selbstdisziplin hat bei guter Stimmung Rückenwind. Umgekehrt neigen viele Menschen bei schlechter Stimmung dazu, aufzuschieben, weil Aufschieben ihnen hilft, ihre schlechte Stimmung zu vergessen. Sie schieben auf, weil sie ihre schlechte Stimmung nicht mehr spüren wollen. Aufschieben kann daher enorm reduziert werden, indem wir uns darauf fokussieren, guter Stimmung zu sein.

Frage 15: **Was sind die fünf Vorgehensweisen, um unsere gute Stimmung zu beschützen?**

1. Stelle dir die Frage: „*Was kann ich hier lernen oder trainieren?*" (Wenn die negative Situation aktuell ist).
2. Stelle dir die Frage: „*Wie kann die Sache das Beste sein, was mir je passiert ist?*" (Wenn etwas Negatives aus der Vergangenheit deine Stimmung runterzieht).
3. Finde kreative Wege, um weniger von den Dingen zu tun, die deiner Stimmung schaden.
4. Erwarte und akzeptiere unangenehme Ereignisse.
5. Akzeptiere es vollständig, wenn du am Aufschieben warst oder bist.

Frage 16: **Was sind die fünf Vorgehensweisen, um deine Stimmung nachhaltig zu verbessern?**

1. Mache regelmäßig Sport.
2. Erzeuge regelmäßig Dankbarkeit.
3. Sei häufiger am Lachen.
4. Freue dich mehr, auch über kleine Erfolge.
5. Steigere dein durchschnittliches Energielevel.

Frage 17: **Was sind die 10 Vorgehensweisen, um dein durchschnittliches Energielevel dauerhaft zu steigern?**

1. Entwickele und verfolge eine attraktive Lebensvision.
2. Treibe regelmäßig Sport.
3. Optimiere deine Atmung. (Atme langsam und tief durch die Nase).
4. Trinke viel und regelmäßig Wasser.
5. Umgebe dich mehr mit energiegeladenen Menschen.
6. Verteile deine Nahrungsaufnahme noch besser über den Tag.
7. Fokussiere dich auf langkettige Kohlenhydrate bei der Nahrungsaufnahme.
8. Nehme auf eine strategisch kluge Weise Zucker zu dir.
9. Nehme moderate Mengen an Koffein zu dir.
10. Optimiere deine Regeneration.

Frage 18: **Wie läuft das Motivationstraining ab?**

1. **Meditiere** für drei Minuten → Beobachte konzentriert deine Gedanken und Emotionen und akzeptiere sie vollständig.
2. Verbessere deine **Stimmung** für 90 Sekunden → Liste etwa 10 Dinge auf, für die du dankbar bist.
3. Steigere deine **extrinsische Motivation** für 90 Sekunden → Suche dir einer deiner wertvollen Aktivitäten aus und stelle dir ihren kurz-, mittel- und langfristigen Nutzen für dich vor.
4. Steigere deine **intrinsische Motivation** für 3 Minuten → Gehe für 30 Sekunden jeweils eine der fünf Gedankenkategorien durch und motiviere dich am Ende mit ein paar geschlossenen Sätzen.

5. Denke an deinen **Tod** für eine Minute → Frage dich, wie du dich fühlen und verhalten würdest, wenn heute dein letzter Tag wäre.

Frage 19: **Warum ist es hilfreich, regelmäßig über den eigenen Tod nachzudenken?**

Indem wir über unseren Tod regelmäßig nachdenken, beginnen wir die Endlichkeit unseres Lebens auf einem tiefen Level zu begreifen. Eine tiefe Wertschätzung für unser Leben entsteht. Das Verlangen, das Beste aus unserer verbliebenen Lebenszeit zu machen, wird immer stärker. Indem wir so tun, als wäre der aktuelle Tag unser letzter, erzeugen wir deshalb schnell viel Motivation.

Frage 20: **Welche fünf Fragen sollten wir uns regelmäßig stellen?**

1. Was ist mein nächster Gedanke?
2. Für was bin ich dankbar?
3. Warum sind meine wichtigen Aufgaben so wichtig?
4. Bin ich bereit, mich stark anzustrengen? (Falls nicht, motiviere dich mit dem motivierenden Selbstgespräch).
5. Wie würde ich mich fühlen und verhalten, wenn heute mein letzter Tag wäre?

Bibliografische Informationen der Deutschen Nationalbibliothek: Die Deutsche Nationalbibliothek verzeichnet diese Publikation in der Deutschen Nationalbibliografie, detaillierte bibliografische Daten sind im Internet über **http://d-nb.de** abrufbar.

Für Fragen und Anregungen:
mail@danielhanke.com

Gottlob-Schneider-Straße 37
D-76275 Ettlingen
Vertreten durch: Daniel Hanke

Für Leserbriefe bitte folgende Adresse verwenden:
Daniel Hanke
Postfach 100609
76260 Ettlingen
Deutschland

Kostenlose Extras unter:

danielhanke.com/extras

Wenn du mehr willst...

Es gibt 3 kostenlose Extras unter:

danielhanke.com/extras

Extra 1

Der Selbstdisziplin 2.0 Newsletter:

- Speziell für Leser und Leserinnen von „Selbstdisziplin 2.0".
- Beinhaltet neue Vorgehensweisen, die Klärung von Fragen, Praxisbeispiele, Videos, Livestreams und vieles mehr.
- Erreiche deine Ziele leichter, weil du mit jeder E-Mail besser in Selbstdisziplin 2.0 wirst.

Extra 2

Das Übungsblatt zum motivierenden Selbstgespräch:

- Langfristig ist das motivierende Selbstgespräch die mächtigste Vorgehensweise, um deine Motivation zu steigern.
- Es ist viel Übung erforderlich, um diese wertvolle Fähigkeit zu meistern.
- Mache dir das Üben leicht, indem du das kostenlose Übungsblatt ausdruckst.

Extra 3

Die Hörversion des Motivationstrainings:

- Das beste Werkzeug, um deine Motivation zu trainieren.
- Bei täglichem Training wird deine Motivation unglaublich stark, weil das Motivationstraining dein Gehirn nachhaltig verändert.
- Mache dir das Training leicht, indem du die kostenlose Hörversion nutzt.

Printed in Poland
by Amazon Fulfillment
Poland Sp. z o.o., Wrocław

85082388R00137